# 臺灣歷史與文化 研究輯刊

十 三 編

第 21 冊

## 歷史的謊言・鄉土的眞實
### ——李喬的創作與思想研究（上）

黃 小 民 著

花木蘭文化事業有限公司

國家圖書館出版品預行編目資料

歷史的謊言・鄉土的真實——李喬的創作與思想研究（上）
／黃小民 著—初版—新北市：花木蘭文化事業有限公司，
2018〔民107〕
目 4+158 面；19×26 公分
（臺灣歷史與文化研究輯刊十三編；第21冊）
ISBN 978-986-485-313-7（精裝）
1. 李喬 2. 小説 3. 文學評論
733.08　　　　　　　　　　　　　　　　　107001615

ISBN-978-986-485-313-7

9 789864 853137

臺灣歷史與文化研究輯刊
十三編　第二一冊　　　　　　ISBN：978-986-485-313-7

# 歷史的謊言・鄉土的眞實
## ——李喬的創作與思想研究（上）

作　　者　黃小民
總 編 輯　杜潔祥
副總編輯　楊嘉樂
編　　輯　許郁翎、王筑　美術編輯　陳逸婷
出　　版　花木蘭文化事業有限公司
發 行 人　高小娟
聯絡地址　235 新北市中和區中安街七二號十三樓
　　　　　電話：02-2923-1455／傳眞：02-2923-1452
網　　址　http://www.huamulan.tw 信箱 hml 810518@gmail.com
印　　刷　普羅文化出版廣告事業
初　　版　2018 年 3 月
全書字數　273321 字
定　　價　十三編 24 冊（精裝）台幣 60,000 元

# 歷史的謊言・鄉土的眞實
## ——李喬的創作與思想研究（上）

黃小民 著

## 作者簡介

黃小民，中國文化大學中國文學系博士，國防醫學院、中國文化大學兼任助理教授，德明財經科技大學「全校型中文閱讀書寫課程革新推動計劃」執行團隊教師。著有〈論建構理論在教學上的應用——以張曉風〈描容〉與陶淵明〈五柳先生傳〉爲例〉（2016）、《歷史的謊言‧鄉土的真實——李喬小說創作研究》（2012）、〈翁鬧短篇小說中的新感覺派〉（2009）、《郭松棻小說研究》（2005）。曾開設大學國文、大學閱讀、中文創意書寫、中國現代小說選讀等課程。

## 提　　要

　　李喬是臺灣文壇創作量最豐富的作家之一。其第一篇小說作品於 1959 年發表，至今仍不斷的進行創作，不但寫作的時間已經超過半世紀，且處理的題材相當豐富多元。李喬所生長的年代，是台灣經歷許多重大事件的年代，他看到了充滿生命力的台灣人，一步一腳印的踩踏出自己可以安身立命的土地，從荒蕪到繁茂，他筆下所記錄的正是他所見所感受到的台灣與台灣人，他的創作從自身童年的記憶出發，到紀錄身邊熟悉的人事物，爲弱勢族群發聲，進而擴大到對社會國家的關懷，在李喬的文學中，看到了他對這個世界的熱情與愛，尤其是對他生於斯長於斯的臺灣之愛。

　　本論文以李喬的短篇小說與長篇小說爲主進行研究。短篇小說主要的討論範圍在於與鄉土主題有關的作品；另外，長篇小說的主要討論範圍，是以歷史素材爲主的創作。在作者生長的背景部分，從其生平的外緣研究，加入其相關的小說作品進行佐證與討論，目的在於建構作者較正確的書寫背景。文本研究部分，探討的重點如下：其書寫重要概念「反抗」的主題分析；以「後殖民理論」思考切入，討論其歷史素材書寫的長篇小說，進一步觀察其中書寫台灣歷史與後殖民思考的脈絡，將其文化論述爲輔佐，從中建立作者對於以臺灣爲一個主體性的思考與形塑的過程，以宏觀的角度觀察其於臺灣文壇上的歷史地位與影響。

# 目

# 次

# 第一章 緒 論

## 第一節 研究動機與目的

　　李喬從一九五九年第一篇短篇小說〈酒徒的自述〉[註1]開始，至今已完成兩百多篇短篇小說，與十二部長篇小說[註2]，以及許多以一個臺灣作家的立足點出發，寫下對於思索「臺灣前途」相關的文化論述專書，可說是目前文壇上創作量極為豐富的作家之一，也因為如此，不管是以李喬這個「人」或是李喬這個人的「作品」，在近幾年受到學界與業界相當程度的關注。而始終走在文學這一條路上的李喬，從1962開始早期的短篇創作以自身經驗、周遭的人事物為主要書寫對象出發，這是他的「摸索期」，而在 1968 年之後，因為取得高中國文教師資格之後，生活相對的安定下來，李喬的短篇小說觸角開始往外延伸，除了以童年故鄉為素材的書寫之外，更重要的，他將文學作品的關心點轉向現實社會的生活上，以「人」出發，以社會現象出發。

　　特別的是，李喬與其他同期作家不同的地方在於，他是一個不想和別人一樣的人，於是，在他的作品中，我們看到似乎是身邊周遭也會發生的事，從李喬筆下寫出來，好像變成似曾相似了，那種熟悉感減弱了，這是李喬的

---

〔註1〕李喬第一篇短篇小說〈酒徒的自述〉發表於 1959 年 8 月 15 日的《教育輔導》月刊。

〔註2〕12 篇長篇小說有：1971 年《山園戀》、1974 年《痛苦的符號》、1977 年《結義西來庵》、1978 年《青青校樹》、1980 年《寒夜》、1980 年《孤燈》、1981年《荒村》、1983 年《情天無恨——白蛇新傳》、1985 年《藍彩霞的春天》、1995 年《埋冤一九四七埋冤（上下）》、2005 年《重逢——夢裡的人‧李喬短篇小說後傳》、2010 年《咒之環》。

作品吸引我的其中一個原因，他將作品「轉彎」、「變形」、「扭曲」、「化妝」
〔註3〕之後拿出來，把眞正想講的話藏在作品後面，雖然是可能是「好看」的
小說，但是卻不容易從中知道小說家的眞意，正如李喬的好友也同是作家的
鄭清文先生所言：

> 前面說過，他不喜歡平凡，所以喜歡平凡的人不會喜歡他。他不喜
> 歡平凡，所以他喜歡走鋼索。一般的人，看到鐵軌，會在上面走幾
> 步。搖搖晃晃的走幾步。走鋼索完全不同。走鋼索的人，喜歡把鋼
> 索架高，把鋼索拉長，有一點風更好，因爲有空中搖擺的樂趣。走
> 鋼索的人，就要不斷的向高度和長度挑戰。他們走過紐約的世界貿
> 易大樓雙子塔之間，也走過尼加拉瓜瀑布上面。我們似乎看到李喬
> 在鋼索上，在高空鋼索上一步一步的走著，有時還故意蹺起一腳，
> 露出慧黠的微笑。但是，走鋼索的人，怕陣風，陣風隨時會吹過來，
> 這一點李喬是應該計算在內的。〔註4〕

李喬作品中處理的東西眞的太多了，正如他自己所言，在臺灣的作家當中，
似乎沒有人像他一樣處理這麼多題材的了，講這句話時，作家還露出一些得
意的笑容。〔註5〕所以，縱觀來看，要處理題材如此豐富的李喬，其實不是一
件容易的事，因爲，自己也必須站在一個有「高度」的地方，而「高度」相
對的危險性也就提高，困難度也就增加了。

除了小說創作之外，李喬也寫了對於以「臺灣」爲思考的相關著作，從
臺灣人出發，寫出檢討臺灣人不好的「習性」爲主的《臺灣人的醜陋面》；《臺
灣運動的文化困境與轉機》從臺灣的各種面向中，如文學、歷史、宗教中看

---

〔註3〕「轉彎」、「變形」、「扭曲」、「化妝」此四個詞源於李喬對於自己風格逐漸成
　　　熟轉變的看法，在與同時期的作家當中，試圖寫出自己風格的過程剖析：「這
　　　時期，有一關節似乎應該一提：這段時間，因爲多注視社會生活的現實，又
　　　取材於現實的內容，我的小說裡，『人間煙火』難免逐漸濃烈起來。就在這時，
　　　楊青矗先生的作品出現了。他的作品是一枝『直尺』，直量現實的中心。我霍
　　　然以驚，凝然沉思。一個作者，我認爲『潔癖』是很重要的；我的『尺』沒
　　　他那麼『直』，我想我該避開他，我應讓出這條『路』，於是我開始在作品中
　　　轉彎扭曲，變形，改換形式，化妝演出，『恍惚的世界』一書裡所收作品十九
　　　都是這樣的作品。」李喬：《李喬短篇小說全集》資料彙編，（苗栗縣：苗栗
　　　縣政府文化局，2000 年），頁 37。
〔註4〕鄭清文：〈鋼索的高度——李喬的文學成就〉《文學臺灣》78 期，2011 年 4 月，
　　　頁 229～230。
〔註5〕筆者於 2011 年 7 月 3 日訪談李喬時，作家自己所言。

到臺灣人的困境所在，並提出臺灣人應該在反省中建立可以走向光明道路的信心；再從人生觀到文化觀的提出與建立的《臺灣文化造型》；之後的《文化心燈》、《文化・臺灣文化・新國家》、《李喬文學文化論集（一）（二）》、與最近出版的《我的心靈簡史——文化台獨筆記》，這些都是對於思考「臺灣前途」的專書，也是李喬在創作小說之後的思想歸結，最後，他的小說與創作已經合而為一，可以說小說背後的真意與作家的抽象性的思考是相互結合的。

　　一個如此「積極」，以行動來書寫臺灣這一塊土地的作家，對於從小生長於農家的我，可以體會那種腳踩在自己土地上的踏實感，在經歷「八八水災」之後，看著被水沖走而流失的土地，更感受到土地與人的緊密關係。李喬以土地觀就是他的生命觀、文化觀的書寫，將寫作根植於臺灣這一塊土地上，於我來說，有更深的體會。李喬與他的作品於現在與未來勢必會在臺灣文壇上佔有相當重要的位置，透過對於李喬的研究，可以了解臺灣特殊的歷史、文化，而這應該也是身為一個臺灣人基本的「配備」。

　　目前，李喬還是持續在進行他最喜歡的小說創作，因為如此，當一個作家有源源不絕的創作時，相對的研究者就有研究的材料。雖然，李喬早已受到過多的關注，但縱觀目前的研究成果，似乎尚缺乏對於李喬新材料的討論，與對其作品有較全面性的討論，本論文除了加入新的小說創作《咒之環》的討論之外，亦以作者以具體文字將抽象思想簡單化的《我的心靈簡史——文化台獨筆記》一書加入佐證其作品討論，筆者試圖在前人的研究基礎上，對李喬作品所呈現的生命觀、歷史觀、文化觀作較全面性的統合歸納。

## 第二節　研究現況與分析

　　目前對於李喬小說的相關研究，不僅有許多不同形式的單篇論文，也有許多專門討論的學位論文，其研究所針對的焦點，約可以三大類來做區分，即「長篇小說研究」、「短篇小說研究」與「主題式研究」。目前李喬的長篇小說共十二本，在長篇小說相關的研究部分，除了最新作品《咒之環》〔註6〕（2010）尚無任何學位研究者討論之外，幾乎集中於《寒夜三部曲》的研究，為何在研究上會出現這樣偏重的情況，其原因可能在於作者在《寒夜三部曲》的書前序中提到「這是筆者平生最重要的一部書」，這是身為一個寫作者的重

─────────────

〔註6〕李喬：《咒之環》，（台北：印刻文學，2010 年 7 月初版）。

要心願，就是把自己最熟悉、最熱愛的，或是與自己生命關係最密切的東西寫成作品，在作品中闡釋自己的想法，既然作者自己現身說明是「最重要的一部書」，想對李喬小說世界一窺究竟的讀者，自然會從「最重要」的下手，也因此受到最多的關注，其論點多集中於痛苦的主題、母親與土地、客家文化、歷史題材等議題，也因爲研究者較多，與作家進行訪談時，多針對此書的內容主題表現進行深入的訪談，因此相對的，作者此書的書寫過程與主題思想，也提供後來研究者許多豐富的材料。

　　然而筆者認爲李喬從短篇轉向長篇的書寫之後，其長篇作品偏重以臺灣歷史爲主要書寫題材，針對這個部分，現階段的論文對此的討論，似乎不是很多，在學位論文中只有蔡佳玲《歷史、傷痕、二二八——李喬後殖民歷史小說《埋冤一九四七埋冤》研究》，此論文針對《埋冤一九四七埋冤》一書討論，忽略對於此書之前的《結義西來庵——噍吧哖事件》與之後的《寒夜三部曲》、《咒之環》等書，在作者歷史思想的一系列長篇中的脈絡中，只討論一書，或許難窺作者在臺灣歷史的整體思考。

## 一、長篇小說研究

　　以李喬長篇作品爲研究對象的，其相關討論幾乎集中於《寒夜三部曲》此部大河小說：

　　賴松輝的《李喬《寒夜三部曲》研究》〔註7〕是第一本以李喬作品爲研究對象的學位論文。筆者以爲此論文是目前對於李喬所作研究的學位論文中，論述最佳的一本，此論者爲歷史系出身，相較於中文系的研究者，在對於李喬《寒夜三部曲》中的歷史主題討論的見解有獨到之處。論文內容專注於析論李喬的長篇大河小說《寒夜三部曲》，分爲主題與語言結構兩大主題論述，對於《寒夜》中的人物亦多有著墨，附錄中對於直接以日語或客語書寫的文字，作者亦用心的請益於作家本人，將作家最眞實的意思呈現在讀者面前，此論文有一特點值得一提，於第五章《寒夜三部曲》與同時期作家作品以主題式的比較，在與其他作家相較之下，提出台灣在鄉土文學書寫中所呈現出的一個盲點，就是以「反帝」、「反日」的作品，皆流於「簡單的兩極對立模式——好壞人對立，台灣人日本人對立。好人壞人已變成臉譜的分判，除非

---

〔註 7〕賴松輝：《李喬《寒夜三部曲》研究》，國立成功大學歷史語言研究所碩士論文，1990 年。

作家能自我超越，否則就沉溺在兩極對立的命題」〔註8〕，其中此論文對於討論《寒夜三部曲》是否與李喬自己提出的「歷史素材小說」命題是否相合有精闢的論述。唯其在語言方面沒有深入的探討，論者本身亦提到，因為無法了解文本中所使用的日語與客語的真正意思，所以因為語言的限制，無法深入討論作者在語言使用上所造成的特殊效果。

而其實關於作者在小說中所使用的語言方式，作者在《埋冤‧一九四七‧埋冤》一書的書前自序中有為自己在文本中呈現辯駁，因為有許多朋友將他這樣的書寫方式斥為亂搞的「怪招」，所以作者決定先現身說明，作者自稱此為「漢音日語」，是作者經過「長期思考後才不得不的心情下決定這樣做的」，作者從語言所承載的文學意義與臺灣當前的語言市場來說明這樣的書寫手法，然筆者認為，作者如此的書寫有其欲表達的背後意義，即是以這樣的語言凸顯殖民者與被殖民者的關係，或對於執政者／壓迫者所表現的一種抵抗的方式。

李喬的作品，不管是長篇或短篇，皆有一定的作品數量。劉純杏以《李喬長篇小說研究》〔註9〕為論文研究主題。以「發現痛苦、尋找解決方式、邁向新局」〔註10〕論點，提出李喬長篇小說建立在一個前後相承的基礎上，結合外在環境的外緣研究與文本所成的內在研究。文中以「發現痛苦」、「尋找解決方式」、「邁向新局：建立臺灣中心」做為李喬長篇小說主要的析論點，小說是循著這三個軌跡而行，自成一個系統；以胡亞敏《敘事學》為章節的分類依據為切入點，進行文本中人物、情節、與環境三方面的相關討論；其中情節的討論部分，從形式和語義分析，歸納出作品中「二元對立」的基礎結構，人物分析部分，以「行動元」為分析的理論基礎；在分析李喬長篇的技巧方面，以前人未提過的敘述模式與敘述文內容形式問題來討論文本中「聚焦」、「敘述者」、「敘述時間」、「非敘述話語」、「情節」等書寫技巧，此一部分，運用新的理論方法，為李喬的長篇小說分析開啟另一扇不同的門。但論文中對於小說文本的材料引用上，缺少全面性，為此論文不足之處。

〔註8〕賴松輝：《李喬《寒夜三部曲》研究》，國立成功大學歷史語言研究所碩士論文，1990 年，頁 142。

〔註9〕劉純杏：《李喬長篇小說研究》，國立中山大學中國文學碩士論文，2001 年。

〔註10〕劉純杏：《李喬長篇小說研究》，國立中山大學中國文學碩士論文，2001 年，頁 8。

　　盧翁美珍《李喬《寒夜三部曲》人物研究》〔註11〕雖然不是第一本以《寒夜三部曲》爲主要研究對象的論文，除了將《寒夜》、《荒村》、《孤燈》以共同主題探討之外，亦分開獨立章節討論三者各自的主題，是一本對於《寒夜三部曲》相當完整的研究成果。此論文最大的特點是，首次針對《寒夜三部曲》內容做詳細的與作家面對面的訪談，文中逐字的紀錄與作家對談的內容，在訪談內容裡，雖說以《寒夜三部曲》爲主，但內容可以說是相當廣泛，其中包含許多李喬的創作概念與寫作方式，對了解李喬的人與作品，提供相當程度的寶貴資料。附錄中將日據時期台灣與南洋歷史大事年表及《寒夜三部曲》中的人物作繫年，對於小說文本中大量的歷史資料，此表提供讀者清晰的歷史脈絡，讓閱讀者能更容易進入龐大複雜的《寒夜三部曲》中。

　　張令芸《土地與身分的追尋——李喬《寒夜三部曲》》〔註12〕以「土地追尋」和「身分追尋」兩大主題爲研究主軸，以客家族群的遷移史爲其探討背景，藉以勾勒作品中所顯示的歷史、人文和政治面貌，再以文本中所呈現的移民概念與土地之間的關係加以討論，此論文特別重視《寒夜三部曲》中眞實存在的人、事、物的書寫，於第六章特別提出討論，並實地參訪文本中的地點，此點異於之前的討論者，亦爲此論文的特別處。

　　另外，對於長篇小說有較多討論的單篇作品幾乎集中於，在 2007 年 4 月所舉辦的第五屆台灣文化國際學術研討會，論者紀俊龍〔註13〕與許素蘭〔註14〕別分從 2005 年出版的《重逢——夢裡的人‧李喬短篇小說後傳》著手，紀俊龍以爲《重逢》一書是作家利用「後設」技巧，實現他「創作過程有機說」與「作品變易說」等創作小說的理念〔註15〕。許素蘭則是認爲此篇是作家以

〔註11〕盧翁美珍：《李喬《寒夜三部曲》人物研究》，國立彰化師範大學國文學系碩士論文，2004 年。

〔註12〕張令芸：《土地與身分的追尋——李喬《寒夜三部曲》》，銘傳大學應用中國文學系碩士論文，2006 年。

〔註13〕紀俊龍〈重逢——夢裡的人〉，收錄於姚榮松、鄭瑞明主編《李喬的文學與文化論述：第五屆臺灣文化國際學術研討會論文集》（臺北市：國立師範大學臺灣語文學系研究所，2007 年 12 月），頁 343～389。

〔註14〕許素蘭〈文學，做爲一種自傳——《重逢——夢裡的人‧李喬短篇小說後傳》〉，收錄於姚榮松、鄭瑞明主編《李喬的文學與文化論述：第五屆臺灣文化國際學術研討會論文集》（臺北市：國立師範大學臺灣語文學系研究所，2007 年 12 月），頁 391～405。

〔註15〕紀俊龍〈重逢——夢裡的人〉，收錄於姚榮松、鄭瑞明主編《李喬的文學與文化論述：第五屆臺灣文化國際學術研討會論文集》（臺北市：國立師範大學臺

後設手法表現具有「自我反射」的作品。〔註16〕論者陳國偉〔註17〕以《埋冤》一書中充滿福佬話、日文、中文等多語性，說明作家以此建構眞實歷史的敘事。彭瑞金〔註18〕則試圖釐清作家以歷史素材來寫小說，其眞正的目的，不是爲歷史服務，交代眞相，是對於釋放歷史苦悶與爲集體苦難生命的救贖。

## 二、短篇小說研究

　　李喬的短篇小說約有二百多篇，部分爲早期發表作品，目前已亡失不可見，亡佚的篇數約有 26 篇。研究者的討論材料，多以 2000 年苗栗縣政府文化局出版的《李喬短篇小說全集》收集的 178 篇爲主，以下爲以李喬短篇創作爲主要討論的學位論文：

　　紀俊龍《李喬短篇小說研究》。〔註19〕此論文凸顯李喬短篇小說實爲長篇小說創作的基礎，從作者創作的外緣環境，即生平、外在環境與作家的文學觀，爲作家做了較適切客觀的創作分期，在分析文本上，以主題式的研究方式表現，其主題包括抗爭、母愛、土地、政治等主題。論文中亦提及作者的創作手法技巧，以人物的形塑、小說敘述與場景分析，在內心獨白與後設理論的討論中，頗得創見。論文中提到影響李喬短篇寫作的兩大西方文學理論——精神分析理論與寫實主義，以存在主義觀點貫聯李喬創作中的人文關懷，探討其所呈現出關懷的生命意識。透過「精神分析理論」對作品中的人物進行解讀，說明在文本中受到外在環境壓力而出現的異常行爲；在對於書寫技巧方面，以「後設理論」和「內心獨白」爲切入點，輔以文本加以說明，

　　　　灣語文學系研究所，2007 年 12 月），頁 386。

〔註16〕許素蘭〈文學，做爲一種自傳——《重逢——夢裡的人‧李喬短篇小說後傳》〉，收錄於姚榮松、鄭瑞明主編《李喬的文學與文化論述：第五屆臺灣文化國際學術研討會論文集》（臺北市：國立師範大學臺灣語文學系研究所，2007 年 12 月），頁 391。

〔註17〕陳國偉〈從語言複調到民族想像——李喬《埋冤 1947 埋冤》的歷史敘事與再現〉，收錄於姚榮松、鄭瑞明主編《李喬的文學與文化論述：第五屆臺灣文化國際學術研討會論文集》（臺北市：國立師範大學臺灣語文學系研究所，2007 年 12 月），頁 407～440。

〔註18〕彭瑞金〈生命的救贖，還是歷史的釋放？——《埋冤 1947 埋冤》的再探索〉，收錄於姚榮松、鄭瑞明主編《李喬的文學與文化論述：第五屆臺灣文化國際學術研討會論文集》（臺北市：國立師範大學臺灣語文學系研究所，2007 年 12 月），頁 535～555。

〔註19〕紀俊龍：《李喬短篇小說研究》，逢甲大學中國文學研究所碩士論文，2002 年。

此論文對於作者短篇作品做了有系統的析論，並具開創性精闢研究，是一本對於李喬短篇討論非常深入的論文。

將李喬短篇小說中的客觀環境融入主題佐以技巧一起討論，鄭雅文的《李喬短篇小說研究》〔註20〕在析論方式上不同於前人的研究方法，前人的研究方法多將主題與技巧分成不同章節討論，文中將作家的文學起點——蕃仔林這樣的外在客觀環境，加入此時期作家文學觀的建立過程，探討此期作品文本裡欲呈現的主題，如：母親和土地、死亡與性。最後獨立章節討論作家從感受苦難到面對苦難，最後衍伸而出的反抗哲學，說明「反抗來自生活，爲生活而反抗」〔註21〕，此論文幾乎著重於內容主題建構的討論，缺少討論作者特殊的寫作技巧。

在關注李喬短篇創作的單篇論文中，評論者關注的焦點，多集中於幾個面向，如反抗、苦難、母愛、大地等主題，其中特別的如，葉石濤從「佛教意識」層面析論李喬的小說〔註22〕，以爲「這世界是一個廣大的大苦網」〔註23〕，是貧困帶來的苦難，是母子關係形成的掙扎，皆是其小說的中心主旨，而他的許多作品正是他實踐自己悲天憫人，大慈悲胸懷的一種方式。鄭清文評論其《恍惚的世界》〔註24〕提出「在追求人的深層心理，以及心理上的異常狀態，都有大膽而精銳的表現」〔註25〕點出深入心理層面的描寫特點。

另外，部分研究者將對於短篇小說的關注焦點置放於：李喬的許多短篇小說其實是長篇小說創作的基礎，也就是在後來的長篇中，可以看到在短篇小說中出現的人物與故事情節。論者林瑞明在《李喬集》序中提到：「〈哭聲〉、〈蕃仔林的故事〉……後來都融入《寒夜三部曲》，甚至在更早的〈問仙〉裏，當招來亡魂的仙姑用母親生前的語氣頻頻呼喚時，厓子脫口而出：『媽，您還

---

〔註20〕鄭雅文：《李喬短篇小說研究》，玄奘人文社會學院中國語文研究所碩士論文，2003年。

〔註21〕盧翁美珍：《李喬《寒夜三部曲》人物研究》，國立彰化師範大學國文學系碩士論文，2004年，頁278。

〔註22〕葉石濤〈論李喬小說裡的「佛教意識」〉，收錄於許素蘭編《認識李喬》（苗栗：苗栗縣立文化中心，1993），頁18～26。

〔註23〕葉石濤〈論李喬小說裡的「佛教意識」〉，收錄於許素蘭編《認識李喬》（苗栗：苗栗縣立文化中心，1993），頁19。

〔註24〕鄭清文〈李喬的《恍惚的世界》〉，收錄於許素蘭編《認識李喬》（苗栗：苗栗縣立文化中心，1993），頁38～52。

〔註25〕鄭清文〈李喬的《恍惚的世界》〉，收錄於許素蘭編《認識李喬》（苗栗：苗栗縣立文化中心，1993），頁47。

記得在深山茅屋裡，那些風雨孤燈的寒夜嗎？』一九六○年代李喬形塑大地、母親、生命的多篇小說，已預示了後來《寒夜》、《荒村》、《孤燈》的長篇鉅著了」〔註26〕。以《寒夜三部曲》的文本加以檢視，可以看到短篇〈問仙〉、〈哭聲〉、〈蕃仔林的故事〉、〈山女〉的故事情節，出現在《寒夜》三部曲中，也印證評論者的說法。

## 三、主題式研究

在吳慧貞《李喬短篇小說主題思想與象徵藝術研究》〔註27〕中，雖亦以短篇小說為主要探討對象，但其中的主題分析，不同於2002年紀俊龍的論文，此論文主要的論點在於小說內容所呈現的主題，其討論重點約有以下幾個方向：1、家庭親情的呈現。2、壓迫者與受欺凌者之間的霸權關係。3、國家認同與鄉土認同。4、原住民關懷。其中亦從前面所提的四個大主題結合「象徵」手法進行分析，是對於李喬短篇小說提供另一個的不同的思考方向。

黃琦君《李喬文學作品中的客家文化研究》。〔註28〕全文的討論主軸是李喬小說作品中所表現出的客家文化與語言文化。主要分析文本以《寒夜三部曲》為主，其他《埋冤一九四七埋冤》、《藍彩霞春天》與部分短篇為輔，從中整理分析李喬作品中提到的客家人特殊「文化觀」、「女性角色」、「語彙」、「歷史」及「生活面相」。此論文著重在客家特殊表現議題上，但其中尚缺少關於客家語言在小說中所顯現的意義與配合使用技巧的討論。

吳濁流、鍾理和、鍾肇政、李喬等客籍作家作品中，女性角色書寫是文本中相當重要的一個環節，劉奕利《臺灣客籍作家長篇小說中女性人物研究：以吳濁流、鍾理和、鍾肇政、李喬所描寫日治時期女性為主》〔註29〕是一本研究客家女性的專論。以客籍具代表性的作家為討論對象，文中詳實的將作家們筆下的女性角色分類析論，其中討論的主題如：母親的角色類型、當時

〔註26〕林瑞明〈愛恨分明的大地之子──李喬集序〉（台北：前衛出版社，2000年9月初版四刷），頁11。
〔註27〕吳慧貞：《李喬短篇小說主題思想與象徵藝術研究》，東海大學中國文學研究所碩士論文，2003年。
〔註28〕黃琦君：《李喬文學作品中的客家文化研究》，國立新竹師範學院台灣語言與語文教育研究所碩士論文，2002年。
〔註29〕劉奕利：《臺灣客籍作家長篇小說中女性人物研究──以吳濁流、鍾理和、鍾肇政、李喬所描寫日治時期女性為主》，國立高雄師範大學，2004年。

的童養媳角色、勞動階級女性、知識階層的女性等，亦將各個作家的創作想法加入參考討論，但這樣的命題討論可能有難全面的遺珠之憾，即無法將每個作家的作品做更全面深入的探析，但在女性角色分析的主題中，可爲讀者提供另一個探討的角度。

李喬是一位對於所處社會環境感受力非常強的作家，這樣的人格特質亦常常直接或間接的表現在作品中，陳鵬翔《李喬短篇政治小說研究》〔註 30〕以短篇小說爲主要題材，著重在李喬的政治書寫層面，將作家以隱喻、象徵等方式表達的政治議題一一析論。此論文以主題式的方法析論小說中的批判精神，如對中國的文化批判、對台灣人不團結的批判等；在隱喻方面以「『強暴』與『女性』隱喻外省統治階級與台灣人民的關係」〔註 31〕等主題，將隱於文本中的政治議題釐清，並參考李喬其他的文化論述文章，試圖解釋作家眞正的隱含之義，因爲主要是對於「政治」主題的相關討論，所以難以有較全面性的思考，爲此論文不足之處。

蔡佳玲《歷史、傷痕、二二八──李喬後殖民歷史小說《埋冤一九四七埋冤》研究》〔註 32〕，論文中分成兩大主題探討，即主題內容與技巧美學，特別將台灣歷史小說分類，將《埋冤一九四七埋冤》歸類於後殖民歷史小說，此點是前人未深入討論的，在主題方面分成：台灣人政治認同、台灣與中國的文化差異與創傷經驗之後的自我救贖等三大問題提出看法，技巧方面以後殖民的多語爲主要研究範疇，全文圍繞在陳建忠先生提出的歷史分類法中進行分析，理論部分只著重某一個理論來對應文本，論述之處稍嫌薄弱。

黃雅慧《李喬短篇小說人物研究》。〔註 33〕此論文雖然題目命名爲小說人物研究，在論文中亦有反抗、生命苦難、親情、政治等議題探討，在人物分析方面，將文本中的人物分成三大類，即平凡樸實的小人物、多元化的女性人物、脫序失常的瘋癲者。特別的是將含有特殊意思隱喻的名字提出，加以說明，因爲人物的名字可能是貫串作品的軸線，並從人物外在客觀描寫到內在心理呈現皆提出看法。

---

〔註30〕陳鵬翔《李喬短篇政治小說研究》，國立臺南大學國語文學系，2007 年。
〔註31〕陳鵬翔《李喬短篇政治小說研究》，國立臺南大學國語文學系，2007 年，頁145。
〔註32〕蔡佳玲《歷史、傷痕、二二八──李喬後殖民歷史小說《埋冤一九四七埋冤》研究》，國立清華大學台灣文學研究所碩士論文，2008 年。
〔註33〕黃雅慧《李喬短篇小說人物研究》，高雄師範大學，回流中文碩士班，2008 年。

# 第三節　研究範圍與方法

本論文研究以李喬創作的小說文本為主，包含短篇小說與長篇小說，短篇小說的材料版本以 2000 年苗栗縣文化中心出版的《李喬短篇小說全集》十一冊所收錄的短篇小說一百七十八篇〔註34〕為主。

另外，長篇創作目前已出版的共有十二本〔註 35〕，本論文因配合討論主題，故以《痛苦的符號》、《結義西來庵》、《寒夜》、《孤燈》、《荒村》、《藍彩霞的春天》、《埋冤一九四七埋冤（上下）》、《重逢——夢裡的人‧李喬短篇小說後傳》、《咒之環》等書為主要討論對象。

其中參考發表的文化文學相關論述：《臺灣人的醜陋面》（1988）、《臺灣運動的文化困局與轉機》（1989）、《臺灣文化造型》（1992）、《文化心燈》（2000）、《文化‧臺灣文化‧新國家》（2001）、《李喬文學文化論集（一）（二）》（2007）、《我的心靈簡史——文化台獨筆記》（2010）等，以此對於文化論述一系列的書寫，從中討論作者對於以「文化」作為臺灣主體性的思考過程與結果呈現，並探討其意識在小說中的表達。

與各研究者對於作家的專訪，亦列入探析的重點，並以其個人的人生經驗與當時社會環境為輔，從外在的環境等外緣因素，建立其所形塑的生命觀、文學觀等，作家如何將內心的內緣因素與外在環境中遇到的人事物做相互的結合。李喬的創作年代已橫跨超過半個世紀之久，其中經歷過臺灣社會許多重大事件與封閉的社會，作者在不自由的年代中，透過文學與社會進行對話，抑或是透過作品將自己心中的想法家以表達，這些都是提供給沒有參與過那些年代的我們，非常寶貴且重要的瞭解臺灣過去的資料，雖然有少部分的作品已經佚失〔註36〕，但不停創作的作者，於目前文壇上可見的作品其質與量

---

〔註34〕 李喬《李喬短篇小說全集》，（苗栗縣：苗栗縣政府文化局，2000 年）。

〔註35〕 此 12 本長篇，其前後發表的順序為：《山園戀》（1971）、《痛苦的符號》（1974）、《結義西來庵》（1977）、《青青校樹》（1978）、《寒夜》（1980）、《孤燈》（1980）、《荒村》（1981）、《情天無恨——白蛇新傳》（1981）、《藍彩霞的春天》（1985）、《埋冤一九四七埋冤（上下）》（1995）、《重逢——夢裡的人‧李喬短篇小說後傳》（2008）、《咒之環》（2010）。

〔註36〕 佚失的作品有共 26 篇：1962 年〈相思林的故事〉、1962 年〈渴〉、1962 年〈垂淚記〉、1962 年〈光和影〉、1962 年〈蒼蠅、長蟲〉、1962.2.14〈心魔〉大成書局、1962.5.10〈二哥〉兒童天地、1962.5.18〈龍石〉兒童天地、1963〈環環的惡夢〉、1963〈摩托車風波〉、1963〈幻象〉、1963〈錯，錯，錯〉、1964〈關於奶子〉、1964〈心燈〉中央副刊、1964.5.1〈創紀錄的人〉教育輔導月

皆非常豐富，已足夠從中勾勒作家的創作光譜。

　　以小說文本分析，作家自身對於寫作相關論述，與其他研究者相關評論論述爲佐證等方法，嘗試全面性的析論李喬的文學創作與其創作過程中所顯現的個人思想。李喬是一個創作力非常豐富的作家，利用手中的筆，無所不談，暢所欲言，雖然在創作生涯中，曾經「幾乎傾全力於台灣文化改造、建構工作，包括撰寫文化論述、文化演講、參與電視媒體運作等，而讓朋友們暗暗擔心李喬過於『重文化、輕文學』，恐怕難回文學創作之路。」〔註37〕但後來證明其仍是心繫文學創作的。

　　要瞭解李喬與他的文學及思想，最直接的方法就是閱讀他的文學作品，因爲「每一作品，就是作者人格的符號，其生命的縮影」〔註38〕，而其他相關的評論文字所展現的是評論者詮釋的觀點，則是在作品之外的獨立的文字形式。

## 第四節　論文架構與說明

　　本論文共七章，主要討論主題包含形塑李喬創作生平的外緣研究，短篇與長篇小說作品呈現的主題思想，與其在作品中所使用的特殊技巧等，於最後結論中爲目前李喬的創作給予較明確分期。除了第一章的緒論之外，其各章的重點概述如下：

　　第二章「李喬生平與寫作歷程」。以傳統式歷史分析的研究方法，討論作者以生長經驗作爲寫作題材，將從李喬的成長背景、家庭情況並以其對文學

---

刊、1964.5.26〈天有二日〉青年日報、1965.4.15〈太陽王〉中央副刊、1965.4〈屙屎嚇蕃〉公論副刊、1965.6.25〈心語〉徵信副刊、1965.6.15〈前床〉新生副刊、1966.10.2〈獨白〉徵信副刊、1967.3.18〈醜史〉中華副刊、1967.9.1〈千面書生〉青年戰士報、1969.2〈無教有類〉野馬雜誌、1970〈分家〉民政通訊、1983〈山神谷歷險記少年小說〉龍之月刊。李喬《李喬短篇小說全集》資料彙編，（苗栗縣：苗栗縣政府文化局，2000 年），頁 380～381。其所列爲 28 篇，但其中〈香茅寮〉、〈賣藥的人〉皆於《李喬短篇小說全集》中第一冊可見，所以應爲 26 篇。

〔註37〕許素蘭〈文學，做爲一種自傳──《重逢──夢裡的人‧李喬短篇小說後傳》〉，收錄於姚榮松、鄭瑞明主編《李喬的文學與文化論述：第五屆臺灣文化國際學術研討會論文集》（臺北市：國立師範大學臺灣語文學系研究所，2007 年12 月），頁 392。

〔註38〕李喬〈與我周旋寧作我〉《李喬短篇小說全集》資料彙編（苗栗縣：苗栗縣政府文化局，2000 年），頁 21。

的看法加以佐證。就是以李喬生平的外緣研究，加入其相關的小說作品進行佐證與討論，目地在於建構較正確的作者的書寫背景，與對相關小說有較深入且正確的理解。

　　第三章「反抗是生命的根本」。「反抗理論」是李喬非常重要的書寫概念，因爲其從小的生命經驗，造成他走向「極度悲觀」的人生觀，一直到現在還是如此，所以在他的小說作品中，其主角幾乎都具有某些程度的悲觀性格，而經過思考生命意義的過程，絕對悲觀轉換成積極的人生態度，人無時無刻在反抗，與自己的反抗，與外在環境的反抗，李喬從理解生命的無奈出發，如果死亡是生命的必經之路，自棄是一種方式，反抗是另一種方式，那爲什麼不反抗。從文本中歸納析論李喬透過什麼角度、方式來表達「反抗」？到底要「反抗」什麼？「反抗」是不是用來尋求自我定位的一種方式，以對於文本的深入閱讀方式，藉此找出作者反抗意念的形塑過程，以及在小說文本中所呈現的反抗方式，如〈人球〉一文的主角，就是將自己外在的形體退縮成在母親子宮時的圓球形狀，這是一種對於無法釋放壓力的反抗方式；或是放手一搏賭上自己生命的妓女「藍彩霞」，李喬小說中的人物表現反抗的方式有很多，而讓他們必須走上反抗之路的原因也不少，這與作家從小到大的生命經驗息息相關，也因爲如此，李喬筆下的「反抗精神」非常豐富多元，他們以反抗的方式目的在於爲自己爭取好的未來，不一定每個人都會成功，但在苦難感受的面前，這些人物至少是勇敢的，這也是李喬的理想之一，就是臺灣人要「硬」起來，追求自己的美好前途，而這也是李喬反抗理論最後的目的所在。

　　第四章以長篇「歷史素材小說」爲主要討論的文本，並以「後殖民理論」爲思考主軸，從作者自言的「歷史素材小說」定義，說明其與傳統「歷史小說」的不同之處，凸顯李喬關於歷史的創作異於其他作家之處，顯示其著重對於「歷史素材小說」〔註39〕的界定，取其偏重變化以存實，虛與實之間的空隙，這個空隙是歷史的裂縫，是作家用來塡補並寫自己心中歷史的空間，是以小說文本呈現「借他人濁酒，澆我胸中壘塊，是明修棧道，暗渡陳倉，偏重在變化以存實，闡釋作者的生命觀、歷史觀等」〔註40〕等寫作特色，凸

〔註39〕關於李喬所謂「歷史素材小說」的相關定義可參見，李喬〈「歷史素材小說」的寫作〉，收錄於李喬《小說入門》，（台北市：大安出版社，2002 年 9 月第一版），頁 194～196。

〔註40〕李喬《寒夜》書前序，（台北：遠景出版事業有限公司，2001 年 7 月六版），

顯本章以李喬在歷史素材書寫的文本中，析論在其中的「虛構」（故事情節部分）所要表達的臺灣歷史思考，透過對於歷史的「再構」中，作者眞正要說的是什麼，特別是指向對於臺灣不斷被殖民的思考之下，作者從臺灣歷史出發，是試圖喚起被遺忘的歷史，引起齊一同心的共鳴。

第五章以李喬相關的文學與文化論述爲主要討論文本，從中離析作者對於以「臺灣」爲一個主體性的思考與形塑的過程，李喬的許多抽象式的意識觀念，是在寫小說的過程中漸漸明白清晰，有研究者指出，李喬的小說是「意識先行」的寫作方式，筆者以爲李喬對於「臺灣主題」意識的眞正確定應於寫作《結義西來庵——噍吧哖事件》過程中漸漸明朗的，後期長篇創作如《寒夜三部曲》中，已可看出李喬對於「臺灣主體」思想的成熟。在本章中從他對臺灣文學的界定開始，再從其相當份量的文學與文化論述中釐清兩者的關係，接著討論作者如何在小說中建構其對臺灣的認同過程，將文學作品與相關文化論述結合，試圖釐析其最後指向的「文化台獨論」的思考與建構過程。是討論作家的文化思想如何延續到作品中，作家如何用手中的筆，建構心中的主體，他心中的主體是什麼？從小的自身主體到大的國家主體中間的認同過程，又是如何通過文學作品來表達，創作文本作爲主要討論對象。

第六章是針對李喬的特殊創作技巧的討論。李喬是福克納的忠實信徒，福克納說：「一個題材，一種手法。」文字是文學的工具，也是文學的靈魂，而對於李喬來說，文字就是文學。〔註 41〕對於作品技巧相當講究的李喬，曾說過：「我是一個對『形式』比較敏感的人。我試著寫各階層各方面的故事，在形式與技巧上，盡量創用新的手法；我曾經約束自己：不許在連續五篇短篇小說中出現兩篇類似的技法。」〔註 42〕如其從短篇到長篇中「後設」小說的創作軌跡，從一九八二年的短篇〈小說〉到二〇〇五年的長篇《重逢：夢裡的人——李喬短篇小說後傳》中，對於後設理論的實踐與應用等。

第七章總結本論文的討論重點，並提出目前李喬作品的分期與其在臺灣文壇上的歷史地位與影響。

---

頁 1。

〔註41〕鄭清文〈鋼索的高度——李喬的文學成就〉《文學臺灣》78 期，2011 年 4 月，頁 218。

〔註42〕李喬〈與我周旋寧作我〉，收錄於李喬《李喬短篇小說全集》資料彙編，（苗栗縣：苗栗縣政府文化局，2000 年），頁 21。

# 第二章　李喬生平與寫作歷程

## 第一節　創作時期——筆下的文學原鄉

　　李喬，本名李能棋，另有筆名「壹襌提」，1934 年 6 月 15 日生於苗栗大湖鄉，〔註1〕一個舊名稱爲「蕃仔林」的地方，新竹師範學校畢業之後，通過「教育行政」普考、「教育行政」高考、高中教師檢定等考試，歷任中學、高職教師二十八年，於一九八二年退休。

### 一、童年的記憶——蕃仔林

　　「蕃仔林」是常常出現在李喬小說中的故鄉場景，是一個幾乎被上帝遺忘的地方，「貧苦大地已到了苟延殘喘的地步，我不知道造人的上帝若偶一幸駕蕃仔林上空，看了這幅人世劫難圖，是否也會因自己造人又使人受苦的矛盾懊悔？抑或爲此人間慘狀汸然垂淚？」〔註2〕，上帝顯然沒有看到蕃仔

---

〔註 1〕依據考古研究發現，苗栗地區曾爲史前先民的生活區域，留有許多歷史遺跡。史前居民多居住在河階台地，過著以農業爲主，狩獵、漁撈爲輔的生活方式。一千多年以前，台灣原住民移居此地，苗栗成爲平埔族的生活居所。舊名「貓狸」的苗栗，即是平埔族語「平原」一詞的音譯。自十七世紀中葉起，漢人逐漸移入屯墾，原住民被迫同化或向山區遷移。經過數百年的發展，苗栗成爲一個多族群匯聚的地方，主要爲客家、閩南、泰雅族、賽夏族。依據苗栗縣政府全球資訊網資料：http://www.miaoli.gov.tw/index/history/his1_01.asp。上網時間：2010 年 7 月 26 日。

〔註 2〕彭瑞金〈悲苦大地泉甘土香——李喬的蕃仔林故事〉，許素蘭編《認識李喬》（苗栗：苗栗縣立文化中心，1993），頁 59。

林中孤苦無依的人們，〔註3〕而李喬用雙腳走過的蕃仔林歲月，是「鮮血淋
漓」〔註4〕的，就是因為這樣鮮血淋漓的雙腳，李喬一步步的踏上悲觀的人
生之路，他曾自言：「我的生長背景，我從小的身體情況，所以我是一個悲
觀者，這樣越走下去，最後成為一個絕對的悲觀者。」〔註5〕跟一般人不一
樣的是，李喬並不急著逃離這個被上帝遺忘的地方，因為這是他出生成長的
地方，他曾經真真實實的踏在蕃仔林這一塊土地上，他曾經笑稱：「寫小說
的人，有一點跟其他人不同的地方，就是人間有很多災難痛苦，這些都是不
好的，但是對於寫小說的人來說，這些東西都變成他寫作的一種資產。」〔註6〕
說這些話的當時，他就是舉了自己在蕃仔林童年孤苦多病的歲月為例，可見
童年的生命經驗對他而言，是一輩子無法忘卻亦不能割捨的珍貴記憶，論者
彭瑞金曾說：「雖然不能免俗地李喬的寫作也從自身身世出發，袒露自己淌
血心靈的傷口，但透過自身這不幸的人生樣張，李喬曬下悲苦大地的縮影，
也因之『蕃仔林』這苦難大地小小的取樣，成了李喬追憶自己童年悲苦和悲
憫生靈劫難的總合」〔註7〕。

　　「深山的生活經驗對我的文學是一個不得了的影響」〔註8〕，小說中的人
事物圍繞著蕃仔林展歲月，展開各自的故事情節，〈山女〉裡，鹹苿婆要去向
阿春要回曾經借出的兩碗在來米，而「阿春的家在蕃仔林最頂端「鷀婆嘴」
下；再上去，只有藍天和白雲。」〔註9〕鹹苿婆和阿春都是李喬筆下蕃仔林的

---

〔註3〕論者許素蘭曾經提到，李喬出生的 1934 年，是日本統治台灣的第三十九年，
　　　當時的台灣在生活多了一些便利，「此時的台灣，在『帝國之眼』──總督府
　　　眼中，已然脫離清領時期的落後、蠻荒，成為『日本海外的第一顆珍珠』，璀
　　　璨明亮。……居住偏遠荒村的李喬一家，在貧寒的生活中，感受不到統治者
　　　動員全島，為博覽會忙碌的熱鬧氣氛，卻為了原本位於『烏石壁』的家屋被
　　　地震震垮，忙著另找地點，重建住所。」引自許素蘭著《給大地寫家書──
　　　李喬》（台北市：典藏藝術家庭，2008 年 12 月初版），頁 14。
〔註4〕本論文附錄 2011 年 7 月 3 日星期六與李喬的訪談。
〔註5〕本論文附錄 2011 年 7 月 3 日星期六與李喬的訪談。
〔註6〕本論文附錄 2011 年 7 月 3 日星期六與李喬的訪談。
〔註7〕彭瑞金〈悲苦大地泉甘土香──李喬的蕃仔林故事〉，許素蘭編《認識李喬》
　　　（苗栗：苗栗縣立文化中心，1993），頁 54。
〔註8〕莊紫蓉專訪李喬，引自網路資料：http://www.twcenter.org.tw/b01/b01_7203_1.
　　　htm。上網日期：2008 年 9 月 2 日。
〔註9〕李喬〈山女〉，《李喬短篇小說全集》第 5 卷（苗栗：苗栗縣立文化基金會，
　　　中華民國 89 年 1 月），頁 94。

代表人物之一。其他短篇如〈鱸鰻〉、〈阿妹伯〉、〈呵呵，好嘛！〉、〈蕃仔林的故事〉、〈哭聲〉等作品與長篇《寒夜三部曲》等皆是以童年的故鄉蕃仔林為主要書寫場景，蕃仔林是李喬生命中的原鄉。

蕃仔林可以說是集貧窮、困苦、不幸的地方，一個徹底被上帝遺棄的地方，〈蕃仔林的故事〉中，本來是將笑容掛在嘴邊的福興嫂，在得知丈夫去世之後，整個人性情大轉變，變成一個「看到大男生就咯咯笑，邪眼看人很不規矩，據說還會出手拉人」〔註10〕的女人。蕃仔林的傻瓜代表「安仔」，腰帶永遠紮不緊，臉上永遠著兩條鼻涕，福興嫂與安仔可以說是蕃仔林不幸的代表，文中有一段寫到福興嫂與安仔因為肚子太餓，而把埋葬多日已經腐臭的死豬肉挖出來的情節。〈山女〉裡，母親阿春與十四、五歲女兒阿春枝共穿一條褲子，所以永遠只有一個人有褲子穿，另一個人只能光著屁股；生活中不可缺的鹽，阿春一家卻只能以鹽膚木來替代，這樣令人感到訝異的情節，世上真有這樣貧苦的地方，像是人間煉獄一般的地方。這就是李喬生命中最初的故鄉，是生命中苦難代表的原鄉。

兒時的生命經驗影響李喬的創作至深。他曾多次表達自己最原始的創作動力來自兒時的種種經驗，「我是來自台灣中部深山很貧瘠、很窮苦的貧農之子，從小多病住在深山裡非常的寂寞非常的孤獨，說來不知道是不是這種環境形塑我的性格，還是我天生的稟賦裡含有這個東西，不管如何我在寂寞孤單中成長，而擁有很敏感的天性」〔註11〕，「孤獨、深山、密林裡面的成長，生活在一片草莽之中，這種經驗是不得了的，增加你的夢想、幻想、想像力，對於我後來的寫作，絕對是正面的影響。」〔註12〕可知蕃仔林在作家的心中，雖然是貧苦窮困的兒時記憶，但也迫使在這樣環境中生活的李喬，比一般小孩敏感且早熟，這對他的寫作是有實質上的正面影響。

童年影響李喬最深的兩個人，一個是阿妹伯（邱梅），「是一個『唐山人』。據說還是唐景崧的『撫轅親兵』」〔註13〕，李喬曾自言：「在我還沒進小學讀

〔註10〕李喬〈蕃仔林的故事〉，《李喬短篇小說全集》第 5 卷（苗栗：苗栗縣立文化基金會，中華民國 89 年 1 月），頁 188。

〔註11〕〈戲謔的笑顏，沉重的生命——觀點、後設的重構〉《想像的壯遊——十場台灣當代小說的心靈饗宴 2：國立台灣文學館‧第四季週末文學對談》，（台南市：國立台灣文學館，2007 年 12 月初版一刷），頁 205。

〔註12〕莊紫蓉專訪李喬，引自網路資料：http://www.twcenter.org.tw/b01/b01_7203_1.htm。上網日期：2008 年 9 月 2 日。

〔註13〕李喬〈母親的畫像〉，《李喬短篇小說全集》第 10 卷（苗栗：苗栗縣立文化基

書時，這個人口述《水滸傳》、《三國演義》給我聽，他在講故事當中，還會解釋忠義的關雲長、大奸曹操等等。這些文化意義就這樣點點滴滴地進入我心裡面。」〔註14〕阿妹伯是一個被強迫留在蕃仔林的人，是一個「沒有回中國的一個老中國人」〔註15〕，是一個帶點神祕色彩的人物，在〈阿妹伯〉、〈母親的畫像〉、《寒夜》等篇章中都有提到，他陪著孤單多病的李喬，教他認草藥，打拳識字，可以說是作者童年困頓迷惑時的一位導師，也是對於李喬最初文學基礎的奠基者〔註16〕；〈阿妹伯〉的這一篇小說也是一篇自傳性很強的作品，「這小說裡面隱藏著足以使人哀傷不已的他底身世的祕密。當我們仔細閱讀這篇有堅固的寫實風格做基柱而展開的自敘傳的斷片時，我們驟然瞥見他時常淌血的一顆心理創傷頗深的心坎；這心裡創傷大概是迫使李喬走向寫作生涯的原始動機之一」。〔註17〕

　　另一個影響李喬很深的人是一位原住民的老酋長〔註18〕，李喬小時候住的

---

金會，中華民國89年1月），頁175。

〔註14〕莊紫蓉專訪李喬，引自網路資料：http://www.twcenter.org.tw/b01/b01_7203_1. htm。上網日期：2008年9月2日。

〔註15〕莊紫蓉專訪李喬，引自網路資料：http://www.twcenter.org.tw/b01/b01_7203_1. htm。上網日期：2008年9月2日。

〔註16〕關於「阿妹伯」一人，在李喬短篇小說〈阿妹伯〉、〈母親的畫像〉裡有許多描寫。李喬：〈阿妹伯〉，收入於《李喬短篇小說全集》第1卷（苗栗：苗栗縣立文化基金會，中華民國89年1月），頁68～84；〈母親的畫像〉，《李喬短篇小說全集》第10卷（苗栗：苗栗縣立文化基金會，中華民國89年1月），頁173～193。

〔註17〕葉石濤：〈評李喬的兩本書——《飄然曠野》、《戀歌》〉，《李喬短篇小說全集》別冊（苗栗：苗栗縣立文化基金會，中華民國89年1月），頁90。

〔註18〕關於這位對李喬童年時期影響很深的老酋長，在一次的專訪中，李喬有明確的提到：「我小時候住的地方叫做番仔林，番仔林原來是原住民的土地，我們那一族人是被原住民認同的。普通人講原住民漢化，我這一族不是哦，是番化，被他們接受的。早年他們出草時會先通知我們，叫我們不要出去，可見我們是被認同的。我童年時出現了一個老首長，我還記得他的名字叫做Vo-hin，我日夜跟著他跑去打獵，白天去抓穿山甲，晚上打飛鼠。這個老人跟我講兩件事情，影響我一生，不過，如果我的整個文化思考沒有成熟的話這就沒有意義了。他穿一件丁字褲，帶一把戰刀，牙齒全沒有了，我不知道他多少歲數。他經常用手抓抓他的卵子說：「我這個東西啊，老了，沒有用了。」這是他喜歡講的第一件事。第二個，他說他很怕死，他說：「ma-tuket（死）啊，很可怕哦！ma-tuket 要把我抓到黑黑的洞裡面。」因爲他講我們的話不大熟悉，句子不完整，而且不會用連接詞，聽起來很像詩。」

「爲什麼我會認爲這個老酋長跟我講的這兩件事很重要？因爲漢文化裡面有兩個禁忌：性和死亡，而我童年時天天談這個，所以影響我很大，讓我的思

蕃仔林，原來是原住民的土地，後來他們也和原住民一起相處生活，他跟著老
酋長去打獵，抓飛鼠，老酋長與山林合一的生命樣態，啓發了李喬對於土地特
別的眷戀之情，另外老酋長跟他說的兩件事影響李喬後來的人生思考，就是性
和死亡，這讓他的思考更深入，因爲漢人不太直接談性和死亡的，也對李喬之
後的創作產生了影響，在短篇中可以看到關於「性本能」的相關題材，如：1968
年4月〈兩座山〉〔註19〕以男子上班族「方一民」爲主角，「兩座山」是形容妻
子的乳房。爲了家中的生計問題不能生太多孩子，因此影響與妻子之間的床第
之事，是寫小人物的家庭生活，因外在的經濟壓力，性因此受到壓抑而無法滿
足而帶來痛苦。如：1968年6月的〈烏石坑的野人〉〔註20〕以住在烏蛇坑的兩
位老人——豬精、紅猴爲主角，描寫與世外隔絕的烏蛇坑，因爲一個年輕蕃女
的突然闖入，使缺少女人的烏蛇坑從此陷入不平靜，是寫「人的原始本能，它
在極端的狀況下怎麼樣呈現」〔註21〕；以第一人稱我「尤德培」爲視角出發所
寫〈裸裎的夢〉〔註22〕，用夢境的呈現，以宗教思想譴責人類性欲本能與自私
的本性。1969年2月的〈蜘蛛〉〔註23〕一文，以男子視角阿倫出發，描寫因爲
性的本能而帶來的痛苦，「人生果真不是苦海嗎？生命的始終站間，誠然是一片
慾海；我在苦海裡浮沉，我在慾海裡掙扎，於是我纔好可憐好可憐地給襯托出
來……這以後，我又在某方面陷入無能爲力的苦惱之中。」〔註24〕另外 1970
年4月的〈鏡中〉〔註25〕一文，寫一個思考自己存在的藝術家「何日宣」，表達
人的存在與「愛」、「性」是無法分開的。1974年2月的〈火〉〔註26〕描寫爲了

　　考比較廣闊。」莊紫蓉專訪李喬，引自網路資料：http://www.twcenter.org.tw/
　　b01/b01_7203_1.htm。上網日期：2008年9月2日。

〔註19〕 李喬：〈兩座山〉，《李喬短篇小說全集》第4卷（苗栗：苗栗縣立文化基金會，
　　　　中華民國89年1月），頁122～132。

〔註20〕 李喬：〈烏石坑的野人〉《李喬短篇小說全集》第4卷（苗栗：苗栗縣立文化
　　　　基金會，中華民國89年1月），頁146～187。

〔註21〕 本論文附錄2011年7月3日星期六與李喬的訪談。

〔註22〕 李喬：〈裸裎的夢〉，《李喬短篇小說全集》第4卷（苗栗：苗栗縣立文化基金
　　　　會，中華民國89年1月），頁242～250。

〔註23〕 李喬〈蜘蛛〉，《李喬短篇小說全集》第5卷（苗栗：苗栗縣立文化基金會，
　　　　中華民國89年1月），頁58～70。

〔註24〕 李喬：〈蜘蛛〉，《李喬短篇小說全集》第5卷（苗栗：苗栗縣立文化基金會，
　　　　中華民國89年1月），頁65。

〔註25〕 李喬：〈鏡中〉，《李喬短篇小說全集》第5卷（苗栗：苗栗縣立文化基金會，
　　　　中華民國89年1月），頁300～309。

〔註26〕 李喬：〈火〉，《李喬短篇小說全集》第7卷（苗栗：苗栗縣立文化基金會，中

擺脫眞實世界中在性方面的自卑，任職於知名大公司貿易部主任「何卑南」，收集全世界的裸女年曆，透過欣賞圖中的裸女而得到身心的滿足，最後放火燒了所有的圖與自己。

在〈阿妹伯〉一文中，作者寫到對於自己童年印象最深刻的事有三：一是媽媽的眼淚，二是杉樹林，三是阿妹伯。〔註27〕這是一篇紀錄作者童年時期重要的作品，論者葉石濤曾對此文提出精闢的看法：「當我們仔細閱讀這篇有堅固的寫實風格做基柱而展開的自敘傳的斷片時，我們驀然瞥見他時常在淌血的一顆心理創傷頗深的心坎；這心理創傷大概是迫使李喬走向寫作生涯的原始動機之一。」〔註28〕關於葉石濤所言，李喬在一次的訪談中亦曾提及「我是在深山裡長大的本地人，很自然的心性經驗便決定了創作的風格——形成寫實爲主的風格。」〔註29〕而在作家童年印象最深刻的三件事也變成作者在後來許多創作中重要的故事原型。

不快樂的童年，在極度孤單與飢餓和污辱中度過。在〈竹蛤蛙〉中，有一段關於兒時困頓生活的描寫：

> 記得在「五月節」過幾天，難得爸在家裡。頭家來了，媽抓不著小公雞，爸一聲不響，把正在孵蛋的母雞拖下來宰掉。爲這個，媽還流了眼淚。因爲蛋窩裡失去雞媽媽的蛋，敲開來一看：十二個都是已經長了毛的死小雞！現在，媽很快就把一個雞宰好，飯也熟了，是只有幾粒米的蕃薯飯；沒辦法的，這個月的配給米，早在前兩個禮拜，頭家來時，煮給他們吃掉啦。〔註30〕

除了當時物質生活的貧乏外，精神生活方面也受到很大的壓迫，在作者心中看著爸媽默默的承受一切的不公平對待，他不了解原因是什麼，但在他小小的心靈中，對於這樣的情況，除了無能爲力外，多了怨氣，這或許是造成作者生命反抗與悲觀基調的因素之一。

華民國89年1月），頁194～212。

〔註27〕 李喬：〈阿妹伯〉，《李喬短篇小說全集》第1卷（苗栗：苗栗縣立文化基金會，中華民國89年1月），頁68。

〔註28〕 葉石濤〈評李喬的兩本書——《飄然曠野》、《戀歌》，許素編《認識李喬》（苗栗：苗栗縣立文化中心，1993），頁30。

〔註29〕 〈文學‧文化‧時代——詩人和小說家的對談〉，《台灣運動的文化困局與轉機》（台北市：前衛出版社，1989年11月20日初版），頁198。

〔註30〕 李喬：〈竹蛤蛙〉，《李喬短篇小說全集》第5卷（苗栗：苗栗縣立文化基金會，中華民國89年1月），頁114。

　　童年時期對於外在生活環境惡劣的感受創傷，是揮之不去的生命難題，是痛苦的生命記憶。兒時還有另外一件事對李喬的人生有很大的影響，就是失去最愛親人的創傷〔註31〕，跟李喬感情最好的大妹因為生病，在很小的時候去世了，當時面對大妹冰冷身體時的手足無措，影響他的生命觀。種種兒時生命所受到的創傷，不斷的累積，堆疊成他悲觀的生命記憶，感受到人生存在的苦難，但是蕃仔林正是孕育李喬創作的沃土，他的好友鄭清文說：「故鄉和童年，往往是一個作家的起點。要尋索一個作家，故鄉和童年是兩條主要的線索。」〔註32〕

## 二、記憶的缺角——父親

　　「李喬父親——李木芳，幼時在銅鑼為人放牛，長大後曾在大湖一帶當隘勇〔註33〕，直到與李喬母親結婚，在蕃仔林落腳居住之前，一直過著流浪漢般的孤兒生活，」〔註34〕其實結了婚有了家庭的他，沒有因此而穩定下來，

〔註31〕　「我五、六歲時我大妹的死亡，這影響我一生，影響我很早就接近宗教，和我的生命思考、我的文學的底子都拉上關係。那時我還沒上小學，我妹妹得了肺炎。從前得肺炎是沒有救的，肺炎的症頭不顯著，咳嗽以後發一點微熱，後來昏迷就死了。這樣死亡是相當意外，也沒有看醫生，要埋葬很麻煩，所以早上天還沒亮，我媽媽就提著火把到大湖街上去辦手續。我一個六歲的孩子，在深山的房子裡，冬天很冷，對著客廳裡一個躺在地上的妹妹——我很疼愛這個妹妹，因為她不會和我吵架，我的二妹就很兇。我和她相處了一天，直到天黑我媽媽才舉著火把回來。那一段時間，我心裡面想：這個就是死亡嗎？我的第一個感覺是：死亡就是冷的。我又想：手腳是冷的，身體會不會暖和一點？我手伸到她身體裡面，想看看會不會暖和一點。還是很冷。後來我想：也許她躺在地上很冷，我身上的體溫可以讓她暖和。我就把她抱在懷裡，可是，她還是很冷。我摸摸她、把她抱起來又放回去，就這樣抱起放下折騰了一天。」莊紫蓉專訪李喬，引自網路資料：http://www.twcenter.org.tw/b01/b01_7203_1.htm。上網日期：2008年9月2日。

〔註32〕　鄭清文：〈作家的起點〉《台灣文學的基點》（高雄：派色，1992年），頁65。

〔註33〕　隘勇、隘勇線、或隘勇制度開始於1899年。是台灣日治時期之台灣總督府專門為了要與台灣北部原住民劃清界線的防衛線制度。設隘察置隘勇駐守的隘勇防衛制度，將原住民居住的山地區域與其附近山腰或平地，做一明顯的界線切割。而利用鐵絲，木牆，哨站所延伸或拓展的防衛線就叫做隘勇線。至於被總督府僱用，用來防守防衛線的人員稱為隘勇、民間或受政府補助僱用的防守人員則稱隘丁。而不管是隘勇、隘丁或隘勇線，都是為了確定台灣總督府開發山林或開採樟腦過程，不至於與台灣原住民發生糾紛。

〔註34〕　許素蘭著《給大地寫家書——李喬》（台北市：典藏藝術家庭，2008年12月

或許是習慣了流浪的自由生活，常常不在家，沒有負起養家的責任，李喬對於父親始終有一種埋怨，會有這樣的埋怨造成，是從小因爲父親而受到影響的生活，李喬曾經說到：

> 我的童年很特別，非常非常的窮，可以說是極窮，在深山生活又孤獨多病，這些可以說是我父親造成的，我父親只過自己的生活，他還去參加抗日，而且還是個左派分子，眞的很難想像我那個年代除了窮困之外，因爲我父親的關係，當我走在山路上時，鄰居看到我會說是李木芳的兒子，然後就打過來，或拿竹子打我，我就這樣長大的。〔註35〕

在他的觀念中，父親應該是個可以一肩扛起家計，保護家人的角色，但是「他在我還是小孩子的時候常常不見蹤影」，因此讓李家陷入無以爲繼的窮苦生活，家中的生活維持，幾乎都是靠母親一個人，甚至父親在外面的「個人行爲」，父親的「個人行爲」就是長期參與農民運動，爲了替農民爭取權益，瞭解農民的想法，常常要四處奔走，曾擔任台灣「農民組合」大湖郡第一任支部長，因此被日本政府列爲「甲級流氓」，成爲日本刑警監視、緝捕的對象，〔註36〕這些都變成要家裡所有人來共同承擔，這當然是幼小的李喬想不透也無法接受的事。

　　兒時除了貧苦的外在環境帶給李喬的影響外，從小關於父親不常在身邊的種種記憶，造成父親形象在心中失衡，對於自己的父親，作者的心中是既愛又恨，弄不清楚爲何父親常常不回家，爲何總有一些特別的人來家裡找父親，李喬曾自言父親在他心中的印象：

> 對於父親，在我十二歲以前，只是個模糊的影子。因爲光復以前，他被關在監獄的時間，好像比在家裏多。我們住在苗栗山地，一個叫做「蕃仔林」的地方，那是日本府給限定的住所；如果父親要離開指定的行動範圍，就得事先報告。〔註37〕

李喬的父親當時因爲與反抗日本的組織「農民組合」裡的人有所來往而被列

---

初版），頁 10。
〔註35〕 本論文附錄 2011 年 7 月 3 日星期六與李喬的訪談。
〔註36〕 許素蘭著《給大地寫家書——李喬》（台北市：典藏藝術家庭，2008 年 12 月初版），頁 11。
〔註37〕 李喬：〈阿妹伯〉，《李喬短篇小說全集》第 1 卷（苗栗：苗栗縣立文化基金會，中華民國 89 年 1 月），頁 68。

爲黑名單，並限制其住所與活動範圍。〔註 38〕《荒村》一書中，主要的寫作
主題是「大正末年到昭和四年，文化協會分裂前後，農民組合前期的幾件重
大事件。」〔註 39〕其中主角之一的劉阿漢，或許是李喬想像中父親的縮影。
對於兒時父親經常不在身邊，李喬是有些不滿的，在〈阿妹伯〉一文中，透
過和阿妹伯對話的過程中，說到自己曾經認爲父親常常被關到監獄中，是因
爲他是壞人：

> 有一次，我問他，爸爸是不是壞人？他急忙：
>
> 「阿喬，別亂猜，你爸是個大好人，不得了的人。」
>
> 「那爲什麼警察總是要捉他？」
>
> 「講你也不懂。總之，是你爸年輕時得罪了他們！」
>
> 「怎麼得罪的？」
>
> 「他們搶去我們的東西啊，你爸反對，和他爭。好了，別再問，也
>
> 別給人講。」〔註 40〕

心中的父親形象理應是可以保護家人的，但父親特殊的待遇，讓他父親的角
色在兒時李喬的心中，是無法完整拼湊出來的，孩子渴望父愛是天經地義，
父親的缺席，李喬只好轉向他處，試圖填補自己缺少的父愛，這是從有記憶
以來，母親形象變的無比巨大的原因之一。

直到父親過世十年，李喬對於父親的「怨」還放不下。不過父親的一生，
卻也是促使李喬下筆寫下《埋冤一九四七埋冤》的重要關鍵。因爲二二八事
件發生的前後，父親的形象，在李喬心中有了很大的轉變，在二二八之前，
他的父親是代表政府接收大湖區，當然風光過一時，但是二二八時期的台灣
正面臨社會局勢動亂之際，果然在一九四七年的三月四日發生的足以改變李
喬父親一生的事件：

---

〔註 38〕 關於李喬父親與當時「農民組合」成員有所往來一事，可參見許素蘭著《給
大地寫家書──李喬》（台北市：典藏藝術家庭，2008 年 12 月初版），頁 15
～17。文中寫到：李喬從前輩作家楊逵手中獲贈台灣總督府警務局出版的《台
灣總督府警察沿革誌》，得知與父親往來的張橋因是日治時期台灣「農民組合」
成員，李喬也在此文件中看到父親「李木芳」的名字，從中追索才證實童年
時代常常不在家的父親，果然與「農民組合」有關連。

〔註 39〕 李喬《寒夜三部曲──寒夜》書前序，（台北市：遠景出版事業有限公司，2001
年 7 月六版），頁 2。

〔註 40〕 李喬：〈阿妹伯〉，《李喬短篇小說全集》第 1 卷（苗栗：苗栗縣立文化基金會，
中華民國 89 年 1 月），頁 72。

　　三月四日傍晚，他的保鑣來講官邸那邊有一群人準備打「阿山仔」
〔註41〕，我老爸穿了衣服醉醺醺的往前面衝，我在後面跟。……當
時因為很受鄉人尊重，有人講李某人說不要打，大家不要打了，所
以獅潭，泰安，卓蘭，大湖沒有打，兩個月以後我父親忽然被抓去
了。大湖區沒有暴動啊，可是我老爸後來知道地方派系的鬥爭陷害
他領導暴動！〔註42〕

這件事情發生後到父親被釋放時，父親已經六十多歲了，而且回家之後，整
個人的個性有了很大的轉變，變的不務正業，「什麼壞事都做，到了老死以後
還留下一屁股債給我們兄弟，讓我們那時候抬不起頭來，這是一股怨恨呀。」
〔註43〕這個怨恨一直到李喬送楊逵先生自己的小說作品《李喬自選集》之後，
有機會從楊逵先生那裡知道父親年輕時的所作所為，他才慢慢的對一生荒唐
的父親釋懷。李喬曾說：「所以我寫這本書多多少少意識層面裡是處理我和父
親的心裡糾葛；希望我父親在我心靈上所留下那些負面的東西能夠洗掉，不
過好像並沒有完全洗掉。」〔註44〕雖然如此，仍可以從另一篇短篇作品〈爸
爸的新棉被〉〔註45〕中知道對於父親的「怨」，已隨著自己的年歲增長，慢慢
有了變化，雖然是以女子的視角出發，依然可以看到作者在文章中表達的父
子親情，那種血濃於水的父子親情，是怎麼樣都無法割捨掉的，一如對於故
鄉的情感，「她被故鄉老家的魅影夢魘糾纏得無法忍受時，祇好抱著熱切，卻
又是逡巡，愛戀，卻又是怨恨──的心情，匆匆上車，急急趕回故鄉。」〔註
46〕何嘗不也是對於故鄉父親的心情嗎？是對於父親想愛他又無法不恨他的心

---

〔註41〕　此處「阿山仔」指的是「外省人」。

〔註42〕　〈戲謔的笑顏，沉重的生命──觀點、後設的重構〉《想像的壯遊──十場台
　　　　　灣當代小說的心靈饗宴2：國立台灣文學館・第四季週末文學對談》，台南市：
　　　　　國立台灣文學館，2007 年 12 月初版一刷，頁 223。

〔註43〕　〈戲謔的笑顏，沉重的生命──觀點、後設的重構〉《想像的壯遊──十場台
　　　　　灣當代小說的心靈饗宴2：國立台灣文學館・第四季週末文學對談》，台南市：
　　　　　國立台灣文學館，2007 年 12 月初版一刷，頁 223。

〔註44〕　〈戲謔的笑顏，沉重的生命──觀點、後設的重構〉《想像的壯遊──十場台
　　　　　灣當代小說的心靈饗宴2：國立台灣文學館・第四季週末文學對談》，台南市：
　　　　　國立台灣文學館，2007 年 12 月初版一刷，頁 224。

〔註45〕　李喬：〈爸爸的新棉被〉，《李喬短篇小說全集》第 1 卷（苗栗：苗栗縣立文化
　　　　　基金會，中華民國 89 年 1 月），頁 155～180。

〔註46〕　李喬：〈爸爸的新棉被〉，《李喬短篇小說全集》第 1 卷（苗栗：苗栗縣立文化
　　　　　基金會，中華民國 89 年 1 月），頁 157。

裡矛盾，她恨他從小把家庭拋在腦後，只過著自己的生活，她恨他讓媽媽這麼辛苦，一直到死都沒有享到福，這是作者對於「父親」這個矛盾形象在心裡的轉折過程，試圖從中讓心靈得到洗滌，但似乎不是這麼容易的事，「人，就是這樣無能為力的吧？」但看得出來，在作者心中不斷纏繞糾葛的過程。

## 三、一生的摯愛——母親

　　李喬是一個充滿愛的人，在經歷童年時期身體與精神的孤苦孱弱之後，是什麼陪伴他一路走來，讓他仍是一個對自己、對家人、對生活、對社會對國家充滿愛的人，就是母親的愛，這個他生命中重要的特質之一，就是源自於他的母親，也是延續了他母親身上的愛，關於母親的愛，是影響李喬一生創作最重要的原因之一：

> 我的性格讓人家感覺好像很強悍，其實我是個極端悲觀者，好像個性很凶，其實我對人間還是非常的愛，我的成長背景那些仇恨和怨恨，我很早就把它們都洗掉了，如果沒有文學寫作，我想我大概洗不掉那些怨恨，還有我能夠洗掉怨恨的另一個原因，就是我的媽媽，我常常形容我的媽媽，她長的矮矮小小，我對我母親的形容是，如果把愛從這個女人的身上除掉，這個人就不存在了，我的人生所走過的路是雙腳鮮血淋漓，但是沒有傷到筋骨，這是因為很深厚的母愛鋪在上面，就這樣的一條線，我缺一不可，我對人間對文學的態度，最後我眼睛一閉的時候，還是會回到一種憐憫。〔註47〕

因為有了母親的愛，讓走在困苦人生之路的李喬只受了點皮肉傷，不至於傷到最深層，他仍可以保留人性中美好的一面，所以可以度過人生中的許多挫折，雖然走在人生之路的雙腳「鮮血淋漓」，但他仍是一個心中充滿愛的人，有愛的人就容易受到感動，容易流眼淚，李喬雖然是一個愛流眼淚的人，卻也是一個害怕哭聲的人：

> 我非常非常害怕哭聲；無論是吞聲暗哭，還是嚎啕大哭。
> 無論是小孩子撒野的哭、少年的悲哭、婦人的哀哭、老人的乾哭，
> 一入耳我就受不了。能夠阻止的，我一定阻止；不能阻止，我就立
> 刻躲開。

---

〔註47〕本論文附錄 2011 年 7 月 3 日星期六與李喬的訪談。

> 遺憾的是，我自己在日常生活上卻無法戒阻不哭。在好友大去時，
> 識與不識死的太早，面對那些無告孤幼時，我總是忍不住淚流如注，
> 甚至放聲而哭。〔註48〕

也就是擁有一顆悲天憫人、愛人的心，李喬的許多小說創作都是以弱勢的
人為出發點，甚至曾經說過：「我堅決主張從事文學藝術，一定要站在關懷
弱勢的立場。」〔註49〕《藍彩霞的春天》就是一部以弱勢族群發聲的長篇
小說，「是站在弱勢位置的書寫」〔註50〕，在這本書中，我們可以讀出「弱
者的命運」〔註51〕。

　　母親的意象，是李喬創作裡基礎的表現之一，後來延伸以自然、大地、
生命創始等等的意象來表達母親在李喬生命中那種不可或缺而沉重的愛。兒
時居住的故鄉是與母親的形象相結合的，而母親是強者的化身：

> 在我記憶的最底層——那是零碎片斷的——我在不會走路前，媽每
> 天早上，在一個竹籃裏放些破布，然後把我放進去坐好；另一隻籃
> 子放一把大山鋤（開新地用的一把特製鋤頭，比一般的鋤身要長兩
> 倍），她把我挑到只見一角藍天，四周都是杉樹的山園裏挖地種地
> 瓜、種花生。
>
> 我的體重增加了，媽就在放大山鋤的竹藍子裏，加一兩塊小石頭去
> 平衡它。
>
> 媽把我擱在杉樹下；她一面挖地，一面哼些小山歌給我聽。但是最
> 後她卻把歌聲一變，就成了人死時婦人唱唱哭哭的調兒了。那時她
> 的臉面上是汗水，是眼淚？我實在分不清楚。〔註52〕

這是李喬童年記憶的眞實描寫。含辛茹苦的母親的形象，是他兒時有記憶以
來一直沒有改變過的，這是緣於父親經常不在家中的緣故，母親只得扛起所

---

〔註48〕 李喬：〈我怕哭聲〉《台灣文化造型》（台北市：前衛出版社，1995年7月），
　　　　頁29。

〔註49〕 〈戲謔的笑顏，沉重的生命——觀點、後設的重構〉《想像的壯遊——十場台
　　　　灣當代小說的心靈饗宴2：國立台灣文學館‧第四季週末文學對談》，台南市：
　　　　國立台灣文學館，2007年12月初版一刷，頁215。

〔註50〕 李喬：《藍彩霞的春天》（台北市：遠景出版，1997年7月）。

〔註51〕 彭瑞金：〈打開天窗說亮話〉《藍彩霞的春天》（台北市：遠景出版，1997年7
　　　　月）書前序，頁6。

〔註52〕 李喬：〈阿妹伯〉《李喬短篇小說全集》第1卷（苗栗：苗栗縣立文化基金會，
　　　　中華民國89年1月），頁68。

有的家計，為了生活，為了照顧小孩，將孩子帶在身邊工作是無法避免的，只是生性敏感的李喬，已經可以感受到壓在母親身上那沉重的負擔，而且沒有人可以訴說分擔的心情，所以才會寫出在母親口中唱出輕快的小山歌曲調，卻變成像死亡時唱的悲傷的調子，而母親的臉上盡是汗水和淚水的形象，是刻畫一個將「吃苦當吃補」堅毅的母親形象。

　　另外，在〈竹蛤蛙〉一文中，有李喬描寫母親的外在形象的文字：

> 媽是個老皺眉頭的人，看起來，臉上什麼都只一丁點；小眼睛，小鼻子，小小乾乾的手指，小小黑黑的雙腳。
>
> 不過她這一笑，就不一樣啦，我覺得她是很高很大的大人，是我們擋風阻雨的大房頂。她那眼睛裡，好像閃著柔和的光，或什麼；現在好像在說，她對什麼都很滿意，很愛我們，為我們做什麼都甘心願意的……〔註53〕

小小而乾扁的身軀是一家人的支柱。時常皺著眉頭的母親，心中應該有很多的煩惱，那小小的手指，要努力工作來養活一家人，那小小黑黑的雙腳，必須要穩穩的站著，因為她是一家的支柱，外在瘦弱的形體卻是李喬心中的巨人，童年母親的形象，是純粹而巨大的母愛，一心一意對於家庭、丈夫、孩子付出自己所有的愛。

　　但是母親的死，卻也為他的生活和想法帶來了一些改變。1965 年在寫給鍾肇政的信中提到：「台北初睹丰采，音容神態，久久繚繞於懷，本來早點修函致候，奈家母病重，月來日夜陪伴蓆側，實在不容執筆。請諒。家母已於八號棄養歸去，一場平生未有過之心神震動，已漸平靜，今後將好好把握時間了。」〔註54〕由此，可以知道李喬的母親在 1965 年 4 月 8 日去世，關於母親去世時的心情，或許可以從 1965 年 6 月 25 日刊登於當時的《新生副刊》的一篇短篇小說〈床前〉看出一些端倪，這是一篇以李喬的小名「泉水」為主角的短篇，主要表達「樹欲靜而風不息，子欲養而親不待」的無奈，內容描寫「泉水」與生重病的母親的相處與對話，生著重病的母親表現堅強的一面，是希望兒子不要擔心自己，不要為了要照顧她，工作都荒廢了；兒子只能常常被著母親嗚咽低

---

〔註53〕 李喬：〈竹蛤蛙〉，《李喬短篇小說全集》第 5 卷（苗栗：苗栗縣立文化基金會，中華民國 89 年 1 月），頁 120。

〔註54〕 鍾肇政：《鍾肇政全集》第 25 卷，（桃園市：桃縣文化局，中華民國 91 年 11 月初版），頁 16。

泣，與「泉水」與母親臨死前的對話，更是寫得聲聲悲痛：

> 當然，媽，人生誰無死，我應該看得開；可是，您實在去得太早了些。去年十二月卅一日，我們給您做七十一生日，而您在元月二日發病！您憑著一雙手，一生血汗，把我艱辛養育成人；我卅年歲月中，從多病的孩童時期到娶妻生子，那一項，不是使您嘔心瀝血？現在，您卻去了；在剛開始可安享一些的時候去了！樹欲靜而風不息，子欲養而親不待！媽呀！我怎能不恨，恨！恨！然而，我要恨誰？〔註55〕

在〈關於母親〉一文中，可以知道這一篇小說中的內容，幾乎就是李喬關於母親去世時的真實心情描寫，他說道：

> 十八年前，家母以七十一歲過世。
>
> 記得是散居四處的兄妹，回到故鄉給她老人家做七十一大壽的第二天發病的；那一次躺下來就未再起來，四個月後過世了。正是我們兄妹四人，家庭職業都穩定，有著落的時日；她老人家該可以比較輕鬆過日子，我們將稍有力量反哺之時，母親她就去了。悲夫！
>
> 以後，我以母親和感念母親的題材，寫了好幾篇作品，之後大約十幾年間，我的作品中，不再出現有關母親的文字，也避不讀有關親情母愛的文章。〔註56〕

在這篇以〈關於母親〉為題的心情筆記中，我們再對照〈床邊〉一文裡面的描寫，母親當時生病的情況和時間，幾乎是可以相應的，再對照李喬的創作歷程，1967 年 1 月的〈晚晴〉〔註57〕，內容以 73 歲的「阿輝婆」為主角，描述全家大小替七十三歲母親「阿輝婆」過生日的開心情景，感恩母親晚年有苦盡甘來的美好生活。同年 3 月的〈媽媽〉〔註58〕一文，以母親「秋琪」視角出發，母親的角色就似陀螺一般，永遠以孩子為生活重心，

〔註55〕李喬：〈床前〉，《李喬短篇小說全集》第 2 卷（苗栗：苗栗縣立文化基金會，中華民國 89 年 1 月），頁 160。

〔註56〕李喬：〈關於母親〉，《台灣文化造型》（台北市‧前衛出版社，1995 年 7 月），頁 26～28。

〔註57〕李喬：〈晚晴〉，《李喬短篇小說全集》第卷（苗栗：苗栗縣立文化基金會，中華民國 89 年 1 月），頁 161～169。

〔註58〕李喬：〈媽媽〉，《李喬短篇小說全集》第卷（苗栗：苗栗縣立文化基金會，中華民國 89 年 1 月），頁 170～184。

當孩子漸漸長大後，母親心中的孤獨感便也日益加深。1967 年 5 月的〈問仙〉〔註 59〕，以男子視角「我」（德民）出發，這是關於李喬親身經驗的小說，在母親死後三年，以「問仙」的宗教儀式和母親對話，文中三個兄弟在母親死後，因爲分家的事鬧不和，而此次的問仙儀式反而讓兄弟之間的感情有了修補的機會。在此三篇關於母親題材的寫作之後，一直到 1975 年起稿《寒夜》長篇之前，李喬幾乎沒有關於以母親爲題材的創作，由此可知母親的死，帶給他無比巨大的傷痛，甚至有十七年的時間，不敢看母親的畫像。〔註 60〕

李喬的文學寫作是與他的生命相互結合的。如果沒有文學寫作和母親，他大概無法洗去一生所要面對的挫折和怨恨，而母親這個詞，也從對於自己母親的懷念，轉向文學寫作的延伸意涵：

> 一九七七年，我醞釀多年的一個長篇開始動筆，以後以五年時間完成了它。這部小說，有一個母親的角色；在醞釀期間，是打算以母親做模型的，但是下筆時，我極力過濾情緒情愫的騷擾——我以冷靜理智之筆，重組了一位母親的形象。事實上，我唯有如此才能下筆寫母親，而這個作品中的母親卻拯救了我：一方面是使我有「勇氣」，再直接而明晰地想起母親，思念母親；二方面，我終於勘悟了大地、母親、生命（子嗣）三者的形而上意義。〔註 61〕

這裡所說的長篇正是奠定李喬《寒夜三部曲》，在三部曲的第一部《寒夜》書前序中：「這本書名爲『寒夜三部曲』，實際上稱作『母親的故事』也無不可。不過這裡所指的母親，不袛是生我肉身的『女人』而已。」〔註 62〕文學寫作變成李喬自我救贖的一個過程，在創作裡面，他用另外一種方式去面對他所恐懼的，離開文學之後，他可以再去「面對」、「反抗」他人生原本可能跨不過的門檻，與擺脫不掉的恐懼。

我們可以清楚的看到李喬創作基調的「母親」意象的延伸和昇華，由有

〔註 59〕 李喬：〈問仙〉，《李喬短篇小說全集》第卷（苗栗：苗栗縣立文化基金會，中華民國 89 年 1 月），頁 230～253。

〔註 60〕 李喬：〈關於母親〉，《台灣文化造型》（台北市‧前衛出版社，1995 年 7 月），頁 26。

〔註 61〕 李喬：〈關於母親〉《台灣文化造型》（台北市‧前衛出版社，1995 年 7 月），頁 27。

〔註 62〕 李喬《寒夜三部曲——1.寒夜》書前序，（台北縣：遠景出版事業有限公司，2001 年 7 月六版），頁 2。

形體的具體「母親」，到哲學、精神層面的「母親」，是李喬洗滌、救贖自我的過程，他在文學寫作中呈現了，「當我領悟到『母親』不止是生我肉身的女人而已，我終於豁然脫出那十幾年來的心理困境」〔註63〕，這是李喬創作的心路歷程，他把母親曾經給他的愛，以及自己對於母親的愛，轉變成對生命，對孕育生命的大地的愛。

巨大的母愛，在李喬的創作中，不斷的延伸、擴大。但是在一九九四年發表的〈母親的畫像〉一文中，李喬又回到那個生他、養他的最原始的母親形象，我們可以推論，此時的他，是要透過文學作品來告訴關心他的朋友和讀者，他已經從母親死亡的巨大悲慟中走出來了，可以再面對記憶中，那個為他付出一生所有愛的母親，是把壓在心中的那塊「母親的巨石」真正放下了，透過紀錄母親苦難一生的記憶，李喬一一細數，從母親的外在形貌，到內心的勇敢堅忍，一點一滴的回憶母親形象的種種，似乎想將母親最真實的那一面，永遠的刻在自己的腦海中，一如那堅毅如岩石般的形象：

> 母親是一位很瘦小的婦人，眼睛滿大的，眉毛疏少，臉頰有些凹下，因為牙齒差不多掉光了，後來連那隻暴牙也脫落了。伊嘴唇四周罩滿向外放射的細紋，辭書上所謂「餓紋」，大概指的就是這個。
>
> 伊活到七十一歲，約五十年的日子都在半飢餓或飢寒交迫中度過，所以嘴邊佈滿「餓紋」是很自然的。〔註64〕

這是李喬腦海中母親具體的形象，是那個時代下極端窮苦的縮影，特別是在一個邊遠偏僻的「蕃仔林」，當時台灣有多少個像蕃仔林這樣的地方，或是說台灣當時是由無數個像蕃仔林這樣的地方所組成的，這是一個在那個時代背景下，台灣母親的「共相」，透過對於自己母親的故事，想起對那個共同記憶，這也是李喬一直關注歷史的原因之一，要大家不要忘記我們都有共同的記憶，共同經歷過的事，這些事它永遠都在歷史的洪流當中，不會消失；但是人是容易遺忘的，需要有人去提起它，台灣有自己的母親，有自己的土地，為什麼我們不愛自己的母親、不愛我們腳下踩的土地，而要轉而向其他母親投懷送抱呢？

---

〔註63〕李喬：〈關於母親〉《台灣文化造型》（台北市·前衛出版社，1995年7月），頁27。

〔註64〕李喬〈母親的畫像〉，《李喬短篇小說全集》第10卷（苗栗：苗栗縣立文化基金會，中華民國89年1月），頁190～191。

文中寫到平時不常生病的母親，在一次血崩中差一點死掉的記憶，「我看不很清楚，但是我感覺得出，我的左手肘以下，左邊下半身全泡在黏黏腥腥的血池裡了。那是母親什麼地方流出來的血。」文中描寫小時候的李喬看到母親這樣而驚慌失措的樣子，那是他「一生中最恐怖的晚上」，〔註65〕那一晚，他差一就失去摯愛的母親，母親靠著「唔會就拋掉你兄弟姊妹啦！」堅強的意志〔註66〕總算捱過那個難關，或許李喬過人的意志力，就是遺傳自母親。

因爲有了母親的愛，李喬保有一顆柔軟憐憫的心。雖然在許許多人的想法中，他可能是個對社會國家有想法的激進份子，但透過文學的回歸，終究是以「愛」來貫串他的人生。這是堅毅的母親形象，在曾經度過的艱辛的歲月中，將母親的形象昇華了，不再只是單純的母愛，在李喬筆下成爲種種的化身，「在李喬筆下的大地常是母親影像的複合。母親則是苦難的化身，擁抱母親就是擁抱苦難，母親的體香可以忘卻苦難，大地的優容可以忘卻我們的悲愁。李喬常把這兩個形象交融，大地無力照顧祂的子民，正如母親只能以顫抖的手撫她孩子的頭，但人需要大地正如需要母親般，是眞正可以得到慰藉的地方。」〔註67〕只要雙腳有可以立足之地，就可以有安身立命之處，無私的大地將會包容在這裡生活的所有子民。

# 第二節　人生的轉折點──投向文學

## 一、開啓創作之門

一九五四年李喬從新竹師範普通科畢業，之後在南湖國小任教三年。其實當時會到新竹師範就讀的因緣際會是因爲苗農的英文與數學太難，〔註68〕

---

〔註65〕李喬〈母親的畫像〉，《李喬短篇小說全集》第10卷（苗栗：苗栗縣立文化基金會，中華民國89年1月），頁189。

〔註66〕李喬〈母親的畫像〉，《李喬短篇小說全集》第10卷（苗栗：苗栗縣立文化基金會，中華民國89年1月），頁189。

〔註67〕彭瑞金〈悲苦大地泉甘土香──李喬的蕃仔林故事〉，許素蘭編《認識李喬》（苗栗：苗栗縣立文化中心，1993），頁67。

〔註68〕「我小學畢業後就讀大湖蠶絲科初級職業學校，我們國中就分科了。一個學期四個月當中，兩個月養蠶、兩個月讀書。」「畢業以後我到苗農讀一年。從前農校的英文和數學很難，數學是讀范氏大代數，和普通高中一樣都是讀甲

新竹師範時期是李喬知識的奠基期，他曾說：「我就讀新竹師範的三年，使我整個人變了。」〔註69〕因爲此時期的他遇到許多好老師，其中影響他最深的兩位老師，一位是國文老師「周紹賢」，另一位是歷史老師「吳顧言」。周紹賢老師教會他許多寫作古典詩詞的技巧，與老莊的思想觀念，加上兒時的阿妹伯所教的《三國演義》等書，由此，可以知道李喬在尚未眞正踏入創作之途前，所接觸的多爲中國古典的文學，這或許對他在轉向文化台獨之路的當時，在批判中國的傳統文化觀念時起了不小的作用。

另外教授歷史的吳顧言老師，更是足以影響他一生創作思考的重要人物之一。李喬曾自言：「這位老師喜歡哲學，我跟他讀了很多書，那時候我日夜讀西方哲學方面的書。我的思考訓練是那個年齡時形成的，那三年我把學校圖書館裡面所有社會科學的書都讀得差不多了，非常專心地、狂熱地讀。」〔註70〕當時他所接觸的西方哲學，包括現在大家仍耳熟能響的西方哲學大師的及相關作品，有笛卡兒、尼采、叔本華等，這樣的西方哲學大家的書，對當時的李喬而言，當然是非常艱澀難懂，但好勝心強的他，努力勤奮的把這些書都看完了，姑且不論他當時是否眞的可以理解書中的意義，可以知道得是，對於李喬的思考邏輯模式，已經在無形之中建立。也因爲這位吳老師，李喬與另一個重要的思想基礎──佛學相遇了，在他於1975年出版的《李喬自選集》〔註71〕書中，有一篇以李喬手稿形式出現的短文，題名爲〈我想〉，是一篇關於自己宗教觀的文章：

> 每個人的人生態度和想法，經過家庭的孕育，師長的影響，書本的薰陶，造成一己的格調，但這格調本身一定還有許多衝突，許多矛盾，這些衝突矛盾要求得統一，大概在而立之年還不行；四十不惑，不惑之後人生看法才逐漸統一吧？這時任何一個問題，都可以用統一的觀點來解釋；能夠解釋得通大概算得上是成熟了。

級的。因爲英文和數學太難了，所以我才去讀師範，師範的英文、數學是讀乙級的。」莊紫蓉專訪李喬，引自網路資料：http://www.twcenter.org.tw/b01/b01_7203_1.htm。上網日期：2008年9月2日。
〔註69〕莊紫蓉專訪李喬，引自網路資料：http://www.twcenter.org.tw/b01/b01_7203_1.htm。上網日期：2008年9月2日。
〔註70〕莊紫蓉專訪李喬，引自網路資料：http://www.twcenter.org.tw/b01/b01_7203_1.htm。上網日期：2008年9月2日。
〔註71〕李喬：《李喬自選集》（台北市：黎明文化，1975年5月）。

> 我個人接近佛理多年之後，不論是社會的，自然的，生命的諸現象，
> 或科學問題，在我能瞭解的部分，都可以用佛理的角度看，都可以
> 解釋的通。所以說，佛理統一了我的一切看法。我想：我這一輩子
> 大概是這樣子了，教書、寫小說、養些山蘭，再過幾年，加上讀經、
> 吃素兩樁。就這樣。

此文寫於 1974 年 12 月，當時的李喬正是「不惑之年」，這是一篇他對於自己不惑之年的回顧，第一段幾乎就是他個人的生平簡要，所提到的「家庭」、「師長」、「書本」正是影響李喬一生最重要的三個因素；而第二段的佛學，正是貫串了結至當時的個人生命歷程，也是心境上的另外一種改變，在 1965 年 10 月 2 日寫給鍾肇政先生的信中所提，正好可以與此心境相合：「近來心境很秋，老想學出家人念經；我曾私下希望：四十禁葷，五十落髮，六十辟穀，七十回家，未知能否稱心？」〔註72〕

　　在作品的呈現上，「一九七二年出版的長篇小說《痛苦的符號》，有叔本華、存在主義的影子；當然，更是我生命情調的浮雕。」〔註73〕這是他與佛學「相處」之後的作品之一，《痛苦的符號》〔註74〕一書，是以小說的形式，表達人間痛苦的面貌，以及人在面對這些痛苦時，所顯現的不同面向。人世間的各種苦，也正是佛教討論的重點之一，一生經歷過這麼多苦難的他，對於佛理中開釋人如何從苦難中釋懷與自救，理當是感同身受，《痛苦的符號》也是將他的心境以文學方式表達的結果。另外的短篇小說〈修羅祭〉〔註75〕、〈流轉〉〔註76〕、〈孟婆湯〉〔註77〕、長篇《情天無恨——白蛇新傳》等，也隱含李喬的宗教觀。他曾形容跟著吳老師學習時期的自己「像深山裡面快乾掉的皺皺的種子，碰到那種無涯學海，人文的森林，瘋狂的吸收，人整個飽

---

〔註72〕鍾肇政：《鍾肇政全集》第 25 卷，（桃園市：桃縣文化局，中華民國 91 年 11 月初版），頁 29。

〔註73〕李喬：《我的心靈簡史——文化台獨筆記》（台北：望春風文化，2010 年 12 月），頁 38。

〔註74〕李喬：《痛苦的符號》（高雄：三信出版社，1974 年 3 月）。

〔註75〕李喬〈修羅祭〉，《李喬短篇小說全集》第 6 卷（苗栗：苗栗縣立文化基金會，中華民國 89 年 1 月），頁 223～239。

〔註76〕李喬〈流轉〉，《李喬短篇小說全集》第 6 卷（苗栗：苗栗縣立文化基金會，中華民國 89 年 1 月），頁 382～408。

〔註77〕李喬〈孟婆湯〉，《李喬短篇小說全集》第 7 卷（苗栗：苗栗縣立文化基金會，中華民國 89 年 1 月），頁 67～84。

滿起來」。〔註78〕

其實李喬最初著迷的是中國的古詩詞而不是小說，還曾經寫了一篇名為
〈墳墓〉的詩〔註79〕，投稿到當時的《野風》〔註80〕雜誌。縱覽李喬的作
品中，亦可看到在文本中所出現的「詩化」句子，如 1964 年的〈報到〉〔註
81〕、〈烏石壁〉〔註82〕；1965 年的〈鱒魚〉〔註83〕、〈橋下〉〔註84〕、〈飄
然曠野〉〔註85〕、〈羊仔的變奏〉〔註86〕、〈綠色記憶〉〔註87〕、〈現代別
離〉〔註88〕等篇章中；而在〈飄然曠野〉中亦有引中國古詩詞於其中，如

〔註78〕 莊紫蓉專訪李喬，引自網路資料：http://www.twcenter.org.tw/b01/b01_7203_1.
htm。上網日期：2008 年 9 月 2 日。

〔註79〕 根據論者許素蘭的查證，在 1954 年 9 月的《野風》雜誌第 72 期第 65 頁中，
有一篇署名「新竹師範」「一虹」的作者所寫的名為〈墓〉的現代詩，內容為：
「乘人生的夜車，穿過混雜的人寰；追求那一道希望的光芒，讓毅力把它駛
向希望的邊緣；然歲月偏又使它接近歸宿的地方；在那荒涼的草原，只有星
光；燐火陪伴那幽靈迴盪；在那遙遠的草原，卻埋藏著；一顆破滅了的信心
和希望的種苗；在不久的將來定能發芽長葉而成長；死是生命的結束，也是
生命的蟬聯；歷史更是用這死神的功績而寫成；可憐的人呀！為何厭惡那靈
魂安息的地方？」但經過李喬的證實，因為時間太久，他已忘記當時所寫的
內容，所以無法確實的證明這一篇作品就是李喬第一篇投稿之作。參考許素
蘭著《給大地寫家書──李喬》（台北市：典藏藝術家庭，2008 年 12 月初版），
頁 43～44。

〔註80〕《野風》雜誌於 1950 年 11 月創刊，創刊時為半月刊，是一本以「創造新文
藝，發掘新作家」並訴求以寫實為主的雜誌，至 1953 年 8 月第 59 期改為月
刊，到 1965 年 2 月停刊共出刊 192 期。

〔註81〕 李喬〈報到〉，《李喬短篇小說全集》第 2 卷（苗栗：苗栗縣立文化基金會，
中華民國 89 年 1 月），頁 41～51。

〔註82〕 李喬〈烏石壁〉，《李喬短篇小說全集》第 2 卷（苗栗：苗栗縣立文化基金會，
中華民國 89 年 1 月），頁 52～68。

〔註83〕 李喬〈鱒魚〉，《李喬短篇小說全集》第 2 卷（苗栗：苗栗縣立文化基金會，
中華民國 89 年 1 月），頁 93～101。

〔註84〕 李喬〈橋下〉，《李喬短篇小說全集》第 2 卷（苗栗：苗栗縣立文化基金會，
中華民國 89 年 1 月），頁 161～178。

〔註85〕 李喬〈飄然曠野〉，《李喬短篇小說全集》第 2 卷（苗栗：苗栗縣立文化基金
會，中華民國 89 年 1 月），頁 190～197。

〔註86〕 李喬〈羊仔的變奏〉，《李喬短篇小說全集》第 3 卷（苗栗：苗栗縣立文化基
金會，中華民國 89 年 1 月），頁 3～15。

〔註87〕 李喬〈綠色記憶〉，《李喬短篇小說全集》第 3 卷（苗栗：苗栗縣立文化基金
會，中華民國 89 年 1 月），頁 42～50。

〔註88〕 李喬〈現代別離〉，《李喬短篇小說全集》第 3 卷（苗栗：苗栗縣立文化基金
會，中華民國 89 年 1 月），頁 105～113。

引了老子《道德經》中的「生而不有，為而不恃，功成而弗居。」又「天地不仁，以萬物芻狗」等，再如〈明月之章〉〔註89〕、〈裸裎的夢〉〔註90〕、〈家鬼〉〔註91〕等文章中，亦有古典詩詞的運用在其中。可見李喬早期受到中國古典詩詞影響的痕跡，甚至是後期的作品，如1983年〈慈悲劍——度化李白〉〔註92〕，1996長篇《情天無恨——白蛇新傳》〔註93〕等，仍可看到他回到古典作品尋找題材，有了多年創作經驗的他，為何回到既有的古典材料中找尋創作的題材，這是一個耐人尋味的問題，正如李喬好友鄭清文所言：「一種根本性的重寫，這也是李喬標榜『新』意的道理」。〔註94〕

　　讓他走上小說創作道路的最主要的兩個原因，一個是自幼貧苦孤單的生活造成他對於外在敏銳的感受個性，另一是師範時期大量閱讀奠定寫作豐富的基礎。而對於為什麼是走上創作小說一途，而不是投入其他工作，自言：「為什麼是小說，有可能是我這種人比較複雜，除了小說以外無法用其他文類來表達，小說是一個最不像藝術的藝術品，就是說這種廣大自由裡面，內涵的可能性非常大」〔註95〕。

　　1954年結束師範的求學時期，李喬投入教書的工作，任教於南湖國小三年之間，從小渴望念大學的他，一直沒有機會實現，所以這時期的他開始著手準備高普考，這樣的想法讓他的人生有了另一個階段的考驗，因為想藉著高普考改變自己的命運，沒想到從此陷入考試的泥淖中，之後大概有八、九年的時間花在各種考試上面，曾自言：「我考完普考就去當兵，當兵時普考發表，我考上了。八個月以後就考高考。當時的制度是教育行政高考及格的人

〔註89〕李喬〈明月之章〉，《李喬短篇小說全集》第3卷（苗栗：苗栗縣立文化基金會，中華民國89年1月），頁31〜41。

〔註90〕李喬：〈裸裎的夢〉，《李喬短篇小說全集》第4卷（苗栗：苗栗縣立文化基金會，中華民國89年1月），頁242〜250。

〔註91〕李喬：〈家鬼〉，《李喬短篇小說全集》第5卷（苗栗：苗栗縣立文化基金會，中華民國89年1月），頁30〜57。

〔註92〕李喬：〈慈悲劍——度化李白〉，《李喬短篇小說全集》第4卷（苗栗：苗栗縣立文化基金會，中華民國89年1月），頁181〜205。

〔註93〕李喬：《情天無恨——白蛇新傳》（台北市：草根出版，1996年）。

〔註94〕鄭清文：〈多情與嚴法〉，《多情與嚴法——鄭清文評論集》（台北市：玉山社，2004年），頁91。

〔註95〕〈戲謔的笑顏，沉重的生命——觀點、後設的重構〉收錄於《想像的壯遊——十場台灣當代小說的心靈饗宴2：國立台灣文學館·第四季週末文學對談》，台南市：國立台灣文學館，2007年12月初版一刷，頁205。

可以回師範當一年代用教員，以後變正式教員。抱歉！我在當兵。第二年，辦法改了，高考及格的人可以當初中教員，抱歉！我還在當兵。第三年我回來的時候，什麼都不行了。」〔註96〕勤奮的他非常努力準備考試，但卻都時不我與，幾次在寫給好友鍾肇政的信中提及考試一事，可以看到透露在其中的挫敗感與無奈：

> 現在起兩個多月，我要參加無聊的一烤──檢定高中國文教員──這是茫茫的事，但我不得不去，為了飯碗，為了我是個家徒四壁的，我沒飯票不行，您不怪我吧？我常想：祇要我有一甲水田，我就不再吃人家的飯了。〔註97〕

> 補考報告：這此補四科，三科保了險──共九科可通過八科，祇是作文前次45分，這次最高也不過59分──這次補高中國文人員全數補作文，而四五年來最高成績為59分！（四五年無人及格）為了這筆字！為了這作文一科，我將永不及格，不知該大喊上帝亦高叫魔鬼！〔註98〕

> 檢考，月底發表，文章答得可以，祇是我的字顫抖跳躍得可怕，已成病態，不能自制，醫生說是「中腦過勞」，失去平衡作用，我在試卷上乾脆註明：「此非正常筆跡，過分緊張，手發抖，請原諒」云云，執刀斧者不知作何感想？他有人味，會及格的──這是考試。〔註99〕

在此三段他寫給鍾肇政的信中，可以知道到後來考試對李喬來說，是一種心理上莫大的壓力，因為手發抖到無法自己的況狀，竟然在考完試後就無藥而癒了，這些痛苦的考試經驗，後來也都變成文學創作作最好的題材。

　　〈代用教員〉一文中，描寫的正是自己在考高中教員時，眼看自己身旁的好友，一個個看似容易的考上，自己卻是考到昏頭轉向，作文一科還考了兩次的真實經驗。文中寫到一位中學國文科的代用教師連雙，參加第二次補

---

〔註96〕莊紫蓉專訪李喬，引自網路資料：http://www.twcenter.org.tw/b01/b01_7203_1.htm。上網日期：2008年9月2日。

〔註97〕鍾肇政：《鍾肇政全集》第25卷，（桃園市：桃縣文化局，中華民國91年11月初版），頁35。

〔註98〕鍾肇政：《鍾肇政全集》第25卷，（桃園市：桃縣文化局，中華民國91年11月初版），頁58。

〔註99〕鍾肇政：《鍾肇政全集》第25卷，（桃園市：桃縣文化局，中華民國91年11月初版），頁頁78。

考又沒有通過的心酸過程，除了自己內心壓力之外，同事與前輩的眼光，最重要的是要如何面對學生，知道自己第二次補考又是拿五十九分的心情是「我是生長在山裡的人，記得五歲的時候，有一天黃昏，突然起了狂風暴雨。八點多了，爸媽還沒回來，沒有光，只有閃電，我獨自在家裡，一下子好像有無數的山精妖怪，張牙舞爪地向我追來——這時我有這種感覺。」〔註100〕甚至在文章的最後寫到：「『××訊：本縣決定自下學年度起，一律淘汰代用教員……』我急忙把頭埋在手掌裡：我發覺有無數的眼光向我投來。」〔註101〕此文是李喬人生考試經驗的摹寫，可以看到當時的檢定考試給他帶來無比的壓力，曾自言：「檢考，月底發表，文章答的可以，祇是我的字顫抖跳躍得可怕，已成病態，不能自制，醫生說是『中腦過勞』，失去平衡作用，我在試卷上乾脆註明：『比非正常筆跡，過份緊張，手發抖，請原諒』云云」〔註102〕

　　李喬於一九五九年八月於《教育輔導》月刊發表第一篇小說〈酒徒的自述〉，此篇小說可以說是開啓李喬的創作之門，內容描寫一個經濟不甚穩定的主人公俊民，在面對經濟壓力時，想到跟著自己吃苦多年的妻子，與即將上學的女兒，內心充滿愧疚和罪惡感，但是意志力薄弱的他，在面對壓力時，仍只能以酒來麻醉自己，文中顯現出人在這個社會上必須面對的苦難，許多的身不由己，在重複的以酒麻痺自己與請求原諒的過程中，作者以小人物發聲，書寫苦難與貧窮，「昨天接到南湖國校的通知，三個月的代課期滿了，又要開始失業，恐怖和痛苦是同一件事啊！……在萬分憎恨懊喪之下，黃橙色的、紫紅色的醇酒便在眼前出現、舞動、擴大……這對於嗜酒如命，而又戒除了一個多月的我，是絕大的誘惑！於是利用她們母女倆外出的機會，我又再尋醉鄉。」〔註103〕作者的第一篇文章，其中的苦難與貧窮，或許是根於從小自身所遭遇貧窮與苦難的投射。

---

〔註100〕李喬：〈代用教員〉，收入於《李喬短篇小說全集》第 1 卷（苗栗：苗栗縣立文化基金會，中華民國 89 年 1 月），頁 47。

〔註101〕李喬：〈代用教員〉，收入於《李喬短篇小說全集》第 1 卷（苗栗：苗栗縣立文化基金會，中華民國 89 年 1 月），頁 53。

〔註102〕鍾肇政：《鍾肇政全集》第 25 卷，（桃園市：桃縣文化局，中華民國 91 年 11月初版），頁 78。

〔註103〕李喬〈酒徒的自述〉，《李喬短篇小說全集》第 1 卷（苗栗：苗栗縣立文化基金會，中華民國 89 年 1 月），頁 4。

在大成中學結交兩位寫作同好，〔註104〕李喬看到身邊的同事，不管什麼事都可以做，感覺自己「還是我笨笨的就這麼一直寫小說。那兩年是我寫作的開頭。」〔註105〕也因此李喬下定決心將寫作當成終身的志業。從一九六二年開始，開始以李喬爲筆名發表短篇小說，當年在一年當中就發表了九篇短篇創作，〔註106〕在〈前塵〉一文中，以女子的角色「我」爲主要述說者，全文描寫女子要結婚前夕心中的叨絮之語。全文的句子結構短，似有講述對象的對白，其實是心中的自言自語。此文所用的寫作巧在當時可稱前衛，可以看出李喬早期的創作已經在寫作技巧上多有關注。此九篇寫的都是身邊小人物或是自身經驗的故事，對於童年時期的經驗與投入教職裡遇到的挫折，都成爲作家寫作的題材。

## 二、創作路上的好友

### （一）亦師亦友的鍾肇政

在鍾肇政與李喬往來的書信集中，可見兩人深厚的友誼。作家鍾肇政生於日治時期 1925 年 1 月 20 日，出生地爲臺灣新竹州大溪郡龍潭庄字九座寮，現今位置在桃園縣龍潭鄉。父親鍾會可爲桃園龍潭的客家人，母親吳絨妹則是福佬人，鍾肇政在家排行第六，是獨生子，所以備受家人的疼愛。鍾肇政是台灣大河小說開創者，其代表作有《濁流三部曲》〔註107〕、《台灣人三部曲》〔註108〕、《高山組曲》、《八角塔下》、《魯冰花》、《怒濤》

---

〔註104〕「那兩個朋友，一個是江上，另外一個是謝阿蘭。他們都比我好，可是他們都太聰明了，聰明的人發現人生路太多了，這可以走、那也可以走。」莊紫蓉專訪李喬，引自網路資料：http://www.twcenter.org.tw/b01/b01_7203_1.htm。上網日期：2008 年 9 月 2 日。

〔註105〕莊紫蓉專訪李喬，引自網路資料：http://www.twcenter.org.tw/b01/b01_7203_1.htm。上網日期：2008 年 9 月 2 日。

〔註106〕此 9 篇短篇創作爲：〈心魔〉、〈二哥〉、〈香茅寮〉、〈前塵〉、〈代用教員〉、〈入贅之夜〉、〈賣藥的人〉、〈阿妹伯〉、〈喜貴嫂〉。其中〈心魔〉與〈二哥〉兩篇目前已經亡失不可見。

〔註107〕鍾肇政：《濁流三部曲》（台北市：遠景出版社，1979 年）。其三部曲各爲《濁流》、《江山萬里》、《流雲》此部小說可以視爲大河小說的源頭，寫於民國 50年至 52 年間，以台灣終戰前後三、四年的時間爲寫作背景，具有濃厚的自傳性色彩。

〔註108〕鍾肇政：《台灣人三部曲》（台北市：遠景出版社，1980 年）。其三部曲各爲《沉淪》、《滄溟行》、《插天山之歌》。此部書花了作者超過十年的寫作時間，

等，作品記錄台灣的歷史與人文，不僅呈現出台灣特殊的歷史文化，小說
中也創作出多個代表台灣人的典型人物，對當代文學創作有深遠的影響。
除了自身有多部經典的作品之外，並積極促成和參與許多報刊雜誌，戮力
提攜當時寫作的年輕人，讓他們有可以發表作品的園地，如創辦《文友通
訊》、主編過《台灣文藝》與《民眾日報》、並編輯《本省籍作家作品選集》、
《台灣省青年文學叢書》與《台灣作家全集》，因為對於提攜後進、鼓舞台
灣作家不遺餘力，而有台灣文學之母的美稱。亦曾任台灣筆會會長、台灣
客家公共事務協會理事長、客家電台董事長，可謂是台灣文壇上不可多得
的全方位作家之一。

　　在李喬的創作路途中，有幾位亦師亦友的好夥伴，其中一位李喬常掛在
嘴邊的就是鍾肇政。李喬曾說，鍾先生主要對他的影響有兩個，一個是時時
提醒他要創作，「他拉著你寫文章，不寫就罵，我的《寒夜》和《孤燈》都
是他逼出來的。」〔註 109〕另一個是挑剔他的文字，這讓李喬可以對自己的
創作，有更深入且整體的思考。〔註 110〕在一九八二年的《寒夜三部曲》討
論會上，可以看見鍾肇政與李喬之間的好友情與各自對於寫作的堅持，〔註
111〕而兩人從一九六四年便開始以信件來往，至一九九五年為止，除了中間
有幾年的信件全數佚失之外，竟多達四、五十萬字，〔註 112〕在這些往來的

---

　　　　從民國 52 年起筆，一直到民國 64 年才完成，以日治的 50 年為寫作背景。

〔註 109〕莊紫蓉專訪李喬，引自網路資料：http://www.twcenter.org.tw/b01/b01_7203_1.
　　　　htm。上網日期：2008 年 9 月 2 日。

〔註 110〕莊紫蓉專訪李喬，引自網路資料：http://www.twcenter.org.tw/b01/b01_7203_1.
　　　　htm。上網日期：2008 年 9 月 2 日。

〔註 111〕鍾肇政：「可是我覺得羅福星事件，在整個佈局、情節的發展方面，輕輕被帶
　　　　過，沒有利用到，非常可惜。因為羅福星事件在臺灣抗日史上，是一件大事，
　　　　這點請作者說明一下。」李喬：「羅福星事件和這部書色彩不全諧和……」；
　　　　鍾肇政：「整個《寒夜》裡面，因為日本人到臺灣以後，改朝換代了，但在蕃
　　　　仔林根本沒有變化，土地的生育還是存在，有錢人還是照樣來搶奪，那住在
　　　　山裡的人辛辛苦苦墾拓出來的土地。就是說，本書的幾段抗日之後，前後沒
　　　　有發生影響，那麼在有機的構成上，是不是有問題呢，我一直很疑問。剛才
　　　　李喬強調這部小說從頭到尾是一個有機體；有機體是說發生事情，前後一定
　　　　因裡想而有所變化，這樣才成為一個有機體。如果沒有變化，那我們把抗日
　　　　之役拿開，小說仍然可以成立，仍有它的價值存在，則抗日的戰爭便好像不
　　　　太需要了，是不是？這是我的短見。」許素蘭編《認識李喬》（苗栗縣：苗栗
　　　　縣立文化中心，1993 年 6 月），頁 111。

〔註 112〕鍾肇政：《鍾肇政全集》第 25 卷書前序，（桃園市：桃縣文化局，中華民國
　　　　91 年 11 月初版），頁 3。

書信中，可清楚的知道，前面李喬所提的關於鍾肇政影響他最深的兩件事，亦可看到鍾肇政積極提拔後進的熱腸，兩人深厚的友誼令人羨慕，在李喬創作的道路上，遇到鍾肇政一路的督促、提拔，讓李喬在創作上絲毫不敢怠慢，曾於信中提到：「雨夕，翻閱您半截信函，倍覺提攜扶持之殷，白水文人，今後祇有多多學習，堅持風骨，以報知遇！」〔註 113〕也是支持他一直創作的動力之一。

在鍾肇政全集的第 25 卷，記錄了他與李喬的信件往來，總共 638 封。在書中提到鍾肇政給李喬的第一封信，主要是向李喬邀稿，當時信中的稱呼是「李喬先生」，可見當時兩人尙稱不上是「認識」的朋友；當時的李喬也在收到信之後就立刻回信：

> 鍾正先生：
>
> 五十一年，認識文雙兄後，就屢次想要向您「報到」。慚愧，每封信都不敢寄出，因爲沒有「見面禮」！
>
> 我也是客家人，簡傳在「自我介紹」裡，在這兒，恕我不合時宜地向您致一份敬意：台灣人的一星光輝。
>
> 在寫作上，我只算個營養不足的幼兒：幼兒常癡望天空，夢想星星的光輝，照亮茫茫前面——多祈望，有那麼一天您肯以師弟相待，賜予一點兒指導。當然，您太忙了，這是不情之求吧。

信中李喬用「報到」兩字，將鍾肇政視爲尊敬的前輩，像是下屬向長官報到的心情，也在信中表達鍾肇政在文壇的地位與成就，對他來說就像是天上遙不可及的星星，這是難得一見初入文壇李喬的樣態，信中也透露出對自己在文學這一條路的期待，對於李喬的第一封信，鍾的印象是相當深刻，「鍾老也還記得李喬給他的第一封信裡面用了『報到』兩字，它在鍾老心底留存了幾十年之久，足見其令他印象之深刻。」

1965 年李喬出版第一本小說集《飄然曠野》。收錄在由鍾肇政主編的「台灣省青年作家叢書」裡，這也是鍾肇政寫給李喬第一封信的內容，對於甫於寫作路上起步的李喬，無疑是很大的鼓舞。

而寫作路上李喬受到鍾肇政的影響是很多的。在李喬給鍾肇政的信中：「元月份幼獅那篇『家鬼』，我的行文，態度都略有改變，有空請給我兩句話。」

---

〔註113〕鍾肇政：《鍾肇政全集》第 25 卷，（桃園市：桃縣文化局，中華民國 91 年 11月初版），頁 18。

〔註114〕鍾在回信裡提：「昨天收到幼文，即讀家鬼。看著看著，福克納的影子就在我眼前閃現。眞想讓你也看到『八月之光』。你會成爲我們這一代的頂尖人物。不，憑這一篇，你已可以傲視儕輩了。一向覺得你的文筆，感情的成份稍嫌過重，文体也粘而濕，（我亦有此病，似乎是稟賦中有所以如此的成份），在這一篇裡所給我的印象，是你把你的人物嚴峻地拒斥在一旁，予以冷酷的剖析，卻又那麼執拗地盯住不放。」〔註115〕《家鬼》發表於 1969 年年初，可以感受到李喬在形式與內容上的力求變化，急切希望他的努力可以被看見肯定，尤其是像鍾這樣一路相挺的好友，但鍾亦不失爲一個性情中人，對於後輩的提攜雖言不遺餘力，但如果其中有所不足之處，仍會直接的表達意見。

### （二）相知相惜的鄭清文

　　李喬人生中最重要的另一個好友，是同時也爲作家的鄭清文。鄭清文生於 1932 年 9 月 16 日，出生地在桃園，本姓李，後由舅父收養，改姓鄭，後遷居台北新莊。畢業於國立台灣大學商學系，任職華南銀行達四十多年，至 1998 年才從華南銀行退休，利用閒暇從事寫作，四十年來從沒有間斷。鄭清文在 1958 年於《聯合報》副刊發表了他個人的第一篇作品〈寂寞的心〉，1965 年出版第一本小說集《簸箕谷》〔註116〕。1999 年以《三腳馬》英譯本一書，獲得美國的「桐山環太平洋書卷獎」小說獎，此爲台灣作家首次獲得這項重要的國際文學獎。2000 年 8 月獲頒「台灣新文學貢獻獎」。2003 年獲世界華文文學終身成就獎。2005 年榮獲第九屆國家文藝獎。鄭清文的短篇小說，擅長描寫人的內在，藉由人的內心所思所感，以呈現外在的國家社會大環境的許多現象，因爲擅長以平淡如水的筆觸來呈現如波濤洶湧的深層心理活動，所以被研究者稱爲「冰山理論的實踐者」。

　　李喬曾說：「另外一個是文學上的夥伴，亦師亦友者，鄭清文也。」〔註117〕鄭清文與李喬年紀相仿，但是兩個人的個性卻是天南地北，李喬的個性是屬於較積極外放的，鄭清文卻是相當內斂，從兩個人的文字當中便可清楚的

〔註114〕鍾肇政：《鍾肇政全集》第 25 卷書前序，（桃園市：桃縣文化局，中華民國 91 年 11 月初版），頁 175。
〔註115〕鍾肇政：《鍾肇政全集》第 25 卷書前序，（桃園市：桃縣文化局，中華民國 91 年 11 月初版），頁 176。
〔註116〕鄭清文：《簸箕谷》，（台北市：幼獅文化事業公司，1965 年）。
〔註117〕莊紫蓉專訪李喬，引自網路資料：http://www.twcenter.org.tw/b01/b01_7203_1. htm。上網日期：2008 年 9 月 2 日。

感受到，但個性互補的兩人，竟成爲創作上與生活上無所不談的好友。〔註118〕
亦曾自言：「個人有一個做人方面大缺失：懶於寫信。回首以觀，師友中迄今
寫上二十封信的朋友，大概祇有鍾肇政先生與鄭清文先生兩人而已」。〔註119〕
　　其實兩人的相知亦是透過文學，在李喬的信中提到：

> 月前，清文兄來信邀我參加台文頒獎會，我不能去，回信時，我偶
> 而提到「男人與小刀」、「灰色鳥」，結果引起好幾往還「非正式」的
> 「辯解」，遇到這時，我是固執又偏見，措詞間，幾處是唐突了些，
> 眞是不好意思，因爲私下，我們並沒有交往過，他、清文兄，固不
> 失爲一位可敬、可愛的文人也！他對文學、對社會、對人間、對生
> 命界，好像是一片純眞的善心，我很羨慕他這點，我就不行，這也
> 許和本性，或生長環境大有關連吧？〔註120〕

此信寫於 1967 年 6 月，可以知道兩人約於當時開始透過信件的往來而有所聯
繫，兩人同是文學的愛好者，雖然在當時私底下沒有正式相處，卻也因爲透
過書信對於文學的討論而認識對方，瞭解對方，曾說：「清文兄又來長函解剖
自己，他實在是很有味道的一個『純人』」！〔註121〕鄭清文會給李喬「純人」
的感覺，可能是在當時除了與鄭討論文學之外，鄭亦有多次長信告訴李喬關
於自己的許多事，其中可能讓李喬感覺到鄭對於文學的執著之情，李喬曾經
跟鍾肇政提到：「鄭的生活史（他曾以長函相告一些）加上他閱讀的方向」，
這是 1968 年 1 月所寫的信中所提，當時李喬亦說：「午夜夢回，心裡常浮起

---

〔註118〕「我們兩個會成爲好朋友是很奇怪的，我們兩個的性格、爲人都是完全相反，
　　　　他是極端地內斂，你看他的孩子的名字全部是「谷」字開頭，他的性格就像
　　　　山谷，這不是偶然的。我的孩子的名字都是「舒」字開頭。我們給兒女取名
　　　　字，一定選了三天三夜才找了一個最喜歡的。我第一個孩子叫舒琴，那時候
　　　　很迷戀小提琴，第二個叫舒亭，第三個叫舒中，本來要取爲舒台，後來覺得
　　　　太敏感了。第四個叫舒林。由琴而亭而中而林，都是往外的。文學表現也是
　　　　這樣，他非常內斂，冰山理論。但是我們兩人感情非常好。」莊紫蓉專訪李
　　　　喬，引自網路資料：http://www.twcenter.org.tw/b01/b01_7203_1.htm。上網日
　　　　期：2008 年 9 月 2 日。
〔註119〕李喬：《鍾肇政全集》第 25 卷書前序，（桃園市：桃縣文化局，中華民國 91
　　　　年 11 月初版），頁 4。
〔註120〕鍾肇政：《鍾肇政全集》第 25 卷，（桃園市：桃縣文化局，中華民國 91 年 11
　　　　月初版），頁 90。
〔註121〕鍾肇政：《鍾肇政全集》第 25 卷，（桃園市：桃縣文化局，中華民國 91 年 11
　　　　月初版），頁 94。

這個念頭：除了有太太外，能結識您與鄭可謂此生已夠幸運」。這時的李喬與鄭清文已經成為相知相惜的好友。

「早年李喬很少參加藝文活動，偶爾到台北參加活動，通常都會去找鄭清文，有時過夜留宿鄭家，兩人徹夜暢談文學與人生，不覺夜深」。〔註122〕且李喬對於日本文壇有許多的關注，如：三島由紀夫、川端康成、安部公房等大師級作家，其中特別喜歡三島由紀夫的作品，也閱讀日本的文學理論和思潮，因此，在日文方面下了很大的功夫，曾提及：「我讀好多書都是日本原文書，我日文又不通，我的日本書的書角都不是很完整，因為讀不通啊，就生氣的把它丟在地上，一個禮拜兩個禮拜以後，就投降，把它拿起來再讀，我是這樣讀起來的，讀不通，現在也還不通」。〔註123〕這當然是他個人謙虛的話，因為他還曾經翻譯過紀野義一的作品〔註124〕，在日文方面，鄭清文是他最常請教的對象。

鄭清文與李喬同屬於本省戰後第二代台灣作家，同時經歷過台灣日治時期，曾受過幾年日文教育，所以對於日文都有一定的熟悉度，也因此接觸較多當時日本許多大家的文學作品，也可看到兩人在關於日文作品上的交流：「現在我已從清文兄處借來『中村光夫』的『日本の現代小說』，『平野謙』等五人的全集，好像能看懂60%的樣子。」〔註125〕李喬與鄭清文先生就是經由寫作的相互交流而成為無話不談的好友。

### （三）創作的夥伴江文雙

1962年李喬到私立頭份大成中學教書時，結識也喜好文學的江文雙與謝阿蘭，三人教書之餘就互相討論寫作的事，這使剛踏入文學創作之途的李喬，有了很好鼓勵，但是謝阿蘭不久之後離開創作一途，但是與江文雙之間的往來，在早些年前，還算是很頻繁的，其實，當時李喬也是透過江文雙，才認識當時在文壇已有重要位置的鍾肇政，〔註126〕可見江文雙踏入創作一途，是

---

〔註122〕許素蘭編《認識李喬》（苗栗縣：苗栗縣立文化中心，1993年6月），頁84。
〔註123〕本論文附錄2011年7月3日星期六與李喬的訪談。
〔註124〕紀野義一著；李喬譯《真情人生：給拙於生活的人》（台北市：文皇出版，1984年）。
〔註125〕《鍾肇政全集》第25卷，（桃園市：桃縣文化局，中華民國91年11月初版），頁237。
〔註126〕李喬曾在與鍾肇政的書信中提到：「五十一年，認識文雙兄後，就屢次想要向您『報到』。」這邊的「您」，指的就是鍾肇政。引自鍾肇政：《鍾肇政全集》

比李喬早的，鍾肇政在給李喬的信中曾提：「文雙已膺選本屆扶輪文學獎。你的才華在文雙之上，應該好好鍛鍊，將來成就必不凡」〔註127〕。

雖然李喬只在大成中學教了兩年半的書，後來就轉到頭屋初中，再到省立苗栗農工職校一直到1982年8月退休。但從書信中可見他與江文雙始終是常連絡的好友，與江之間的聯繫是生活層面多於文學上的討論，這個或許是江的個性使然，因爲在與鍾肇政和李喬很熟的這段時間，江同時有很多「外務」在進行著，1967年9月李喬曾於信中向鍾提及：「文雙來看過我，他暑假成績不差，地產有賺，一切很好的樣子」〔註128〕，在與鍾的往來書信裡，也常常提到江，但是後來因爲江文雙轉向以翻譯爲主，作品就少了一些，與李喬之間也因爲一些江個人的私事，似乎有了一些誤會而較少聯繫〔註129〕，且在寫作的態度上，也與李喬有一些不同的看法，「我和文雙相處相知較久，有些人認爲他才智比較的差些，我發現是錯誤的看法，換言之，他實具有可造之資，但我也「認定」，他之於文學不夠狂熱、誠摯，我每每不顧身份嚴責他：財產，安定都有了，不必再拼命拿鐘點，搞翻譯（匿名），他應專心創作。他卻說：祇要能賺錢，不擇手段亦爲之，老實上，我很氣很惱」〔註130〕，由此可知，對於江轉以翻譯爲主，把創作一事擺旁邊的想法，是李喬覺得頗爲可惜遺憾的事。

好友在創作之途上的相互扶持，對比其他人稍晚才開始創作的李喬來說是最大的鼓勵，「這樣老大學文，成績與年齡不成比例，心境夠蒼涼的。這時

---

第25卷，（桃園市：桃縣文化局，中華民國91年11月初版），頁8。

〔註127〕鍾肇政：《鍾肇政全集》第25卷，（桃園市：桃縣文化局，中華民國91年11月初版），頁12。

〔註128〕1967年4月13寫的信。鍾肇政：《鍾肇政全集》第25卷，（桃園市：桃縣文化局，中華民國91年11月初版），頁100。

〔註129〕在1968年7月5日李喬寫給鍾肇政的信中說到：「文雙兄近來不很好，昨天來一封「瘋信」，他的苦惱牽涉頗廣，他現在經濟上頗得意，但並未使他愉快，除工作環境等外，還包括家庭──深交如您，我以爲何事不可說？」鍾肇政：《鍾肇政全集》第25卷，（桃園市：桃縣文化局，中華民國91年11月初版），頁139；1971年4月18日李喬寫給鍾肇政的信中又及：「文雙先生大概請不到，縱或由我邀之，亦徒增尷尬而已，因爲月前彼婚事上公堂辦手續時，江先生已以「于涉內政」爲由，與本人絕交，本人亦欣然應之（可慰者，江妻還發誓『收拾舊山河』，保證重整家園，然則您我無憾矣！）」，頁290。

〔註130〕1973年12月8日信。鍾肇政：《鍾肇政全集》第25卷，（桃園市：桃縣文化局，中華民國91年11月初版），頁390。

候文學上的朋友太重要了。讓我透露一個秘密：我剛走上嚴肅的文學長途之際，如果不是有一、二友朋指引鼓勵，我現在很可能是『武林名宿』或言情大家了」。〔註131〕

# 第三節　創作短篇小說的高峰期

　　1967 年取得高中國文教師檢定及格證書，這是李喬一生最高興的事之一，在寫給鍾肇政的信中言：「這輩子不再上試場了，高檢還未發表，但已來成績，作文七十分：聽說是最高成績（去年最高七十分）再不影響我可愛的寫讀時間了！」〔註132〕在教書之餘，又多了許多可以閱讀和寫作的時間。

## 一、短篇創作的黃金期──為「錢」而寫？

　　在李喬教書寫作的日子裡，其實他是很焦慮的，這個焦慮感來自經濟壓力，曾說：「我的短篇小說其實有一些不成熟的作品，那個時期的社會和現在不一樣，那時教高中一個月薪水一千二，每個月的後十天，連買荣的錢都沒有，要寫小說來貼補一些家用」〔註133〕，在斷斷續續花了七八年時間準備各種考試的情況下，李喬沒有多餘的時間和精力「賺取外快」來貼補家用，有時為了「追錢」的情況下，很快的交出一篇創作來「換錢」，在與鍾肇政的書信往來裡，就常常討論到關於稿費的事，因為這樣的情況，難免就有急就章的作品出現，這是被自己認為不成熟的作品，但從整體來看，每個作家的創作過程，不可避免的會有一些「習作」的作品，這何嘗不是邁向成熟寫作的過程呢？而在終於「這輩子不再上試場」，有穩定保障的教職，在有基本的生活保障之下，果真非常賣力的將時間都投入寫作，從 1965 年之後的十年，是李喬短篇創作的最高峰期，此時期的短篇創作是「質」與「量」俱佳的一個時期，論者彭瑞金對於李喬早期的短篇創作有精闢的看法：「二十六歲以前的李喬生平記事，用幼年的疾病記憶和各類考試經歷就填滿了，但從此為界，之後的二十年青壯歲月都貢獻在短篇小說的經營，誰都不能否認，那裡面一

〔註131〕李喬：〈與我周旋寧作我〉《李喬短篇小說全集》別冊資料彙編（苗栗：苗栗縣立文化基金會，中華民國 89 年 1 月），頁 19。

〔註132〕鍾肇政：《鍾肇政全集》第 25 卷，（桃園市：桃縣文化局，中華民國 91 年 11 月初版），頁 81。

〔註133〕本論文附錄 2011 年 7 月 3 日星期六與李喬的訪談。

定有一個作家對文學最初、最真誠、最熱切的投注，那些很可能才是一個作家最可珍惜的原形本相」。〔註134〕1965 年表的短篇共 14 篇，散文 2 篇〔註135〕，短篇小說集《飄然曠野》出版；1966 年共 10 篇〔註136〕短篇創作；1967 年 11 篇短篇〔註137〕。

　　1967 年對李喬而言，是特別的一年，因為當時的短篇〈那棵鹿仔樹〉獲得了第三屆台灣文學獎〔註138〕，雖然不是一個很大的獎，但在當時台灣的文壇上是種殊榮，這也是他生平的第一個獎，儘管他後來獲獎無數，但是這個獎對當時的他來說，是別具價值與意義的。

　　在信中李喬把當時得知此事的心情記錄下來：「今早就接清文兄信，告知『那個消息』，在當時我有混亂、逃奔、吼叫，諸般衝激。後來，我曾努力使自己『高興，興奮起來』中午，妻怪我『莫名其妙』！」〔註139〕從李喬的反應，可以知道這件事對於他的創作起了非常大的鼓勵作用。〈那棵鹿仔樹〉以

〔註134〕 彭瑞金：〈李喬短篇小說全集〉序，《李喬短篇小說全集》第 1 卷（苗栗：苗栗縣立文化基金會，中華民國 89 年 1 月），頁 1。

〔註135〕 此 14 篇為〈鱒魚〉、〈採荔枝〉、〈德星伯的幻覺〉、〈鬼纏身〉、〈床前〉、〈橋下〉、〈阿鳳嬸〉、〈飄然曠野〉、〈心刑〉、〈敵人〉、〈阿壬嫂這個人〉、〈多心經〉、〈川菜牛肉麵〉、〈歸〉。

〔註136〕 此 10 篇為〈羊仔的變奏〉、〈山上〉、〈明月之章〉、〈綠色記憶〉、〈龍岩〉、〈隱形牆〉、〈現代別離〉、〈招婿郎〉、〈人的極限〉、〈素色夢〉。

〔註137〕 此 11 篇為〈晚晴〉、〈媽媽〉、〈吵架〉、〈多餘的下午〉、〈鹹菜婆〉、〈問仙〉、〈醉之外〉、〈死的過程〉、〈那棵鹿仔樹〉、〈癡癡童年〉、〈錢公的故事〉。

〔註138〕 吳濁流文學獎，原為「臺灣文藝雜誌社」創辦人吳濁流 1964 年成立的「台灣文學獎」。1969 年時吳濁流捐款退休金十萬元成立吳濁流文學獎基金會，以基金孳息提供獎金，將其改名為「吳濁流文學獎」。其宗旨在於鼓勵青年作家文學創作，推動台灣文學。吳濁流在〈我設立文學獎的動機和期望〉一文賦詩：「誓將熱血挽狂瀾，七十光陰一指彈；寄語萬千諸後秀，一心一德振文壇。」吳濁流文學獎原僅有「小說獎」，在 1973 年增加「新詩獎」，並曾在 1972 年到 1974 年三屆頒發「漢詩獎」。吳濁流文學獎評選作品以每年發表在《台灣文藝》之創作小說及創作新詩為主要對象，評定出「正獎」及「佳作獎」。1984 年時擴及《文學界》、《笠》詩刊等其他報刊雜誌，1991 年後擴大評選，舉凡本土性文學作品均可為候選作品，並接受台灣筆會會員及本土性文學刊物編輯人之推薦。1977 年時由鍾肇政主編，將前八屆的得獎作品二十五篇收入《吳濁流文學獎作品集》。1966、1967 兩年的正獎都從缺，所以李喬於 1968 年以〈那棵鹿仔樹〉獲此正獎，可以說是此獎的第一人，後來得此獎的，許多已是現在文壇上的佼佼者，如：鄭清文、楊青矗、宋澤萊、陳映真、吳念真、陳若曦、東方白、鍾鐵民等人。

〔註139〕 1967 年 11 月 15 信。鍾肇政：《鍾肇政全集》第 25 卷，（桃園市：桃縣文化局，中華民國 91 年 11 月初版），頁 110。

「石財伯」為主角，是一篇描寫故鄉的作品，以發抒對於故鄉的愛為全文主軸。石財伯從小住在鄉下以耕田為生，孩子長大之後，因為工業化的原因，當時的土地可以賣得很多錢，孩子們勸他把土地賣了，跟著他們到大都市生活，但石財伯常常想念故鄉，隔一些時間就要回到故鄉走走看看，一解思鄉之情，「大湖，總是和自己連在一塊的，正好像蕃薯一個個連在蔓莖上，成串兒不分離；如果把它揪摘下來了，蔓莖上，就要流出白白稠稠的乳水──它的血吧？」〔註140〕石財伯的心和故鄉是相連的，就像是連在藤上的蕃薯，離開了藤蔓／故鄉，就會流下乳水／血水，是心在淌血呢！「鹿仔樹」是故鄉老家的象徵，因準備蓋大樓而被拆掉的家屋，那棵高大婆娑伴隨石財伯故鄉記憶的鹿仔樹，已被齊根部鋸斷，即使使盡全力想保留對於故鄉的過往記憶（將姆指大小的鹿仔樹苗拔回家種），似乎也不可能了，「在這可憐的水泥洞上，孑然種著一棵姆指大的鹿仔樹。可是樹葉全都脫落，而且從尾梢起，已有一尺多長是縐縮枯槁了」〔註141〕雖然當時前輩鍾肇政對於此篇並未給予很高的評價，「你的『那…』作，我的評價不十分高，主題是你過去多作品中最弱，也最俗的一個」，但縱觀此文確實已蘊含李喬對於故鄉／土地的想法。

雖然在文學上有許多收穫，但「房事」卻不如預期順利，在信中向鍾肇政透露：「最近我受了平生未有的委屈、憤怒、好在我已老大且妻兒累重，不然怕要出事。緣由是學校配給我一棟頗理想的房子（一廳三房外加廚房廁所及院子）我已準備搬家誰知有少校教官云者，突然「搶」了，「無人能制」，校方除了嘆氣就『求』我不要鬧事，於是民初軍閥人物出現，百無一用之書生祇好仍住陋且破屋，於是……」〔註142〕，這件事在李喬心中確實起了不小的漣漪，但經過朋友之間的勸說與無可奈何的情況下，只好看開，還好第二年學校實現了原本允諾給他的宿舍，但 1966 年與 1974 年兒子和女兒相繼出生，李喬不得不向朋友先周轉一些錢，買了全家可以安身的「自己的」房子。

1966 年到 1975 年雖說是李喬短篇創作的黃金十年，但此時期的他也是經濟壓力最重的時候，生活的各種開銷，已經成為他創作的主要動力之一。

---

〔註140〕李喬：〈那棵鹿仔樹〉，《李喬短篇小說全集》第 3 卷（苗栗：苗栗縣立文化基金會，中華民國 89 年 1 月），頁 283。

〔註141〕李喬：〈那棵鹿仔樹〉，《李喬短篇小說全集》第 3 卷（苗栗：苗栗縣立文化基金會，中華民國 89 年 1 月），頁 300。

〔註142〕1967 年 3 月 17 寫。鍾肇政：《鍾肇政全集》第 25 卷，（桃園市：桃縣文化局，中華民國 91 年 11 月初版），頁 77。

## 二、短暫的停滯期——爲了尋找題材

李喬常說他是一個很晚才開始創作的人,「我十七、八歲就有過寫作的意念,但眞正潛心於文學,卻在十年之後。在近『而立』之年才枯坐燈下,搜腸捻鬚,確實是很苦的」〔註143〕。他從寫故鄉童年,然後是對於現實社會的反應,再來是思想觀念的歸結,但這三個時期進程是很快的,是在創作時自然而然產生的,當下只是把自己想說的,把想要表達的東西寫出來,就是憑著對於寫作的熱情,所以一年當中可以有這樣多的創作,可以處理這麼多不同的題材。即便如此,從他的創作歷程裡,發現在 1974 年出版了《恍惚的世界》之後,作品產量似乎一下之間減少許多。在訪談過程中,說道:「我短篇小說大概寫了一千一百五十多篇,寫來寫去有山窮水盡疑無路的感覺,找不到可以創作的題材」〔註144〕,除了在創作上遇到瓶頸之外,其實1974 年也是李喬需要處理許多外務的一年,除了學校教書之外,生活上有許多意料外的事,包含岳父的去世,以及在心境上的轉變,「說來慚愧,舊曆年過後我就沒再寫稿了,算來是滿十年,李某的文字生涯,就止於茲乎,倒不肯承認才盡,是意盡情未了耳!邇來生活上,工作上,家庭裡,太多分心,太多無聊;對於人世,對於文壇,太多悲哀,太多失望,太多憤恨,我很不會做兩面人,然則,何來作品!我不會放棄文學,但近中實難再賣文字矣!」〔註145〕在這段話中,知道當時的他對於生活上的許多事是悲觀的,甚至是寫作也是意興闌珊,這是李喬創作生涯中遇到的第一個瓶頸,其實當時這樣的心情,似乎有些受到七〇年代風行於台灣現代主義的影響,《恍惚的世界》篇章中呈現的,是對於深入人心探索根本,一種思索人存在的根本意義,如〈人的極限〉一文,以礦場老闆陳火山爲主角,寫出破產的他爲了家計不得已推零食攤在炎熱的夏天賣涼水,故事的最後是他發現原來這一切都是妻子與外遇對象所造成,一起掏空他的公司,讓他變得一無所有,他報復放蛇咬妻子與外遇對象,在混亂中因爲蠟燭倒了變成火災,兩人被燒死了,陳火山在法庭上對於法官的說法「陳火山!火窟雙屍是你殺害的?」〔註146〕沒有

---

〔註143〕李喬:〈與我周旋寧作我〉《李喬短篇小說全集》別冊資料彙編(苗栗:苗栗縣立文化基金會,中華民國 89 年 1 月),頁 19。
〔註144〕本論文附錄 2011 年 7 月 3 日星期六與李喬的訪談。
〔註145〕1974 年 4 月 24 日信。鍾肇政:《鍾肇政全集》第 25 卷,(桃園市:桃縣文化局,中華民國 91 年 11 月初版),頁 394。
〔註146〕李喬:〈人的極限〉《李喬短篇小說全集》第 3 卷(苗栗:苗栗縣立文化基金

辯駁，寫出人性在受到極度壓迫時所呈現的扭曲與變形，當人性中的怨恨與與報復被激發時，是人對於自身存在感的一種捍衛，所此在外顯的性格上會有不合理的反應，一種近乎病態的冷靜，是心理影響生理的表現，是受到外在環境迫害時人心的變化。而在李喬其他篇章中，亦可以看到一些行為異常表現的人物，如〈兇手〉的沐大夫；〈德星伯的幻覺〉中的德星伯；〈烏石坑的野人〉中的豬精、紅猴；〈心賊〉中的張小鄰；〈蕃仔林的故事〉中的福興嫂、安仔；〈我沒搖頭〉中被繼父虐待的小孩阿禎等，都是對於人性深入的探索。正如論者彭瑞金所言：「李喬窮探人性的深邃又是鍾肇政所不及的」〔註147〕，此也直接說明李喬對於人性的深入探討透過文字來表達，可以說是同期作家中較特出的。

　　這個時期的他在不擅長日文的情況下，接下了日本作家紀野一義的作品《給拙於生活的人》一書的翻譯工作。雖然李喬所翻譯的作品，在台灣沒有太多人注意，但這本書卻花了李喬非常多的時間和心力，其中最重要原因是翻譯過程中要兼顧文義和文句的流暢，就會花掉許多的時間，此時的好友鄭清文與鍾肇政，就是李喬最好的老師，而李喬也常常與他們互相討論。〔註148〕雖然在創作上有些停滯了，但翻譯完之後，李喬的日文能力應該精進許多〔註149〕，甚至可以閱讀翻譯其它自己有興趣的相關文章〔註150〕，這樣的翻譯經驗，帶給他在之後的創作上許多的幫助和影響，因為其後所寫的許多以歷史素材為主的長篇小說，其中許多的背景與日治時期有關，由於對日文的進一步瞭解，使他在語言的運用上更加活潑多元。

---

　　會，中華民國 89 年 1 月），頁 150。

〔註147〕彭瑞金〈悲苦大地泉甘土香——李喬的蕃仔林故事〉，許素蘭編《認識李喬》（苗栗：苗栗縣立文化中心，1993），頁 70。

〔註148〕在與鍾肇政往來的書信中，在 1975 年 6 月 23 日寫的信中提到：「那本日文書已譯近半——六萬字左右，有幾句請您救救我」，之後 6 月 26 日、6 月 30 日、7 月 4 日、7 月 18 日、7 月 21 日等的書信往來，其主要內容就是在討論關於翻譯的相關問題。鍾肇政：《鍾肇政全集》第 25 卷，（桃園市：桃縣文化局，中華民國 91 年 11 月初版），頁 413～420。

〔註149〕2011 年 7 月 3 日至苗栗拜訪李喬時，巧遇一位來自日本的朋友，剛好也在同一天來拜訪他，期間可以聽到李喬以日文跟那位朋友談話，由此可知李喬的日文是不錯的。

〔註150〕2011 年 7 月 3 日至苗栗拜訪李喬時，期間他拿出自製關於文學理論的表格，就是直接從日文書中翻譯而來。

## 第四節　爲人生而寫的長篇

### 一、轉向長篇書寫的契機

　　已經有豐富短篇創作的李喬，在 1974 年出版了短篇小說集《恍惚的世界》之後，一方面找尋新的寫作題材，一方面規畫自己的長篇創作，在回顧自己創作的過程中，突然有所領悟「某一天我突然發現，我許多作品的背景本身就是一部大小說，我一下子醒悟過來，從我一九三四年出生，加上我父親和我爺爺，這樣三代連下來，就是一百年的當代史，就是台灣當代史嘛！」〔註151〕從早期關於兒時記憶書寫蕃仔林系列的作品，〈鹹茱婆〉、〈鱸鰻〉、〈猴子・猴子〉、〈山女〉、〈竹蛤蛙〉、〈呵呵，好嘛！〉、〈番仔林的故事〉、〈哭聲〉、〈阿妹伯〉等，皆是以出生地故鄉蕃仔林爲背景的作品，寫作背景時間幾乎在 1940〜1945 年間，李喬約讀大湖郡大湖東國民學校的小學的時期，也是日治時期結束前，這時期大部分的篇章接收錄在《山女——蕃仔林故事集》〔註152〕一書當中。

　　他創作的長篇亦常從短篇當中得到構想，舉如後來所寫的長篇《寒夜三部曲》的第三部《孤燈》，其中就有許多人物與情節就是從蕃仔林系列所延伸。在其短篇中許多已呈現的想法，對於其日後長篇小說中的主題往往有所影響，這是要討論他的長篇內涵所不可忽略的地方——這個作家寫作生命最初衷的顯現，亦正是其長篇寫作的基礎。論者彭瑞金曾說：

> 以「蕃仔林故事集」——《山女》爲軸心的創作，代表李喬短篇創作最早最初的原型，認眞地說，那不是記憶也不是故事，而是李喬個人生命本質沉思錄，不管形式，內容是如何地多變，作爲反思生命意義的基調則始終如一。〔註153〕

延續對於生命的反思與人性的探索，李喬於 1971 年 5 月出版了第一部長篇小說《山園戀》〔註154〕。這是一本因爲政府機關邀稿而撰成的長篇：

> 省新聞處又來要寫省政叢書人選。想舉你（這次只一人！），不知你可願意一試？

---

〔註151〕本論文附錄 2011 年 7 月 3 日星期六與李喬的訪談。
〔註152〕李喬：《山女——蕃仔林的故事》（台北市：晚蟬，1970 年）。
〔註153〕彭瑞金：〈李喬短篇小說全集〉序，《李喬短篇小說全集》第 1 卷（苗栗：苗栗縣立文化基金會，中華民國 89 年 1 月），頁 9。
〔註154〕李喬：《山園戀》（臺中市：臺灣省政府新聞處，1971 年）。

照過去情形，是簽約，大綱送審，然後執筆，交稿。大綱送審是例
行手續，大概不會找麻煩，故假中仍可執筆，稿費大約九〇元（我
打算去信爭取提高），簽約，大綱，時各付三或四分之一，交稿後付
清。當然，內容要有某些建設性，光明性是免不了的，不過也未必
太露骨，相信你懂個中道理。很希望你一試（十五萬字）。〔註155〕

信中所言，可以知道在內容的呈現上，因爲是爲政府單位所寫，難免有些「限
制」，要有「建設性」與「光明性」的表現。此篇李喬以配合山地鄉實施「耕
地重劃」結果當主軸，也加入鄉村和山地社會和經濟問題的討論，以單純的
男女主角視出發，背景則以山地故鄉與繁華都市兩條線爲主，寫出當時許多
山地青年無法在當地找到好工作而大量湧向都市謀求更好的機會。

　小說以男主角賽夏族青年「瓦旦洛辛」與女主角泰雅魯族少女「攸娃恩」
即將分離的夜晚起頭。兩人分離的原因是因爲攸娃恩家賴以維生的果園遭受
土石流淹沒，爲了家中生計，所以決定和姊姊到都市找工作，此時的攸娃恩
與瓦旦洛辛已經訂婚，即將分離的兩人心中充滿對未來的不確定感，因爲瓦
旦洛辛必須留在家園。自此，以攸娃恩在繁榮的都市生活與瓦旦洛辛留在山
中家園展開兩條故事情節鋪陳，寫攸娃恩在都市尋找實現夢想的過程，在都
市工業化的情況下，許多的山地青年一昧的迷失在都市叢林中，這也是瓦旦
洛辛擔心的事情，他希望攸娃恩可以一直是他心中那個單純的女孩，而守在
家鄉的瓦旦洛辛這一條故事的展開則表現出對於故鄉土地深厚的感情，在文
本中，除了可以體會李喬對於原住民文化下過功夫之外，最重要的是將不分
族群的個人生命與台灣這一塊土地相結合。另外在李喬其他作品當中也有寫
山地和平地的故事，如：1963 年發表的〈山之戀〉〔註156〕，寫的就是平地青
年和山地姑娘的戀愛故事。

　李喬因爲此次的創作，到泰安鄉做了一些田野調查，主要是與當地人的
一些接觸與對於他們生活上的瞭解，這些經驗後來都變成李喬作品的元素之
一，對於原住民的歷史、神話傳說等，都有了更深一層的瞭解，除了豐富自
己的創作，更顯見李喬對於台灣這一片大地的情感表現，另如 2010 年發表的
長篇《咒之環》裡，在內容方面就呈現更深入的原住民的語言和生活特色，

〔註155〕1970 年 7 月 18 日信。鍾肇政：《鍾肇政全集》第 25 卷，（桃園市：桃縣文化
　　　　局，中華民國 91 年 11 月初版），頁 250。
〔註156〕李喬：〈山之戀〉《李喬短篇小說全集》第 1 卷（苗栗：苗栗縣立文化基金會，
　　　　中華民國 89 年 1 月），頁 223～235。

一種對於生於同一塊土地上，不同族群的關懷。

李喬創作豐富，不論短篇小說或長篇小說，都有相當多的作品，早期的短篇創作主題，有許多在後來的長篇中有更廣闊的發展，在他寫給鍾肇政的信中，曾經提到：「看樣子我總沒法走上長篇的路子，永遠是二流角色耳！」在創作短篇小說的同時，李喬心中亦時時掛念著走向長篇的道路上，在他心中，長篇的結構複雜，故事情節可能同時有好幾個主線在走，最重要的他認爲長篇創作是「作者人格的完全投入」、「作者之於長篇小說，與其說是在『說故事』，不如說，是借情節故事來表達其理念，借人物『完成』其理想。然則小說的表現，實際就是作者的內涵；由作者思想人格，可知其作品，由作品亦可窺作者的人格」﹝註157﹞，李喬對於長篇小說的主張爲此，在他的長篇小說的創作裡，從中可以看見作者在創作思想方面漸趨成熟的軌跡，以及在作品中顯現對於人生的思考過程，在李喬發表的十二部長篇小說中，以歷史素材爲主的有六部《結義西來庵——噍吧哖事件》（1977）、1980年《寒夜》、1980年《孤燈》、1981年《荒村》、1995年《埋冤一九四七埋冤（上下）》、2010年《咒之環》。

《痛苦的符號》稍晚於《山園戀》之後發表，是一本不同於《山園戀》的「傳遞了土地與生命緊緊連結的土地意識」﹝註158﹞的長篇，其實在1968年底，李喬就已經有寫作此文的構想：

> 忽得一體裁，可作十萬字稿，決定明暑假一氣完篇；就不問能否發刊，如能得您一字「可」足矣！（那是我所見的人生的全部的呈現——專門闡述「痛苦」，文題曰：「痛苦的符號」我對它滿懷熱望與野心。）﹝註159﹞

一直追求創作的李喬，在生活上也是一個即知即行的人，只要有新的想法或好的想法，就會把它寫出來，並與好友相互切磋，尤其是像鍾肇政這樣的前輩，一直給他很多好的意見和想法，由信中可知，「痛苦」的題材，早已經在李喬心中醞釀，而「痛苦的符號」這個題名，更是因爲自己的切身之痛而產生的題目，也是他對人生的歸結和看法，「痛苦」更是李喬創作中一個重要的

﹝註157﹞李喬：《小說入門》（臺北市：大安出版社，1996年第一版），頁59。
﹝註158﹞許素蘭著《給大地寫家書——李喬》（台北市：典藏藝術家庭，2008年12月初版），頁93。
﹝註159﹞1968年11月29日信。鍾肇政：《鍾肇政全集》第25卷，（桃園市：桃縣文化局，中華民國91年11月初版），頁169。

主題：

> 文題我最先定「痛苦的符號」是因一次頭痛得要死時想出這個題材
> 和這個題目，二是套取希臘生命悲劇的觀點，即人類的痛苦是不可
> 苟免，僥倖的，以痛苦來支持生命，或可取消痛苦，這是「悲劇智
> 慧」的要義，在文中我有三次說及：人是為痛苦而活著的，痛苦或
> 許是一種強烈的誘惑，本來人格分裂，就是一種心理的逃避行為—
> —逃避痛苦的現實——本文要表達的就是：「人逃到那一個自我都是
> 痛苦的」，這一確認，可能將在我一生的思想與作品裡生根吧。〔註160〕

《痛苦的符號》中的主角叫「莊時田」，原本是一位個性溫和，帶有一些靦腆
的年輕人，怎知道去當兵退伍回來，所有的一切都變了，心愛的未婚妻早已
經向另外一個人投懷送抱，他因過度的忌妒與怨恨，下手將未婚妻打死，也
因此受到法律的制裁；在服刑期間，藉著閱讀讓自己的心平靜下來，對出獄
生活懷抱信心的他，再度遭逢母親去世的巨變，而他「莊時田」徹底崩潰了，
「現在，他的心靈中，只有一個意念是完全而能動的，那就是逃！『逃吧！
逃吧！逃吧！忘記一切，忘記一切，我不要這個我了……』」〔註161〕就是這樣
強烈的「逃」的意念，讓莊時田變成一個「迷逃患者」。「莊時田」將自己的
「我」拋開了，他變成另一個人「尤利金」，尤利金是莊時田為了「逃離」自
己所產生的另一個身分，在文本中，不僅是莊時田，其實尤利金亦是一個內
心矛盾，飽受煎熬的角色，他仍然逃不開「痛苦」，「痛苦」以各種方式繼續
折磨尤利金，這是李喬「借小說的形式，企圖描繪人間幾種痛苦的面貌，以
及面對它的心靈震顫」。〔註162〕

所謂「借小說的形式」，是李喬為了將「莊時田」與「尤利金」兩位主角，
以交錯時空場景的方式呈現在讀者面前，又可以讓讀者一眼分出「莊時田」
或「尤利金」，所以設計了以不同的字體來排版印刷，這種「以不同字體排版
的印刷方式，靈感來自於福克納《聲音與憤怒》英文版和日文版的印刷方式」
〔註163〕。小說的最後莊時田與尤利金已經合而為一，又或者說回到最原始的

〔註160〕1969 年 12 月 1 日信。鍾肇政：《鍾肇政全集》第 25 卷，（桃園市：桃縣文化
　　　　局，中華民國 91 年 11 月初版），頁 218～219。
〔註161〕李喬：《痛苦的符號》（高雄市：三信出版社，1974 年 3 月），頁 240。
〔註162〕李喬：《痛苦的符號》序，（高雄市：三信出版社，1974 年 3 月），頁 1。
〔註163〕許素蘭著《給大地寫家書——李喬》（台北市：典藏藝術家庭，2008 年 12 月
　　　　初版），頁 94。

自己，而這最原始的「我」（莊時田、尤利金）不斷的「陷入茫茫無際的痛苦的波濤裏⋯⋯」〔註164〕。

除了《痛苦的符號》，關於「痛苦」成為李喬作品所顯現的特色之一的早期作品如「蕃仔林」系列中那些在被上帝遺忘的土地上生活，亦正是以最堅強的意志在痛苦的環境中匍匐前進著的實證。

## 二、融合歷史素材的創作

李喬的大河小說〔註165〕《寒夜三部曲》最為世人所稱道，而他也自言：「這是筆者平生最重要的一部書」〔註166〕，寒夜是李喬醞釀許久的作品：

> 半年來，我祇作了一件事：蒐集長篇資料，遍閱台灣史料，就手邊二十幾本，約二百萬字史料中得來的概念是：要寫先民，不能不兼及先住民——山胞。這樣一來，我的第一部或許要以一半篇幅容納山胞一面，這樣一來，不能不以山、平戰鬥主線（實際上寫開闢台島，這是無法忽略的）然則分寸極難把握，下筆就困難了。我把時空推前許多年，還有一個用意，避免邯鄲學步您的「三部曲」。〔註167〕

《寒夜三部曲》延續對於「痛苦」主題的處理。生命中所產生「痛苦」的根本在於「土地」，於是「痛苦」、「生命」和「土地」變成《寒夜》和《荒村》的文本主軸。作者塑造的彭阿強、劉阿漢與劉明鼎等人物，他們是那個時代「痛苦」的人的縮影，不斷對抗外來的日本殖民與大地主的侵占土地，「土地」

---

〔註164〕 李喬：《痛苦的符號》序，（高雄市：三信出版社，1974年3月），頁262。
〔註165〕 「大河小說」譯自法語 roman-fleuve，意指「連續性的長篇小說」或是「系列小說」。一部「大河小說」通常會分成很多卷冊，每一卷冊也都能自成一體，內容主要描繪一個中心人物、社群、民族或者家族生活的某一段歷史時期之種種發展。在臺灣，「大河小說」這個詞首度出現於1966年葉石濤發表於《臺灣文藝》的〈鍾肇政論〉，自此「大河小說」就約定俗成的指涉了某些特定的文本，如鍾肇政的《濁流三部曲》、《台灣人三部曲》、李喬《寒夜三部曲》以及東方白的《浪淘沙》，都被視為臺灣「大河小說」代表之作；葉石濤在該文中雖未針對「大河小說」這個名詞進行詳細的定義，但他仍概約性的提出「凡是夠稱得上『大河小說』的長篇小說必須以整個人類的命運為其小說的觀點」的看法。資料來源：文建會「臺灣大百科全書」。網址：http://taiwanpedia.culture.tw/web/content?ID=2318。上網日期：2011年7月24。
〔註166〕 李喬：《寒夜》序，（台北縣：遠景出版，1981年2月），頁1。
〔註167〕 1975年1月3日信。鍾肇政：《鍾肇政全集》第25卷，（桃園市：桃縣文化局，中華民國91年11月初版），頁402。

是李喬建構於小說中的「能指」，它變成李喬指涉的「符號」，而這個符號是
與「痛苦」、「生命」相互結合的指涉，其中的聯結，就是作者「虛構」的故
事情節。而在《孤燈》中，「母親」、「土地」、「香氣」變成相互指涉的「符號」，
「香氣」是故鄉母親的體味，它指向故鄉，而故鄉就是自己生長的土地，就
是自己的「包衣跡」。

其實在《寒夜三部曲》之前李喬已有《結義西來庵──噍吧哖事件》一
書出版，對於史料的閱讀收集與消化，已經有所心得，《結義西來庵──噍吧
哖事件》是李喬由「文學」向「歷史」靠攏的重要轉折，為了將作品與傳統
歷史書寫作區隔，他提出「歷史素材小說」的說法：

> 作者借重歷史素材的可能性和可信性，重點放在「虛構」的經營上；
> 主題偏重於歷史事件的個人闡釋；更重要的，它必然是出乎歷史的，
> 亦即歸趨於文學的純淨上，這樣構成的作品便是「歷史素材的小
> 說」。〔註168〕

李喬為什麼特別提出「歷史素材小說」，因為在真實歷史的背後，有作者
真正想說的話，作者真正想說話其實就是李喬在這裡所強調的「虛構的經營」
與「文學的純淨」，一個民族的文化觀就是在歷史過程中產生出來的，歷史是
人類過去所有事件的總和，所以每一個民族所發生的事件有差異，當然民
族性、文化觀也因此產生差異，李喬用心良苦的頻頻回首去瞭解台灣的歷史，
對於發生在台灣的歷史事件做詳細的調查，他是試圖回到過去，目的是希望
替台灣的未來找到更好的道路。但這也讓他陷入歷史與文學的兩難之中：

就理論說：

> 文學是從歷史、人間的「事實」中挑出「真實」，以「虛構」之線連
> 綴成「複合的」也是「複製的」歷史人間。歷史之於文學者，重在
> 藉事件或人物來表達自己的觀念。如果文學創作也忠於歷史人物或
> 事件，但重點也不在「重現它」而在解釋。兩難就因而產生。〔註169〕

好友鍾肇政也曾經指出：「我也覺得你目前很可能被太多的資料淹沒了，果如
此，則很不易掙脫，下筆也更艱困。」〔註170〕而論者彭瑞金也指出，李喬所

---

〔註168〕李喬：《小說入門》（台北市：大安出版社，1996年2月），頁191～192。
〔註169〕李喬：《台灣文學造型》（高雄市：派色文化出版社，1992年7月），頁197。
〔註170〕1975年1月5日信。鍾肇政：《鍾肇政全集》第25卷，（桃園市：桃縣文化
　　　　局，中華民國91年11月初版），頁404。

提出的「歷史素材小說」的主張，「還是沒有解決取材於歷史的文學作品，被拿去和歷史對照閱讀的困擾，仍將陷在誰眞、誰假的史實辯論」〔註171〕，但因爲作家的作品會以自己的理論來書寫，而作品也是對於理論的應證，本文之後所探討關於李喬以歷史素材爲長篇的創作討論，也將以作家自己所提出的說法，歸向文本中的虛構性與文學性，其實就是從中找尋作家透過這些歷史素材長篇的創作，指向其眞正的「所指」。

其實李喬以歷史素材爲主的長篇創作，內容幾乎直接或間接的和政治接軌，會出現這樣寫作方向，與其所接觸的史料有絕對的關係，他曾說這其中的因緣際會來自於「最先接觸的長篇應該是早期中國國民黨中央什麼部，他們配合蔣經國當時想掌權，要收買民心，叫一批作家來寫先賢先列傳。他下命令從台灣開始寫（後來台灣以外就停了），這件事給我的影響重大。」〔註172〕這是他於民國六十六年創作《結義西來庵──噍吧哖事件》的開端，同年亦開始著手他的大河小說代表作《寒夜三部曲》，李喬政治理念的形塑，大量閱讀檔案紀錄與田野調查，帶給他非常多的幫助，正如他自己所言「史料的處理，田野調查是重點，田野調查的技術是考驗，在精神層面是觸及歷史的眞實面」〔註173〕，除了在文獻建立眞相層面外，其實也受到他父親的影響，其中噍吧哖余清芳相關的抗日事件，就從父親那裡聽到不少。〔註174〕他的處理歷史資料的能力與對於台灣人在這片土地上的意識建立，都因爲田野調查的經驗而落實，也是影響他《寒夜三部曲》主題設定的重要因素。

從《結義西來庵──噍吧哖事件》到完成《寒夜三部曲》，讓他從文學跨

---

〔註171〕彭瑞金：《驅除迷霧，找回祖靈》（高雄市：春暉出版社，2000 年 5 月），頁138～139。

〔註172〕〈戲謔的笑顏，沉重的生命──觀點、後設的重構〉於《想像的壯遊──十場台灣當代小說的心靈饗宴 2：國立台灣文學館‧第四季週末文學對談》，台南市：國立台灣文學館，2007 年 12 月初版一刷，頁 219。

〔註173〕〈戲謔的笑顏，沉重的生命──觀點、後設的重構〉收錄於《想像的壯遊──十場台灣當代小說的心靈饗宴 2：國立台灣文學館‧第四季週末文學對談》，台南市：國立台灣文學館，2007 年 12 月初版一刷，頁 220。

〔註174〕「我知道台南的玉井，往昔的噍吧哖余清芳抗日事件很多，爲什麼資料很多，是我老爸給我講的。」引自〈戲謔的笑顏，沉重的生命──觀點、後設的重構〉收錄於《想像的壯遊──十場台灣當代小說的心靈饗宴 2：國立台灣文學館‧第四季週末文學對談》，台南市：國立台灣文學館，2007 年 12 月初版一刷，頁 220。

進歷史，卻也因此改變他的文學的寫作風格。因爲寫作噍吧哖事件的小說，閱讀了三百多萬字的余清芳檔案，也親自前往這些事件的相關地點高雄、台南甲仙、南庄、玉井等地作田野調查，這些與歷史、實地實物接觸的經驗，讓他深刻的體會台灣人獨特的、屬於自己的歷史，也是在如此的思考情境下，出現了對於「台灣人意識」生命情調的形塑：

> 當台灣人、台灣社會數百年的變遷展現在我眼前時，歷史已不只是記憶中人事的浮動而已。從記憶躍升至反省整個族群生命、文化精神，進而成爲文學創作的意識根源，它載負著我對台灣斯土斯民深厚的情感與理性的自覺。〔註 175〕

因此他的文學逐漸與台灣歷史緊密的結合，而對歷史的責任感與使命感更是轉化成一種虔敬的心願，迫使著他面對台灣另一重要歷史事件——二二八事件。「以『二二八』事件爲題材的文學創作竟形成我對台灣難了的債。」〔註 176〕

　　1989 年李喬開始動筆寫作《埋冤・一九四七・埋冤》一書。此書共分爲上下兩冊，上冊《埋冤・一九四七》於 1991 年 7 月完稿，共三十五萬多字，一開始在《首都早報》〔註 177〕上連載，後因《首都早報》停刊，改在《台灣時報》繼續刊載。下冊《埋冤・埋冤》1992 年起稿，1993 年 2 月起在《自立晚報》副刊連載，至 1994 年下冊完成，共三十九萬餘字，後來於 1995 年 10 月將上下兩冊合成《埋冤・一九四七・埋冤》全書一共七十四萬多字。然而在面臨歷史與文學的兩難之下，他仍可以自己的方式，以那個台灣人的李喬穿梭在「二二八事件」的現場與《埋冤・一九四七・埋冤》的「現場」，並從中開展出一條小說創作之路：

> 我以虔誠的心，勤奮的行動搜集、整理相關史料，經過理解、消化、判斷後，建構起整個二二八事件敘述背景；也許小說中的人物、情節都是文學上的虛構，但是一放入依歷史事實搭建起的佈景中，人

---

〔註 175〕　李喬：《埋冤 1947 埋冤》自序之一，（基隆市：海洋台灣出版社，1995 年 10 月），頁 15。

〔註 176〕　李喬：《埋冤 1947 埋冤》自序之一，（基隆市：海洋台灣出版社，1995 年 10 月），頁 15。

〔註 177〕　《首都早報》，爲台灣在解除報禁之後創刊的日刊性新聞報紙，1989 年 6 月創刊，1990 年 8 月 27 日停刊，創辦人爲康寧祥。其創刊宗旨爲「忠實傳達台灣人民的心聲，一份眞正屬於台灣社會的報紙」。後因資金不足與通路未能順利打通，導致於 1990 年 8 月 27 日起停刊。資料參考網址：http://zh.wikip edia.org/wiki/%E9%A6%96%E9%83%BD%E6%97%A9%E5%A0%B1。

與客觀環境交互作用而發展出來的事件，能夠十分逼眞地展現歷史
畫面。歷史的縮影與文學的創作經由此被銜接、統一。〔註178〕

這也是李喬提出以「歷史素材」創作主張的印證作品。雖然對於這樣的說法
和主張似乎無法全面的切割與傳統歷史書寫的區別，但這其中的兩難，相信
李喬已選擇一條最適合的路：

> 這是一部歷史性的作品，在我的創作過程裏，「歷史」與「文學」取
> 捨上的矛盾是我最要克服的難題。當歷史的事實與人間的眞實衝突
> 時，理應捨棄歷史史料以維持文學的完整性；然而緣於對台灣的感
> 情，對二二八受難者的敬悼，在在令我無法說服自己捨「歷史」而
> 就「文學」。因此我不斷地易稿重寫以尋找足以滿足「歷史」與「文
> 學」要求的交匯點。〔註179〕

這樣的寫作過程，可以看到《埋冤・一九四七・埋冤》的上冊以「貼近」
史實的方式從 1947 年 2 月 27 日發生於台北市南京西路的私煙查緝事件寫
起，全書共分七章，至同年四月花蓮鳳林張期朗父子三人遇害止。以重回
歷史現場的方式，重建包括基隆、台北、台中、嘉義、台南、高雄、花蓮
等地的警民衝突與政府對於反叛者的逮捕、殺害等，以其田野調查得來的
許多證據與證詞，試圖重新還原歷史現場，仿佛作家當時「親臨」現場，
這是爲了構築台灣人在二二八事件之前與之後在個人心靈，民族文化精神
上的轉變，解釋二二八在歷史上的意義，試圖喚起共同的記憶中積極的歷
史意涵，然在客觀呈現的歷史之外，仍然以文學的虛構性安排，表達作者
欲建立的主題思想。

下冊主要以人物林志天、葉貞子爲兩條情節主軸展開，兩人同樣經歷二
二八事件，林志天因爲參加當時台中的反抗組織被捕入獄十七年，是一個失
去軀體自由的人；另外 1947 年 3 月初在中山堂被殺害的「學生聯隊」中唯一
倖存者葉貞子，在被逮捕後遭強暴而懷孕，雖然後來得到釋放，雖有自由軀
體的她，卻陷入被桎梏不見天日闇黑的精神折磨中，不同的遭遇在他們心理、
精神與個人個性轉變的呈現，而作者在其中要解析的是，台灣在個體個性與

---

〔註178〕李喬：《埋冤 1947 埋冤》自序之一，（基隆市：海洋台灣出版社，1995 年 10
月），頁 16。
〔註179〕李喬：《埋冤 1947 埋冤》自序之一，（基隆市：海洋台灣出版社，1995 年 10
月），頁 16。

社會整體的轉變與成長。

　　李喬想說的是，台灣在經歷如此多的政權轉變下，必不能自甘於此，不能永遠只在「亞細亞的孤兒」的保護傘下自怨自艾。但是，李喬該如何鋪陳他的救贖之路？在文本中，他創造了一個「李喬心目中，理想的台灣人典型」〔註180〕。他是二二八受害者葉貞子不得不生下的「雜種」——浦實〔註181〕。浦實雖是背負父親罪孽出生的「雜種」，但卻是一個完全獨立、新的生命個體，他沒有父親不詳的陰影，努力的過著自己的生活，他用功勤奮，積極樂觀、懂事貼心，反而填補母親心靈中那塊被二二八掏空的缺角，正如論者許素蘭所說：

> 　　誠然，浦實是虛構的小說人物；然而，若不是虛構、創造了浦實這樣的人物，《埋冤・1947・埋冤》或許只是一部反映「歷史的真實」小說、只是台灣重大歷史悲劇的「再現」而已，並不能真正呈現李喬書寫「二二八」，祈願「二二八」的「冤枉、心理的陰影，就埋葬在一九四七，重新出發，找到台灣的前途」，所欲釋放的「二二八」的積極意蘊。〔註182〕

　　就是對於文學創作的積極，對於創作的堅持，李喬始終以保持熱情的態度，他認為自己的才能只能寫作，雖然「在一步一步前進當中會碰到一些質疑，一些疑問，但我始終沒有放棄文學」〔註183〕，所以心中對於寫作的那份熱情，就是一直指引著李喬走在寫作道路上的明燈，他曾經明白的說，「如果欠缺了對人生的熱情的話，你大概就會退縮會放棄了。關於這點我替自己保證，這麼老了這方面的熱情如一。」〔註184〕說的就是創作這件事。

---

〔註180〕 許素蘭著《給大地寫家書——李喬》（台北市：典藏藝術家庭，2008 年 12 月初版），頁 153。
〔註181〕 「浦實」日語發音「烏拉密」，意為「怨」、「恨」。引自許素蘭著《給大地寫家書——李喬》（台北市：典藏藝術家庭，2008 年 12 月初版），頁 150。
〔註182〕 许素蘭著《給大地寫家書——李喬》（台北市：典藏藝術家庭，2008 年 12 月初版），頁 153。
〔註183〕 〈戲謔的笑顏，沉重的生命——觀點、後設的重構〉收錄於《想像的壯遊——十場台灣當代小說的心靈饗宴 2：國立台灣文學館・第四季週末文學對談》，台南市：國立台灣文學館，2007 年 12 月初版一刷，頁 206。
〔註184〕 〈戲謔的笑顏，沉重的生命——觀點、後設的重構〉收錄於《想像的壯遊——十場台灣當代小說的心靈饗宴 2：國立台灣文學館・第四季週末文學對談》，台南市：國立台灣文學館，2007 年 12 月初版一刷，頁 206。

## 第五節　作爲一種行動的文學

### 一、從檢討台灣的醜陋面到建立文化觀

　　從文學到歷史再到文化觀的建立，李喬的思想歸結最終回到文化層面。那是人的最根本，回到最根本中去找尋一條台灣可以脫出「被殖民」、「孤兒情節」等的悲情道路，「勇敢地站起來，以自己的力量開創美麗光明的前途」〔註185〕。李喬採取先破而立的建立過程，於 1986 年 12 月《台灣人的醜陋面》開始在《台灣新文化》雜誌連載，直到 1988 年 6 月才以單行本出版。《台灣人的醜陋面》是以「我，是台灣人」爲主要意識出發，檢討台灣人根本的本性缺點的書，要先面對自己的錯誤和缺失，然後才能對症下藥，要台灣人「裸裎自己，剖心開肝」的來檢討自己，才能徹底清除病根，全書共分九章，一到八章分別是「自甘做長不大的孤兒」、「欠缺宗教情操，信奉『賄賂一貫教』」、「台灣人太多『鷄棲王』」、「有腦無漿健忘症，悲劇布偶死生由人」、「輕輕采采，不求精緻」、「殘酷自私，不具現代人德性」、「行業道德淪喪，欠缺可大可久的胸襟眼光」、「自大的福佬人，自卑的客家人，自棄的原住民」，最後提出「創造尊重生命的台灣新文化」〔註186〕，李喬以最直接的行文方式書寫，詳盡深入的直指台灣人諸多的「醜陋面」，「也許這些文字的指述，會使大家十二分難堪，但是不認清自己的病症，又何能對症下藥，恢復健康」〔註187〕，這是李喬第一本以「台灣人」爲主體出發的文化論述專書，之後 1989 年出版《臺灣運動的文化困局與轉機》、1992 年《台灣文化造型》、2000年《文化心燈：李喬文化評論選粹》、2001 年《文化・台灣文化・新國家》、2007 年《李喬文學文化論集》、2010 年《我的心靈簡史——文化台獨筆記》等書，其中，《文化・台灣文化・新國家》一書，對於文化之說，有較具體的實踐方法，是一本「文化行動哲學的實踐論」，李喬在本書中亦已提出「文化台獨論」的想法，可見他致力於台灣文化論體系的建構思想已漸漸成熟，而 2010 年 12 月出版的《我的心靈簡史——文化台獨筆記》一書，正是其成熟思想的總和。

---

〔註185〕李喬：《台灣人的醜陋面》（臺北市：前衛出版社，1988 年），頁 27。
〔註186〕李喬：《台灣人的醜陋面》（臺北市：前衛出版社，1988 年），頁 159～201。
〔註187〕李喬：《台灣人的醜陋面》（臺北市：前衛出版社，1988 年），頁 19。

## 二、參與社會運動的過程

　　李喬是一個富含積極行動力的人,「一向是思考快、行動快的人,心裡想做的事,一旦有了想法,即刻就會展開行動,很少拖延」。〔註188〕在 1995 年 10 月出版歷史長篇《埋冤・一九四七・埋冤》之後,心中對於台灣歷史的債似乎已經償還,此時的他,開始以「行動」將嚴肅的文學、文化、思想議題,以大眾更可以接受的方式加以實踐,透過電視媒體,將抽象的想法以影像來傳遞。同是作家好友鄭清文說:

> 小說家李喬一向用心台灣的文學和文化。他有一個新的想法和做法,想把台灣的文學界和演劇界結合起來,他的這個辦法,可以省錢,也可以演出好戲。
>
> 他的方法是說和演分開,同時又結合起來。
>
> 他找出十三部台灣文學作品,分成十三集,一邊演出,一邊叙說。
>
> 演出的部份是文學作品,叙說的部份是作家和作品的背景,包括所寫的時代,以及所要表達的重要意涵。
>
> 李喬的方法是一種嘗試,一方面向觀眾介紹台灣的文學作品,一方面想提高電視節目的水準。
>
> 這個系列的作品叫「文學過家說演劇場」,用客語,在公視播映。〔註189〕

客家電視台的「文學過家說演劇場」只是李喬的其中一個節目。1998 年到 2006 年 12 月前後八年的時間參與的節目,從大愛電視台、公視、到客家電視台,大愛電視台的「大愛客家週刊」;客家電視台的「客家心客家情」、「圓桌五士打嘴鼓」、「非常短評」、「李喬現場」等節目。在「大愛客家週刊」(1998 年～2000 年)「客家傳奇」單元中,以客家傳統思維出發,提出「客家生態學」的觀念,講述客家的諺語、民間故事,其內容包羅萬象,涉及文化、歷史、語言、宗教讓現代人對於客家文化,有更深入的瞭解,不再只是以傳統的刻板觀念去理解客家文化。

　　其中最特別的是「文學過家說演劇場」(1999 年～2002 年),一共播出 26 集,描述 25 位台灣文學作家及一位客籍詩人,「過家」一詞,是指鄰居之間

---

〔註188〕許素蘭著《給大地寫家書——李喬》(台北市:典藏藝術家庭,2008 年 12 月初版),頁 107。

〔註189〕鄭清文:〈說和演——文學和電視的結合〉,《多情與嚴法》(台北市:玉山社,2004 年 5 月),頁 80。

串門子的輕鬆互動，李喬就是以帶輕鬆的說演方式來講演文學作品，例如自己的小說〈泰姆山記〉與鄭清文的〈三腳馬〉都是其中的說演作品，「他堅定地說，我只是當文學影像化為另一種再現、再創作，讓影音，媒體成為推廣台灣文學的手段而已」。〔註190〕這是將文學作品以最快的方式讓觀眾了解接受，當然，這是李喬花了許多心思的節目。「客家心客家情」是以人物訪談為主，因為這個節目，可以知道李喬的好人緣對於推廣客家文化的努力。另外，「圓桌五士打嘴鼓」，主要的特色在於以五種客語的腔調一起在節目中出現，講各地風俗、文化等，展現每一種不同客語腔調與各地特色的風俗。「非常短評」是評論性節目，以討論時事為主。「李喬現場」一共播出 195 集，每集 30分鐘，其中收視排行前 20%者有 38 集，每集有 1～2 位來賓參與討論，討論的議題相當廣泛，包括客家或時事相關議題，性質與「非常短評」相似。在客家電視台以全客語發音，這是電視媒體第一次以全客語播出的節目，在台灣電視史上相當特別。

　　李喬就是這樣一個積極、有行動力的作家，將觸角向外不停的延伸，他不只寫小說、寫歷史、寫評論，他更是活在當下，以行動證明寫作、文化論述不是躲在書房裡的文學而已。

---

〔註190〕劉維瑛：〈坐對幽獨‧情天無恨——專訪李喬〉《文訊》275 期，2008 年 9 月，頁 40。

# 第三章 「反抗」主題的呈現

　　台灣的歷史很特別，從發生於台灣的許多重要歷史事件來看，自日治時代以後，台灣一直是殖民地，日治時期是日本的殖民地，國民黨來台後發生的二二八事件與之後的白色恐怖時期，也是作為一種殖民地。被殖民的位置與殖民者的位置永遠不是對等的，因為位置不對等，所以會被欺負被壓迫，被壓迫的人到達一個再也無法忍受的情況下，他們會反抗，因為腳下踩的土地是自己的，怎麼能夠甘心踩在自己的土地上，卻要聽別人的，受到別人的控制，但是，拿什麼來反抗，李喬筆下的創作，充滿反抗意識，以不同的方式反抗，不同形式的反抗變奏，是不是都能把反抗者帶向美好，是不是都能幫助主角從困頓中脫出，從反抗自己到反抗外在，李喬的一生幾乎都在力行「反抗」，從小的生命困頓經驗，不僅讓他走上「極度悲觀」的道路，也讓他從小不停的與自我和外在對抗，反抗和悲觀，都變成李喬生命的根本，不僅是自身個人的，他還要幫弱勢的人發聲，反抗那些為了自己的利益，不擇手段奪取別人自由的人，這是《藍彩霞的春天》寫作的基本思想，所以，李喬不只為了自己而反抗，他還要幫弱勢的人反抗，最後他還要號召大家一起來反抗，他說：「在此再一次以虔敬的心懷，向我親愛的同胞訴說一次：反抗，是人的至高美德，人的尊嚴唯有從反抗中獲得。台灣人：起來反抗吧！」〔註1〕這是李喬「反抗」最終的目的地，而他拿什麼來反抗，就是台灣獨特的文化，而李喬所謂台灣獨特的「台灣文化」，將在「台灣主體性的建構」中討論。

---

〔註 1〕李喬：〈反抗是最高美德——「反抗哲學」簡說〉，《台灣文化造型》（台北市：前衛出版社，1992 年 12 月》，頁 316。

## 第一節　李喬的反抗意識

　　「反抗」是李喬創作中非常重要的主題，曾自言其「反抗」觀念是早已根植於生命之中，源自於從小的生命經驗，由童年的經驗造成的絕對悲觀主義者的性格，不出來反抗只有慢慢步向死亡一途，所以當然要反抗，而李喬的「反抗哲學」思想的產生、演變與步向成熟，已內化成為個人生命與小說創作的基調。

　　對於「反抗」一詞的界定，李喬開宗明義說「反抗先於存在」，很明顯的這是借由存在主義思想而發想的詞，由這句話字面上意義來分析，李喬似乎想表達的是，用反抗來證明存在，也就是反抗與存在是相互結合的，失去任何一方，則另一方無法顯現它的意義，所以人存在於這世界上，如果將反抗抽離出來，那麼人便無法證明自身的「存在」；「反抗」本已在，人與之相互結合之後便顯現人之所以為人的本質，所以「人因反抗而存在為人」〔註2〕。

　　為了更清楚表達自己的反抗思想，李喬進一步的說明的「反抗」與「反叛」之間的不同：

> 「反叛」是以「被叛者」為主體而有違逆、抗拒或脫離的意念、事況或狀態；「反抗」則違逆抗拒或脫離被抗者這一方，為取得主體性生存、存在，所生、所形成的意念、事況或狀態；「反抗」可能害及「被叛者」的存在；「反抗」則取得主體性生存，存在即可。「反叛」往往是非持續性的；「反抗」則意味著永遠持續中。一般說來，「反叛」的形式與手段比「反抗」簡單，意義簡淺。〔註3〕

此段話的說明，李喬其實已經指出他反抗最終的目的——反抗是為了取得主體的生存與存在。而「『反叛』的形式與手段比『反抗』簡單，意義簡淺」，原因在於反抗是有意識與意義的，一種自覺性的發生，且是以取得主體的獨立性為依歸，經由取得獨立性來證明個體的存在，否則，永遠只是一個邊緣「他者」，「自我」的主體性無法顯現，這與他的生命經驗可以相互印證，李喬常拿自身的經驗來作比喻：

> 我來自抗日家庭，我從小生活便非常艱辛，時常受到屈辱，我非常

---

〔註2〕李喬：〈反抗哲學〉，《文化・臺灣文化・新國家》（高雄市：春暉出版社，2001年3月），頁271。

〔註3〕李喬：〈反抗哲學〉，《文化・臺灣文化・新國家》（高雄市：春暉出版社，2001年3月），頁267。

討厭台奸，我是受著台奸的欺負長大的；走在路上某某人看到我會
說：「這是李某某的兒子。」然後就一拳打過來，我是一個被別人隨
便打長大的。後來我進一步理解生命的無奈，生命必然的死亡，我
自棄也是一條命，我反抗也是一條命，那我為什麼不反抗？這個基
礎上，我會把它變成一種反抗的觀念，其實我的心底裡面早就有了
反抗的觀念。把反抗的觀念提升成一種哲學的理念，我用太空力的
結構到原子的結構〔註4〕，到人間社會的關係以及個人本身因為生
存而必須做的抵抗把它連成一條線，成為反抗哲學。假如有人要談
我的話，反抗哲學是必須觸及的。〔註5〕

李喬反抗思想的提出與深化，他從兒時的生命經驗中就已經有所感受，從幼
時起，就感受生命中就是不斷的和自己對抗，和環境對抗，學習以各種不同
的方式反抗，讓自己可以繼續活下去，藉由反抗得以證明個體的存在，從個
體自身的反抗到個體面對外在環境不得已的反抗，證明「人因反抗而存在」
的獨特見解。

李喬進一步證明「存在界即一個廣大的反抗結構」，這是前面由個體出發
的點，擴大到以面的存在界來討論。他以亞當與上帝、耶穌反對羅馬人統治
南巴勒斯坦、斯巴達克斯反羅馬帝國等例子來說明「反抗結構」說，這其中
要先釐清的是，以上這些例子中的主角，他們所扮演的是「反抗者」或是「反
叛者」的角色，李喬提出其中的判別根據，以亞當反叛上帝之例來說，「亞當
違逆、抗拒上帝的意旨時有無自主性意識？有無主體性存在覺悟？是否為不
受拘束，自求發展而產生的？」〔註6〕這樣的「反抗者」形象，其實就是《藍
彩霞的春天》中的「藍彩霞」，《噍吧哖事件》中的余清芳，《寒夜》中的「彭
阿強」，《荒村》裡的「劉阿漢」、「劉明鼎」，這些人物在文本中所表現的反抗，
何嘗不是一種「自覺性」，一種對於「主體性存在的覺悟」。

在強調反抗當中主體性的存在之後，李喬以物理學中「力的平衡」關係

〔註4〕 「太空力的結構到原子的結構」的說法，須參考李喬的另一篇關於「反抗」
的文章。李喬〈反抗哲學〉，引自於李喬：《文化、臺灣文化、新國家》（高雄
市：春暉出版社，2001年3月初版），頁267～277。
〔註5〕 〈戲謔的笑顏，沉重的生命——觀點、後設的重構〉引自於《想像的壯遊——
十場台灣當代小說的心靈饗宴2：國立台灣文學館·第四季週末文學對談》，
台南市：國立台灣文學館，2007年12月初版一刷，頁213～214。
〔註6〕 李喬：〈反抗哲學〉，《文化·臺灣文化·新國家》（高雄市：春暉出版社，2001
年3月），頁268。

來說明「反抗者」與「被反抗者」之間的關係位置。物理學當中「力的平衡」強調的是一種「物體同時受到兩個大小相同、方向相反的力作用，仍能靜止不動、保持平衡」的現象，而此所指的「物體」，就是李喬所言的「反抗者」與「被反抗者」。李喬提出的「反抗結構」特點共有八點，其中強調的是：

1. 「被反抗者」的發生學特性。

2. 「反抗」之於「反叛」的優越性。

3. 「反抗」構成的條件：a、「反抗者」與「被反抗者」間是「力」的關係；b、「反抗者」與「被反抗者」必須身處同一時空脈絡；c、「反抗者」與「被反抗者」間需有「物理距離」或「心理距離」。

4. 「反抗」是動態性存在的。

5. 「反抗者」與「被反抗者」間對抗關係的媒介本身無意義。

6. 「力」與「距離」在「反抗」關係中的必要性。

7. 「反抗」是層層節制的動態及有機性結構組織。

8. 存在界就是一廣大的「反抗」結構。〔註7〕

透過上述的簡要說明，可以知道李喬要強調的是「反抗者」與「被反抗者」必須處於同一個時空之下；兩者之間要有距離，有距離的反抗才能是動態性的，「反抗」也才賦以意義，而人所存在的廣大世界宇宙就是一個反抗的結構。

李喬為了證明「人因反抗而存在」，藉海德格（MartinHeidegger）的「本體論」想法，進一步的闡述自己的「反抗哲學」，要推論「反抗是存在的條件」或「反抗先於存在」，將「反抗哲學」擴大到一切存在界，「反抗」作為一種存在的本體，是一切存有的基礎，這是本體與身俱來的本能反應，也就是說「人因反抗而存在為人」，如果人要生存，就必須在存有中維持一個平衡點，為了維持平衡就必須反抗，「反抗」是唯一可以不被「虛無」吞噬的方法，李喬有以下的說明：

> 我們人一「存在」就在「反抗」狀態中。我們在抵抗高溫低溫中增加了軀體的耐力；抵抗病變菌毒而產生抗原；增強免疫系統（免疫系統是生命中反抗本能的標幟），也增進了病理藥理的智能。人生而

---

〔註7〕林開忠、李舒中：〈李喬「反抗」論述的探索──兼論台灣的殖民性問題〉，《李喬的文學與文化論述：第五屆臺灣文化國際學術研討會論文集》（臺北市：師大臺文所，2007年12月），頁504。

　　　有軀體，有種種需要，而我們反抗懦弱、反抗恐懼、反抗誘惑，也
　　　反抗墮落。人因而淬勵品格，從動物性存在逐漸揚升為「人格」而
　　　往神聖進展。一個不能「反抗」的生命，很難證明「生的存在」，馬
　　　上會被「虛無」吞噬的。

生命是在一種穩定中誕生，而要繼續維持生命，人自然而然就會有各種的反
抗出現，所以反抗是人的本性之一，是自然存在的，是不需要再去學習的本
能，也說「『逃避是不可能的』，所以不反抗也不可能，除非選擇『不存在』」
〔註8〕，這是以「反抗」作為實踐本體的形上哲學。

　　最後，將「反抗哲學」落實到人所存在的社會關係中來說明，藉由以存
在論與本體論出發的反抗理念，與社會中具有政治意涵相互結合，「政府與人
民間，也是一種力量均衡的關係（也是一對應反抗狀態）」〔註9〕，呈現其含
有主體意義的概念，這時，反抗作為一種政治實踐、追尋主體性的理念基礎，
並將這樣的反抗行動，指向「莊嚴高貴」，落實在人的反抗意念與行動上，李
喬也提出思考的例證：

　　一、宗教形式：宗教的活動一方面顯示其痛苦，另方面是強化精神
　　　　力而抵抗痛苦。（例如基督教）。

　　二、各種藝術創造：生命中的反抗本質，在此化為「藝術的原創力」，
　　　　於是撞擊生命，撕裂形式，使生命重新奔騰，再造新鮮形式，
　　　　那就是藝術創造的奧秘。藝術創造，正是生命反抗僵化枯萎的
　　　　一種形式。（例如台灣作家賴和、呂赫若、楊逵、吳濁流、楊華
　　　　等寫下反抗意識情強烈的作品，算是表達了台灣人的心聲。）

　　三、自殺：自殺正是對生命之荒謬性的最勇猛的反抗。（例如鄭南
　　　　榕）。

　　四、正面直接的爭鬥與沉默拒絕的反抗：這種行為正是人類保有尊
　　　　嚴所不可或缺的。〔註10〕

　　李喬的「反抗哲學」是一套完整的思想。反抗須有對象，不論這個對象

---

〔註8〕 李喬：〈反抗哲學〉，《文化‧臺灣文化‧新國家》（高雄市：春暉出版社，2001
　　　年3月），頁273。

〔註9〕 李喬：〈反抗哲學〉，《文化‧臺灣文化‧新國家》（高雄市：春暉出版社，2001
　　　年3月），頁274。

〔註10〕李喬：〈反抗哲學〉，《文化‧臺灣文化‧新國家》（高雄市：春暉出版社，2001
　　　年3月），頁274～276。

是自己或是他人，作者曾經以人體對抗外在環境的溫度作比喻〔註11〕，人生活有任何適合的外在環境，當「適合」被打破時，人被迫存在一個不愉快的狀態下，人的本能於是展現，反抗外在不適合環境，用各種方法讓自己回到一個愉快的狀態，這也是作者強調的「『反抗』則意味著永遠持續中」的主張。

「反抗」之於台灣有更深一層的意義。「台灣人面對外來統治者的『三年一小亂，五年一大亂』，正是反抗強度頻率的最好寫照」〔註12〕。因此，「『反抗哲學』是台灣人心理建設的理論基礎」，「今後要以『反抗』來證明我們是台灣人。反抗崩頹瓦解的文化，自由幸福就是我們台灣人的了」〔註13〕。就像卡謬（Albert Camus）的《薛西弗斯的神話》（The Myth of Sisyphus），當人從主體性出發時，反抗就是從舉起巨石開始。

在此，「反抗哲學」從李喬自身出發，到以物理學來證明，進而擴及整個宇宙的空間存在，這是李喬經過自己的生命經驗，加上宗教洗禮，與思想西方哲學理論的結果，「反抗理論」變成一種哲學思想，但我們看到的是，最終，還是回到對於台灣這一塊土地的思考，不只是對於台灣主體的思索，其中還包含台灣的社會、文化，甚至從個人、弱勢族群出發，但是，不管是如何的題材，終究以台灣的人事為主題，是一個完整的思考過程，而他也將這樣的思考，在小說創作中實踐。

## 第二節　從生命根本型塑的反抗

### 一、對生命苦難的不屈服

「痛苦」是李喬作品呈現的基礎概念之一。是受到個人自身的生命經歷影響所致：

> 我的小說處理的是我的內在世界，我的東西幾乎是赤裸裸的呈現出來，至於為什麼掌握痛苦，就回到了我這個人，因為作品是作家產生

---

〔註11〕 本論文附錄 2011 年 7 月 3 日星期六與李喬的訪談。

〔註12〕 李喬：〈反抗哲學〉，《文化‧臺灣文化‧新國家》（高雄市：春暉出版社，2001 年 3 月），頁 275。

〔註13〕 李喬：〈反抗哲學〉，《文化‧臺灣文化‧新國家》（高雄市：春暉出版社，2001 年 3 月），頁 277。

的，作家是作品的母體，怎麼樣的作家就產生怎麼樣的作品。〔註14〕
從小體弱多病的李喬，他「經常開玩笑，除了癌症和婦人病以外，我什麼病
都生過了，好幾次會死而沒有死掉。貧窮多病是我的第一個經驗」〔註15〕，
在五、六歲時，又面臨他最愛的大妹死去，在還不知死亡的年紀，他曾回憶
當時面對死亡情況：「那一段時間，我心裡面想：這個就是死亡嗎？我的第一
個感覺是：死亡就是冷的。」〔註16〕兒時的生命經歷，讓李喬認為生命本身
就是痛苦的，動是生命的開始，也是痛苦的形式，「在骨子裡面那種不可改變
的生命本身的一種根本的悲劇的抗體，我想這在很小很小的時候就深深種在
我的心魂裡面」〔註17〕。

論者葉石濤先生曾精闢的提出李喬創作中關於「痛苦」的主調：

> 以李喬的觀點而言，這世界是一個廣大的大苦網；這大苦網是各種
> 痛苦所織成的，這些痛苦有的來自內心世界，有的來自外在世界，
> 人一生下來就註定被這大苦網所捕獲，不管你用什麼方法也脫不了
> 這大苦網的桎梏。〔註18〕

在面對人生苦難，思考人生意義的同時，將自身的「絕對悲觀」轉換成「積
極的人生態度」，這個轉換的關鍵在於作者自身「不甘願、出頭天」〔註19〕
的想法，不甘於被困在生命無奈中的李喬，發展出一套自己的「反抗哲
學」，把「個人本身因為生存而必須做的抵抗把它連成一條線，成為反抗

---

〔註14〕〈戲謔的笑顏，沉重的生命——觀點、後設的重構〉引自於《想像的壯遊——
　　　　十場台灣當代小說的心靈饗宴2：國立台灣文學館‧第四季週末文學對談》，
　　　　台南市：國立台灣文學館，2007年12月初版一刷，頁212。

〔註15〕莊紫蓉專訪李喬，引自網路資料：http://www.twcenter.org.tw/b01/b01_7203_1.
　　　　htm。上網日期：2008年9月2日。

〔註16〕莊紫蓉專訪李喬，引自網路資料：http://www.twcenter.org.tw/b01/b01_7203_1.
　　　　htm。上網日期：2008年9月2日。

〔註17〕〈戲謔的笑顏，沉重的生命——觀點、後設的重構〉引自於《想像的壯遊——
　　　　十場台灣當代小說的心靈饗宴2：國立台灣文學館‧第四季週末文學對談》，
　　　　台南市：國立台灣文學館，2007年12月初版一刷，頁214。

〔註18〕葉石濤〈論李喬小說裡的「佛教意識」〉，引自於許素蘭編《認識李喬》（苗栗：
　　　　苗栗縣立文化中心，1993），頁19。

〔註19〕在與紀俊龍先生的對談中提到，基督教黃彰輝牧師在神學上提出「不甘願、
　　　　出頭天的神學」想法，並指出這個觀點對於他的重要性。〈戲謔的笑顏，沉重
　　　　的生命——觀點、後設的重構〉引自於《想像的壯遊——十場台灣當代小說
　　　　的心靈饗宴2：國立台灣文學館‧第四季週末文學對談》，台南市：國立台灣
　　　　文學館，2007年12月初版一刷，頁213。

哲學」〔註 20〕，在小說文本中可以清楚看到李喬以各種方式表達他的反抗哲學，不論是經由凸顯人生根本的問題，如〈蜘蛛〉一文中所表達關於性的矛盾，或藉由反抗探討人的存在問題，人因反抗而存在，如《寒夜》中的阿漢，在蕃仔林裡，多的是這樣遭受苦難的人，他們受著身體和精神的巨大苦難，是作者根於生命原始的悲觀本質，透過自身遭遇的不幸經驗，繪出悲苦人世的縮圖，蕃仔林系列的書寫，是李喬早期的作品，以悲情的筆畫出最悲情的縮影，就是蕃仔林呈現的苦難大地。

以「反抗」證明自己的存在，李喬的「反抗」已經昇華成一種抽象的哲學思想，是以「反抗」的具體表現，讓自己與作品中的人物都得到解脫，一種透過「反抗」來自我救贖的連結，在作品中顯現。

在李喬龐大的文字創作中，由各種痛苦編織而成一個巨大的苦網，「苦難」是李喬作品的創作基礎，進入「蕃仔林」的世界，就是進入李喬所構築的巨大苦網中，是了解作者創作之初的心靈系譜。

鍾肇政曾言：「非哭過長夜的人，不足以語人生；在那接受、凝視與發掘苦難的過程中，李喬不僅領略了人生的況味，而且對人性的醜惡鄙劣也有了更深一層的體會。」〔註 21〕「人」最沉重難以卸下的苦難自是來於生命最深層的本質。李喬來自抗日家庭，因為父親的身分問題〔註 22〕，從小就受到其他人的污辱，所以從小生活就過的非常辛苦，當閱讀到以寫實筆法記錄自傳式的片段文字時，李喬心中那道被深挖的傷口，竟是如此怵目驚心，如在〈阿妹伯〉一文中，描寫他在飢寒與被污辱中度過，文中主角「我」是李喬兒時的化身，以一個有些懂事卻還有些懵懂的孩子形象為敘述視角，「我」的父親被貼了「抗日志士」的標籤，在「我」兒時的印象中，「對於父親，在我十二歲以前，只是個模糊的影子。因為光復以前，他被關在監獄的時間，好像比在家裡多」〔註 23〕，

〔註 20〕〈戲謔的笑顏，沉重的生命——觀點、後設的重構〉引自於《想像的壯遊——十場台灣當代小說的心靈饗宴 2：國立台灣文學館・第四季週末文學對談》，台南市：國立台灣文學館，2007 年 12 月初版一刷，頁 214。

〔註 21〕李喬《戀歌》書前序，（臺北市：水牛出版社，1968 年）。

〔註 22〕作者不只一次在文章中提到記憶中的父親形象，如在〈阿妹伯〉一文中提到：「我們住在苗栗山地，一個叫做「蕃仔林」的地方，那是日本府給限定的住所；如果父親要離開指定的行動範圍，就得事先報告。」李喬：〈阿妹伯〉，引自於《李喬短篇小說全集》第 1 卷（苗栗：苗栗縣立文化基金會，中華民國 89 年 1 月），頁 68。

〔註 23〕李喬：〈阿妹伯〉，引自於《李喬短篇小說全集》第 1 卷（苗栗：苗栗縣立文

也因此被限定了居住的地方，因此「我」一家人，被迫生活於植滿杉樹林的貧瘠山地中，只能在「山園裡挖地種地瓜、種花生」〔註24〕，雖然在懵懂無知的年紀，對於自身所處的險惡環境，以及圍繞在他周圍的貧窮悲苦的人們，這些人事物卻是悄悄的生根於「我」的心中，這樣的苦難之情，變成「我」悲觀的生命基調，是回憶自己悲苦童年與憐憫眾生的真實縮影。

## 二、捍衛土地的反抗

蕃仔林是李喬兒時的居住地。他筆下所描寫的蕃仔林，是一個被上帝遺忘的苦難大地，蕃仔林的故事，記錄李喬童年的生活，是他「生長小山村的一群愚昧可憐而善良百姓的淚痕笑影；有苦難一生的雙親的聲咳容音。那是異族統治下陰影裏的生活貌，一個小小的取樣。」〔註25〕以此呈現日治末期，當時飽受身體與精神欺凌真實人民的生活，雖然小說中的情節有虛有實，作者以寫實的筆法，寫出至極的人間苦難，若不是透過李喬的筆，如何能感受曾經有一個被遺忘的苦難之地，李喬不像一般人透過自己的筆，創作心中的烏托邦淨土，他寫下的是被人間之愛徹底遺忘的一個地方，一群無法掙脫苦難之網的人們，他們的生活，有一般人難以想像的貧窮與生活方式，失去丈夫後發瘋的「福興嫂」，總是提著褲頭流著兩條鼻涕的「安仔」，回不去唐山老家孤苦寡人的「鹹菜婆」，這些都是蕃仔林這片苦難大地的代表人物。

〈山女〉一文描寫鹹菜婆出發向家住在蕃仔林最頂端「鵠婆嘴」的阿春，要回半年前她老公阿槐跟她借的白米。在到達阿春家之後，眼前所見到的阿春的情況，讓鹹菜婆不再堅持要回已借出的那兩碗白米。阿春和女兒春枝兩人共穿一條褲子，十幾歲的女孩春枝竟然沒穿褲子在山林間跑來跑去，原因竟然是太過貧窮，連過最基本的生活條件都沒有，沒有可以煮飯的基本設備，只能以生蕃薯果腹，沒有實用鹽，以「鹽膚木」代替鹽巴，這是世上最困苦的人生寫照，若不是面臨如此巨大的苦難境界，怎麼可以寫書如此真實的景象呢。

「鹹菜婆」是李喬筆下零丁孤苦的代表人物之一。〈鹹菜婆〉一文中，以作者的化身「我」為視角，透過我的眼睛來描寫「鹹菜婆」的形象：

化基金會，中華民國89年1月），頁68。

〔註24〕李喬：〈阿妹伯〉，引自於《李喬短篇小說全集》第1卷（苗栗：苗栗縣立文化基金會，中華民國89年1月），頁68。

〔註25〕李喬《山女——蕃仔林故事集》書前序，（台北市，晚蟬書店，1970年1月30日）。

鹹菜婆的樣子，比她的房子更怪：她，矮矮瘦瘦地，兩腳向裏彎，
像我們玩的小箭弓兒，兩隻相對著放；那雙手乾乾的，我用手去摸
它，那層黃皮和凸起的筋，軟軟地，滑來滑去，裏面的骨頭卻很硬；
她的臉，除黑暗的兩個鼻孔外，眼睛、嘴都嵌在又密又深的皺紋裏。
她一年到頭，老是一件黑布衫兒；頭上，裹一塊脫毛的藍絨布。有
一次，我強把她的頭布解開，原來那灰白的頭髮，祇稀稀長一圈兒，
中間沒有一根毛，露出紅肉。〔註26〕

這是苦難人物的形象，就連與家人團聚的單純心願都無法實現，這樣的心願
只能深埋於「鹹菜婆」心裡，「家」本是人活在世上最基本享有的名詞，沒有
任何人一生下來就註定孤獨。

蕃仔林的人生活在備受欺凌，沒有人權的世界中，在貧苦的環境中，還
要承受來自人為壓迫的精神壓力，在〈竹蛤蛙〉一文中，「我」一家人受到老
闆陳和與湯德兩人的欺負，「我」的妹妹阿娟，更是看到這兩個人就「一定馬
上止住哭，把頭埋在媽懷裡，或躲到床角蓋上被子」〔註27〕，孩子的情感總
是最真實的呈現，透過「我」聽到母親與湯德的對話，表現強權對於蕃仔林
人的欺凌：

「今年的造林，只活六成，怎麼交代？」
「這……今年沒有雨水……」
「你們可以挑水澆呀！」
「山溪水，大都乾了……」
「這我們不管！」他站起來：「明春，十五甲地要全種完，枯死的，
也都得補上！」
「是。我們一定盡力……」
「管你盡力不盡力？沒完成就照契約辦！」
「是……」
「呵！把地租給這種問題人物，正是瞎了眼！」〔註28〕

不可抗拒的天災，在番仔林裡，是需要貧困的人來承擔，這樣不公平的世界，

---

〔註26〕李喬：〈鹹菜婆〉，引自於《李喬短篇小說全集》第 3 卷（苗栗：苗栗縣立文
化基金會，中華民國 89 年 1 月），頁 214。
〔註27〕李喬：〈竹蛤蛙〉，引自於《李喬短篇小說全集》第 5 卷（苗栗：苗栗縣立文
化基金會，中華民國 89 年 1 月），頁 111。
〔註28〕李喬：〈竹蛤蛙〉，引自於《李喬短篇小說全集》第 5 卷（苗栗：苗栗縣立文
化基金會，中華民國 89 年 1 月），頁 111。

真實的在李喬筆下呈現，有權者仗著自己的權利，欺壓貧苦的人，不論是在生活上或是言語上，每個月極少的配給米，總是在頭家來時煮給他們吃了，令人難以想像的真實世界，若不是被上天徹底遺忘，如何解釋這承受人世間最痛苦的地方呢？

〈呵呵，好嘛！〉是蕃仔林中主導陰陽兩界的阿火仙的故事。「呵呵，好嘛」是阿火仙的口頭禪，也是個性的寫照：

> 阿火仙誠然被蕃仔林的人目為怪人，卻也受著同樣份量的尊重。因
> 為他正直公正，有什麼說什麼；對甲長大人也好，對巡察大人也好，
> 他總是半真半假，笑罵自如裝瘋作傻，沒誰奈何得了他。〔註29〕

他以這樣「半真半假」「裝瘋作傻」的個性活在充滿苦難的蕃仔林，這是他的生存之道，或許唯有以這樣的態貌，才有資格為死去的人安排最後一程。這次他替喝下魚藤毒水的春枝安排後事，他知道春枝自殺的真相，但卻無力幫春枝申冤，春枝背負與生俱來的生世苦難，可能已經客死他鄉的父親阿槐，癡傻的母親阿春，以及什麼都不懂的弟弟阿煥，十三四歲的青春年華，就這樣蒙受不白的欺侮而自殺，苦難的人自我終結生命，是一種自我救贖，也是解脫，但活在世上的人卻要繼續承受苦痛：

> 他感到自己孤單又虛弱。滔滔苦海一葉小舟，攘攘人世無一同心，
> 誰能分擔心中幽憤悲苦？誰能手挽狂瀾救蕃仔林這一方小民？
> 這是突如其來的無形重壓，壓得周身血液全往頭蓋衝去；於是一股
> 奇癢奇熱直注眼眶，淚水就像山泉一樣而下；淚水注滿橫直的皺溝
> 紋槽裡，又再溢出來。〔註30〕

這是阿火仙真實情感的流露，他哭一生苦難的春枝，他哭要繼續接受苦難的蕃仔林所有的人，他哭這樣的苦難似乎沒有終止的一天。

「蕃仔林裡，好像人越來越少啦！為什麼年紀不太老的，年輕的，都一個個走呢？走了就沒回來！不，回來的都是裝在白木箱裡……我真怕，有一天，全蕃仔林只剩下騷嬤、安仔和「吉比」這幾個。當然，那時候我們這群小鬼也一定不在了。唔。我好寂寞，好傷心……」〔註31〕蕃仔林多的是孤苦、

---

〔註29〕李喬：〈呵呵，好嘛！〉，引自於《李喬短篇小說全集》第 5 卷（苗栗：苗栗
　　　　縣立文化基金會，中華民國 89 年 1 月），頁 155。

〔註30〕李喬：〈呵呵，好嘛！〉，引自於《李喬短篇小說全集》第 5 卷（苗栗：苗栗
　　　　縣立文化基金會，中華民國 89 年 1 月），頁 162。

〔註31〕李喬：〈蕃仔林的故事〉，引自於《李喬短篇小說全集》第 5 卷（苗栗：苗栗

身體傷殘的老弱婦孺。〈蕃仔林的故事〉一文，以福興嫂（因爲丈夫的死而變得精神異常）和安仔（蕃仔林癡傻的代表人物之一）挖掘死豬肉的驚人場景爲全文主軸：

> 「我，我，妳給弄一塊……」安仔説。
>
> 「我看算了！好像已經生蟲，又這麽臭。不要了。」
>
> 騷嫂在吐口水。
>
> 「不，不！我，我想吃豬肉……」
>
> 「唉，是啊！我也饞得要死！不弄點，眞可惜……」
>
> 他們談了半天，臭味越來越厲害。我悄悄站起來。哈！他們把豬頭
>
> 挖出來啦！不，零零碎碎的一條死豬，全弄上來了。〔註32〕

眞的難以想像人世間竟上演如此令人怵目驚心的情節，若不是處於一種絕境，如何成就這樣的故事場景，「零零碎碎」不完整的死豬肉，在蕃仔林中，竟成爲村人與動物搶食的「食物」，這樣殘忍的情節，是一種絕對苦難的生活寫照，上天從未眷顧過蕃仔林這一塊荒地。

「哭聲」是蕃仔林的另一個象徵。〈哭聲〉一文描寫的是蕃仔林盡頭「鷯婆嘴」的傳說，傳出哭聲的傳說，讓鷯婆嘴更加蒙上一層神秘的面紗：

> 每個晴朗的黃昏，最後一道夕陽盤旋在鷯婆嘴的片刻間，還有月色
>
> 美好的晚上，從那高山頂巔上，有時會飄下一縷幽忽淒厲而哀切的
>
> 哭聲……〔註33〕

阿福和阿青是兩個即將到南洋「送死」的年輕人，既然都快要死了，所以兩人決定到「鷯婆嘴」一探究竟，尋找神秘哭聲的解答，「哭聲」代表蕃仔林這一方悲苦大地，也像阿福與阿青即使解開神祕之謎，亦難逃到南洋死神之手，

悲苦人間蕃仔林，在承受極大苦難的人們，他們沒有被打倒，他們相濡以沫的用自身僅存的憐憫與寬容將彼此緊緊的繫在一起，鹹菜婆下定決心出發去跟阿春要那半年前借出的兩碗米，但當他知道阿春家沒有「自來火」，只以生蕃薯果腹，以舔舐「鹽膚木」來替代鹽，媽媽阿春與女兒春枝兩人同穿一條褲子時，她放棄了要那兩碗白米的念頭，發自內心的悲憫提醒癡傻的阿

縣立文化基金會，中華民國 89 年 1 月），頁 202。

〔註32〕李喬：〈蕃仔林的故事〉，引自於《李喬短篇小説全集》第 5 卷（苗栗：苗栗縣立文化基金會，中華民國 89 年 1 月），頁 199。

〔註33〕李喬：〈哭聲〉，引自於《李喬短篇小説全集》第 5 卷（苗栗：苗栗縣立文化基金會，中華民國 89 年 1 月），頁 203。

春「要替阿槐把孩子看好」〔註34〕。〈呵呵，好嘛！〉的阿火仙，自身的身體殘缺（教書時因踢學生造成帶跛的腳），因為戰爭而失去的家人與財富，讓他總是以似真似假的態度面對世人，他是「抬死屍、打坑仔的」〔註35〕，阿火仙的背景令人同情，但在他替春枝作法事時，對於春枝的枉死，他起了人性根本的同情之心，「春枝呀春枝，妳有靈有顯，就要回來喲！回到蕃仔林裡，找害死妳的人算帳……」〔註36〕，看似遊戲人間的阿火仙竟流下了眼淚。〈蕃仔林〉故事裡令人驚心的悲憫場景，禿尾狗「吉比」和傻子安仔搶食發臭的死豬肉，在兩相互不分上下時，「騷嬤」福興嫂對著安仔說出「給牠吧！吉比也好可憐……唉……」〔註37〕，「吉比」是比可憐的人更可憐的動物，蕃仔林的人，守住人性本質中最真實的悲憫同情之情，雖然他們無法因此擺脫巨大的人生苦難，但是這樣的他們即便生活在看不見未來，踩在滿是荊棘的土地上，依然可以穩穩的站著，展露了生命的大無畏精神。

李喬創作中裡表現人生苦難另一個重要的主題就是「母親」，從自己的母親這樣的具體形象，到化身為土地的象徵，到抽象的故鄉意識，到代表台灣這塊土地的隱喻，可以看到作者從書寫童年時期的生長地蕃仔林的苦難描繪出發，轉而更加深化人生中會遭遇到的苦難，這是由台灣這塊身分地位特殊的意識出發，人腳下所踩的土地，應該是一種帶給人們真實存在的歸屬感，但是因為台灣經歷許多不同的統治者，每段不同的歷史帶給在這塊土地上生活的人民無所適從，李喬筆下的主角都擁有一顆純真的心，單純的希望擁有一塊自己可以賴以為生的土地，在當時以農業為主的台灣，只有擁有土地，才能種植糧食，有了糧食，人們才可能活下來，但是作者筆下的眾生，這樣的希望卻不容易實現，為了土地，他們將自己暴露在危險中。

《寒夜三部曲》寫的就是「母親的故事」，就是關於台灣這片土地的故事，書中所提到的母親意象，不只是生我肉身的女人意象，而是衍伸為生命、故鄉、大地等更為廣大的象徵意涵。《寒夜三部曲》的第一部《寒夜》寫的

〔註34〕 李喬：〈山女〉，引自於《李喬短篇小說全集》第 5 卷（苗栗：苗栗縣立文化基金會，中華民國 89 年 1 月），頁 106。

〔註35〕 李喬：〈呵呵，好嘛！〉，引自於《李喬短篇小說全集》第 5 卷（苗栗：苗栗縣立文化基金會，中華民國 89 年 1 月），頁 167。

〔註36〕 李喬：〈呵呵，好嘛！〉，引自於《李喬短篇小說全集》第 5 卷（苗栗：苗栗縣立文化基金會，中華民國 89 年 1 月），頁 162。

〔註37〕 李喬：〈蕃仔林的故事〉，引自於《李喬短篇小說全集》第 5 卷（苗栗：苗栗縣立文化基金會，中華民國 89 年 1 月），頁 201。

是一八九五年台灣受日本統治前後的背景，是「一群農民拓土開山的種種」
〔註38〕，也是農民與先住民之間搶奪土地的故事，主題主要表達「土地是人
的根本依靠，而土地也是痛苦的淵源」〔註39〕，以家長彭阿強為代表的彭家
一家人，到離村落很遠的地方開墾，這裡就是蕃仔林，是與先住民居住處的
交接處，為了擁有自己的土地，冒著被先住民砍頭的危險，努力的在蕃仔林
奮鬥生活，是什麼力量，促使彭家人到蕃仔林開墾呢？作者在文中寫到：

> 彭阿強一家，有不得不趕緊冒險硬闖的苦衷：今年四月，臺灣全島
> 發生大水災；苗栗、隘寮腳一帶，開墾二十年以上的水田，十分之
> 七八都給沖失了。善慶伯原先的二十多甲水田，一夜之間化為新河
> 牀；三代幾十年的血汗成果，全付給了不可抗拒的天災。〔註40〕

天災的發生，讓彭家人失去了長工的工作，卻帶來到荒地開墾的契機，是為
了賴以生存的土地，讓彭家人只得冒著生命危險到蕃仔林開墾新的荒地，土
地與人的緊密結合，為了擁有自己的土地，彭家人承受了許多的苦難。

　　初到蕃仔林的彭家一家人，在開墾土地的過程中，遇到許多天災與人禍，
這是土地帶給他們的苦難考驗，文中提到庄民被先住民殺害的情景：

> 舊曆年二十八日，午飯過後，斜風細雨，溫度驟然降低。
> 晚上九時許，南湖隘勇指揮所前，突然傳來一片嘈雜聲。
> ……
> 一群庄民攙扶著一個右臂自肩膀以下一片鮮紅的十歲左右男孩，站
> 在前面。
> ……
> 蘇添松一家和陳家兄弟等三個單身漢，住在南湖庄西南角的「瀝底
> 寮」附近。他們都是老南湖，對於先住民的習性知道最詳，而且擁
> 有兩枝火槍。所以敢離開庄子，在這裏獨居，沒想到在這殘年急景
> 時給砍殺了。〔註41〕

---

〔註38〕李喬《寒夜三部曲——1.寒夜》書前序，（台北縣：遠景出版事業有限公司，
　　　　2001年7月六版），頁1。

〔註39〕李喬《寒夜三部曲——1.寒夜》書前序，（台北縣：遠景出版事業有限公司，
　　　　2001年7月六版），頁1。

〔註40〕李喬《寒夜三部曲——1.寒夜》，（台北縣：遠景出版事業有限公司，2001年7
　　　　月六版），頁15。

〔註41〕李喬《寒夜三部曲——1.寒夜》，（台北縣：遠景出版事業有限公司，2001年7
　　　　月六版），頁62。

面對友人被先住民屠殺的現場，作者以跟隨彭家到蕃仔林開墾的年輕隘勇劉阿漢與黃阿凌兩人的眼睛來描寫這慘不忍睹的情景，「劉阿漢胃碗翻滾著，張嘴想嘔」、「黃阿凌喉頭猛泛鹹味，直吐口水」〔註42〕面對五具男女屍體泡漬在血泊裡，這是到蕃仔林開墾必須面對的痛苦之一，就是與先住民爭奪土地，每個人必須賭上自己的生命，只能義無反顧的奮鬥。

正當與先住民之間的情勢趨緩時，另一個更大的苦難考驗向蕃仔林的人們直撲而來，突然冒出的「墾戶」，將辛苦在蕃仔林開墾的人們頓時推向無底的痛苦深淵，因爲他們的心血盡失，土地也即將變成別人的，自己變成幫別人耕種的佃戶：

> 告訴你：蕃仔林，突然冒出一個「墾户」來啦！那血汗腦袋換來尿坑大小的田園，要平白給人搶走哪！
>
> ……
>
> 在半個月前的一個下午，蕃仔林的人發現，四個陌生人在他們田園上指指點點，還大大方方地用竹篾尺丈量附近的水田山園。
>
> 事情來得突然，而且非同小可，大家不敢做主，趕緊向「村長」許石輝報告。許一聽，紅潤的老臉，竟頓時一片煞白。〔註43〕

原來葉阿添是大湖地區最大的墾戶之一，他將蕃仔林申請爲自己的開墾地之一，蕃仔林本是先住民的土地，包含彭家共八戶至此開墾的人，與先住民口頭上約定讓這八戶人家開墾，沒想到官府卻發給葉阿添此地的「開墾給照」與「給墾契約」，這樣一來，原本開墾的八戶因爲沒有官府所發的相關契約書，變成犯法的濫墾。

爲了可以寄託生命的寸土，彭阿強、許石輝可以隨時捨生捨命，「然而現在要面對掌握百姓生死大權的官廳衙門，他們眞正感到懼怖與無助了」〔註44〕，與葉阿添之間的土地之爭，似乎沒有終了之時，不管蕃仔林的人怎麼努力，合格的墾戶執照始終握在葉阿添的手上，每次的談判總是不歡而散，最後由彭阿強跟葉阿添做最後的談判，然而這場談判卻是蕃仔林眞正寒夜的到來：

〔註42〕李喬《寒夜三部曲——1.寒夜》，（台北縣：遠景出版事業有限公司，2001年7月六版），頁63。

〔註43〕李喬《寒夜三部曲——1.寒夜》，（台北縣：遠景出版事業有限公司，2001年7月六版），頁139～140。

〔註44〕李喬《寒夜三部曲——1.寒夜》，（台北縣：遠景出版事業有限公司，2001年7月六版），頁142。

葉某竟陡然向他劈出一刀:「跟你談吧!」

「哇呀!」蕃仔林庄的人吶喊起來。

阿強伯一閃躲開葉某威嚇的一劈,然後轉身向著蕃仔林莊民,舉起雙手,說:「交給我彭阿強辦,不許誰亂來!」

⋯⋯

啊!幾乎被葉某的刀鋒掃中肚皮。不好,頭暈得越來越厲害了。唔,肚子酸酸的。⋯⋯嗯,蕃薯落肚就不會空蕩蕩的啦,有蕃薯吃真好。可是蕃薯園就要被眼前這個強盜搶走了。⋯⋯這個強盜就是一條最好吃的大蕃薯⋯⋯

⋯⋯

他把大蕃薯摟入懷裏。他不能忍受那牙根的奇癢。他張嘴朝蕃薯的細長部位──脖子咬下去⋯⋯

⋯⋯

「阿添舍死了」〔註45〕

彭阿強咬死葉阿添,是蕃仔林爭地激烈手段的表現,葉阿添是死了,但土地會因此為彭阿強所擁有嗎?李喬的答案其實早已經告訴讀者了,彭阿強死在「吊頸樹」下面,這是整個蕃仔林這塊土地與人們最大的苦難代表。《寒夜》的命名,其實已經預知蕃仔林人們的最終命運,「啊!漫漫寒夜,寒夜漫漫。看哪:一個苦難的時代結束了。另一個苦難的時代於焉開始⋯⋯」〔註46〕然而在彭家與蕃仔林各家與葉阿添之間的土地糾紛未了時,台灣淪為日本的殖民地,蕃仔林的人們想擁有真正屬於自己土地的願望卻越來越遠了。

延續苦難與土地的書寫主題,《寒夜三部曲》系列第二部《荒村》中,以兩條重要主線貫穿全文,一為以蕃仔林的劉阿漢與其子劉明鼎二位為主軸,另一主線是守在蕃仔林的劉阿漢之妻彭燈妹。日治期間書寫年代設定在日本治理台灣約三十年左右開始,也就是約西元一九二五、二六左右,結束年代約於一九三〇年,前後包含約五年的時間,作者在文中幾乎將此時期所有台灣當時發生的歷史事件皆囊括於文本之中,包含二林事件、中壢事件、農民

---

〔註45〕李喬《寒夜三部曲──1.寒夜》,(台北縣:遠景出版事業有限公司,2001年7月六版),頁434～437。

〔註46〕李喬《寒夜三部曲──1.寒夜》,(台北縣:遠景出版事業有限公司,2001年7月六版),頁441。

組合的活動情形、文化協會分裂前後、大湖事件、至一九二九年的二一二大檢肅，中間第二章以倒敘法提到一九〇三年的詹惡事件與一九一三年的羅福星事件。

《荒村》中的苦難書寫，來自於人們被殖民的痛苦，以劉阿漢與劉明鼎父子倆，表達人民的不自由，是當時台灣人民的縮影，用當時具代表性的歷史事件作為貫穿其中的情節素材，作者著重的不是事件的本身而是其所代表的意義，人民承受失去土地（故鄉）在心中的痛苦，腳下雖然踩著真實的土地，但是卻受到他人（日本）統治，造成個體於內心與外在的分裂狀態，這是促使阿漢與明鼎去參加當時反抗日本組織的原因，為的是找回被奪走的治理權，雖然這些組織對當時的統治者而言，或許不足以撼動其強大的統治力量，但阿漢和明鼎所代表的台灣人，他們必須這麼做，才能在自己的內心找到平衡。

文中關於劉明鼎的角色書寫，其活動範圍，已經脫離蕃仔林苗栗新竹一帶，轉而向南部的鳳山參加農民組合活動，父親劉阿漢亦以蕃仔林及附近苗栗為中心，劉阿漢的角色正可以與其妻彭燈妹做一對照，劉阿漢不顧生命危險，積極的參與各種反日組織與活動，但燈妹始終扮演初到蕃仔林開墾時，那種默默守著家園，守著丈夫與孩子的角色，在許多激烈的反抗活動中，以人物表現另一種含蓄與內斂的精神，在這樣一收一放之間，感受到一種平衡感，不是只是歷史事件的顯現，也包含作者欲表現的台灣人獨特的生命樣態。

燈妹內心的痛苦，來自對於家人的守候，擔心丈夫劉阿漢參加抗日組織而讓自己深陷危險當中卻不以為意：

> 盡在不言中。是的。他知道燈妹要說的話，也知道燈妹明白自己的心意。這就夠了。老妻不會阻止他的，因為阻止也沒有用；更何況，老妻心底還是偷偷讚成他吧，祇是擔掛他的安危罷了。
>
> ……
>
> 然而，三十多年時光，就這樣過去了。他，還是活得好好的，祇是苦了老妻，苦了孩子們。〔註47〕

在丈夫堅持為自己理想奮鬥時，做妻子的或許只能像燈妹一樣，默默的在心中支持著丈夫，把家裡打點好，讓丈夫無後顧之憂的朝自己的理想邁進，

---

〔註47〕李喬《寒夜三部曲——2.荒村》，（台北縣：遠景出版事業有限公司，2001年7月五版），頁6～7。

但是當家人身陷危險時，可以不顧一切守護家人，這是典型的台灣婦女的寫照，作者不只創造出一個小說人物，更是寫出台灣婦女的傳統美德，是一個典型的人物代表。

以劉阿漢爲代表，內心的痛苦來自捍衛土地，保護家園，維護生計：

> 現行的水稻小作料，大都在六成到七成之間；頭家這回的要求已經超過八成以上，簡直要把佃農已經吞下去的米糧都給捏出來啦。
>
> 然而，這是不可抗拒的，因爲「租佃契約」定得明明白白：「佃租的存續與否，以及小作料的調整，概由地主決定，」而且這項「權力」，政府給予明文保障。
>
> ……
>
> 「不甘心！就是不甘心！」
>
> 「沒法度！一樣，從來都一樣！」林華木說：「臺灣人，代代都一樣──清朝手上，四腳仔手上，全都一樣，我看，誰來管都一樣。」
>
> ……
>
> 「以後……以後就看我們自己了！」阿漢叔憂鬱地說：「要等掌權的外人自己放手，是不可能的！」〔註48〕

土地問題往往不是單純的使用權問題，而是與統治政權緊密結合，所以劉阿漢的痛苦也是當時台灣人民的痛苦，無法擁有自己的土地，

被作者視爲人生中最重要的一部小說《寒夜三部曲》中，有作者對於萬物生命與土地合而爲一的看法，這是一種對於萬物充滿愛的態度：

> 筆者認爲萬物是一體的。而大地，母親，生命（子嗣）三者正形成了存在界連環無間的象徵。往下看：母親是生命的源頭，而大地是母親的本然；往上看：母親是大地的化身，而生命是母親的再生。生命行程，不全是人意志內的事；個人在根本上，還是宇宙運行的一部分，所以春花秋月，生老病死，都是大道的演化，生命充滿了無奈，但也十分莊嚴悠遠。人有時是那樣孤絕寂寞，但深入看，人還是在濡沫相依中的。〔註49〕

---

〔註48〕 李喬《寒夜三部曲──2.荒村》，（台北縣：遠景出版事業有限公司，2001年7月五版），頁10～11。

〔註49〕 李喬《寒夜三部曲──1.寒夜》書前序，（台北縣：遠景出版事業有限公司，2001年7月六版），頁2。

　　雖然李喬筆下的世界，充滿人世間各種苦難的變形，可以看到在人最深的內心本質中，仍透出一絲微微指引明路的亮光，它是人的心，心中的愛。人類在先天本質中即有反抗的本質，而這樣的本質在人面對險惡環境時會顯現出來，假如在面對苦難時沒有抵抗，則人終將被巨大的環境惡力所吞噬而無法繼續生存。

## 三、對生活困境的抗爭奮鬥

　　在小說作品中，可以看到作者經由處理身邊小人物的貧窮飢餓等生活根本問題，凸顯這些人物悲淒的人生，在這些情節中，可以看見這些遭受生命痛苦的人們，如何以自身卑微的力量進行反抗，以深植於人性本質中的反抗因子，透過書寫人生根本問題，用堅強的自尊心來表達反抗，作者將自己悲憫的心暴露其中，因為我們看到在這些人物身上，不管是對於自身內在或是外在的反抗，皆顯現人終將朝向讓自己可以活得更自在的路途前進。

　　〈賣藥的人〉以卑微不受尊重的工作，來抵抗生活遭受的困境。故事一開始，以主角「我」全身掛著藥箱子與貼滿藥品廣告單的特殊裝扮出場，在頂著大太陽的熱天裡，隨時與內心中的「我」進行抗爭：

> 頭上，那酣了酒的太陽，步履踉蹌地有些偏西了。可是他心裡很清
> 楚，打清早到現在，還沒有賣出一樣東西。他和往常一樣同自己堅
> 持著：
> 除非有了生意，不然就不能攔下來吃飯。現在，周身的每個角落，
> 似乎都向那個決心侵迫了。
> 他咬咬牙，挺挺胸，不自覺地搖搖頭；讓嘴角吊上一絲笑意。雙手
> 運勁緊緊地敲打起來。〔註50〕

「我」因為聯考的失敗，導致小玉父親反對兩人的交往，所以「帶著洗換的衣褲，和大包的書籍，默然離開爸媽、小玉、溫暖的家，來到這陌生的城市，找到這個工作。」〔註51〕「我」為了求得生活所需，不顧身旁周圍親友異樣的眼光，決定以這樣賣藥的行業，解決在準備重考這一年的基本生活開銷，

〔註50〕李喬：〈賣藥的人〉，引自於《李喬短篇小說全集》第 1 卷（苗栗：苗栗縣立文化基金會，中華民國 89 年 1 月），頁 61～62。
〔註51〕李喬：〈賣藥的人〉，引自於《李喬短篇小說全集》第 1 卷（苗栗：苗栗縣立文化基金會，中華民國 89 年 1 月），頁 63～64。

還有對於愛人小玉的承諾，他用這樣的自尊心來抵抗所有來自於外在的各種壓力，我們看到一個努力奮鬥的人物表現，「爸媽：我一定不再使您們傷心；小玉：我會爲妳奮鬥的！」

「阿鳳嬸」是一個失去丈夫，獨立撫養兩個女兒的堅強女性。在〈阿鳳嬸〉一文裡，一個在保守社會中，因爲丈夫的早死，獨自抵抗外在的流言緋語，以出賣人最根本的天性——哺乳，當作謀生的工作，「於是她成了一個職業奶嬤了。玉珠週歲後，他就靠兩隻奶子，維持母女三人的生活」〔註52〕，人的身體是最私密的，胸部的特徵，更是一個女人的代表，這些阿鳳嬸都清楚，所以在夜深人靜時，心中的愧疚與無奈，是對於生活所發出的反抗之聲：

> 「喔！阿鳳：您不高興我這樣做吧？」他午夜起來給人哺乳時，常這樣向天喃喃。
>
> 「不！不！只是太辛苦妳了！」她似乎聽到。
>
> 「您，阿鳳，從前不是您讚美我的乳房嗎？不是使您發癡，入迷嘛？現在……哦！」
>
> 「阿甘啊！妳是偉大的！妳用你美麗珍貴的乳房養活孩子，也使一些失去哺乳機會的嬰兒，重享母性的甜汁……」這是熟稔的回聲。
>
> 〔註53〕

以出賣最根本的天性，這是對於生活困境的反抗，在個體遭受困境的時候，以自身優勢條件，出賣天性本能的向有〈寂寞雙簧〉中的美蓮姐，原是鎮上的酒國名花，是歡場中的女子，離開歡場後搬到福樂新邨專心照顧自己的三個小孩，當起被包養的第三者，但隨著美蓮口中那「半個老公」到來的次數越來越少，美蓮一家子的生活出現了危機，原本讓鄰居心生羨慕的光鮮亮麗生活，演變成美蓮只得硬著頭皮向左鄰右舍借錢生活，爲了對抗日漸沉重的經濟只好到旅館當女中，這是美蓮口中的「決定靠本事自謀生路」的工作，她對外稱說這個工作「就是女茶房，給旅客送茶遞鞋子的；另外還得洗被單，掃房間等雜務」〔註54〕，雖然在文中沒有直接寫出這是個需要出賣肉體的工

〔註52〕李喬：〈阿鳳嬸〉，引自於《李喬短篇小說全集》第 2 卷（苗栗：苗栗縣立文化基金會，中華民國 89 年 1 月），頁 183。

〔註53〕李喬：〈阿鳳嬸〉，引自於《李喬短篇小說全集》第 2 卷（苗栗：苗栗縣立文化基金會，中華民國 89 年 1 月），頁 183。

〔註54〕李喬：〈寂寞雙簧〉，引自於《李喬短篇小說全集》第 7 卷（苗栗：苗栗縣立文化基金會，中華民國 89 年 1 月），頁 50。

作，但從「她形單影隻地溜進楊婦產科醫院，要求裝置避孕器『樂普』」〔註55〕
的動作來看，美蓮爲了擁護自尊心，爲了孩子，她以女人專屬的利器，對抗
生活帶來的壓力。

　　〈苦水坑〉寫的是主角「我」因爲一場颱風，所有的家業毀於一旦的辛
酸故事。這場颱風吹毀了「我」辛苦建立的家業：

　　　　我跑到村東一看：村右的石堤完全不見，滾滾的濁流，正好從我那
　　　　塊細長的田上通過——二甲多的水田完全成了河床。我兩腳一軟，
　　　　不覺癱瘓在地上。

　　　　這時，小梅十六歲，家興和家華是十四歲、十三歲，家棟、家樑是
　　　　學生八歲；我已四十。除了種田，什麼都不在行。〔註56〕

天災令人難以控制，所導致的毀壞程度更是令人措手不及，原本以土地耕作
維生的「我」，雖然生活辛苦，但尚可維持一家七口的生活，現在失去了土地，
孩子同時失去了受教權：

　　　　孩子們的臉上，不再有可愛的光彩；瘦削的身形，在昏暗的煤油燈
　　　　下，更顯得可憐。

　　　　小梅考取了新竹高中，可是她把通知書藏起來，天天帶停學的家興、
　　　　家華，去找野生地瓜和山芋頭回來充饑；家棟、家樑也沒入學，他
　　　　們倆天天到鎮上的垃圾堆裡撿玻璃片和碎布塊賣錢。〔註57〕

爲了全家人的生活，「我」接受同年陳旺三的建議與介紹，離開家人成了危險
的挖煤工人，工作雖然危險，但給的工資可以讓家人過安定的生活，「我」爲
了家人始終咬著牙撐著，即使節日爲了多掙錢也咬著牙上工，抵抗內心想家、
想家人的情緒：

　　　　我多想回去看看孩子！中年人時時會被寂寞和孤獨包圍，需要的是
　　　　溫暖的家，把白天的一身疲勞驅除；飯後，在燈光下擁著兒女，看
　　　　妻子一針一針地縫補破衣。

　　　　然而，現在我遠遠地離開他們了。我常常被一股莫名的悲哀和憤怒

---

〔註55〕 李喬：〈寂寞雙簧〉，引自於《李喬短篇小說全集》第 7 卷（苗栗：苗栗縣立
　　　　文化基金會，中華民國 89 年 1 月），頁 51。

〔註56〕 李喬：〈苦水坑〉，引自於《李喬短篇小說全集》第 1 卷（苗栗：苗栗縣立文
　　　　化基金會，中華民國 89 年 1 月），頁 97。

〔註57〕 李喬：〈苦水坑〉，引自於《李喬短篇小說全集》第 1 卷（苗栗：苗栗縣立文
　　　　化基金會，中華民國 89 年 1 月），頁 97～98。

> 控制著。我想哭，想酗酒，也想找女人——就像這裡的每個礦工一
> 樣。可是，一切越軌的欲望，在緊要關頭，都被妻憂傷帶淚的影子，
> 兒女們可愛的笑容擊退了。這時我會像飲下清泉般地清醒，我也會
> 忘去年齡和困乏而拼命工作。〔註58〕

出賣勞力抵抗來自生活的種種壓力，「我」以意志力反抗心中的恐懼，反抗外
在危險的環境，他是暫時紓緩經濟上的困境，但接著「我」卻必須面對足以
讓他傷心一輩子的事，足以讓他在一生的夜深人靜中悲傷的事：

> 我們全家去看旺三。他說：住院，吃藥，都是花公家的錢，他準備
> 住上三個月才出院。然而，年後兩個月不，竟發生了劇變。
> 那天中午時分，我被叫出洞外，意外地，小梅鐵青著臉站在那裡。
> 「爸爸………」她撲在我懷裡，週身發抖，但沒有哭。
> 「什麼事？」我感到全身皮膚起了疙瘩。
> 「媽媽走了！」
> 「………胡說！」我意識模糊地怒吼一聲。
> 「………」小梅突然推開我，眼睛睜得大大地，眼淚不住地洶湧
> 而出。〔註59〕

女兒小梅特地來跟主角「我」說，母親已經跟他的好友兼恩人私奔了，
李喬給了一個向自己屈服的人一個失敗的結局，後來在報上看到陳旺三因為
偷牛事件被捕的新聞，而奮力抵抗生活困境的「我」，人生因此有了不一樣的
轉折：

> 我忽然很奇妙地感到，自己是個幸運的中年人。不是嗎？像我這樣
> 孤陋寡聞的鄉下人，談不上對生命有什麼認識：可是這一連串的毀
> 家蕩產，失業失妻，竟教育了我。使我認識了自己認識了他人，也
> 認識了生命——當然這種認識是粗淺的；然而，已經夠了。因為這
> 粗淺的領悟，已把筆從自殺自毀的邊緣救回來，也已夠支持我勇敢
> 的活下去。〔註60〕

---

〔註58〕 李喬：〈苦水坑〉，引自於《李喬短篇小說全集》第 1 卷（苗栗：苗栗縣立文
化基金會，中華民國 89 年 1 月），頁 102。

〔註59〕 李喬：〈苦水坑〉，引自於《李喬短篇小說全集》第 1 卷（苗栗：苗栗縣立文
化基金會，中華民國 89 年 1 月），頁 104～105。

〔註60〕 李喬：〈苦水坑〉，引自於《李喬短篇小說全集》第 1 卷（苗栗：苗栗縣立文
化基金會，中華民國 89 年 1 月），頁 108～109。

「我」不向生活困境低頭，努力抵抗被壓力吞噬，他的努力總算有了回報，他的孩子順利長大成人，有了值得期待的未來，他的努力值得了。

李喬作品中，多的是人對於生活的種種無奈，那可能是揮之不去且必須努力抗爭的生活，作者以各種不同的人物，在面對這些困頓時所展現的力量。他的苦難與反抗往往是一體的，人因遭受苦難，必提起堅強的意志力來抵抗，正如作者在文本中呈現的，「人生，不也是一個洗炭槽？沖刷的水正是人間的逆境災難，一個人會不會被沖掉進凹面的槽底下，那就要看能不能經得起無情的沖刷而定了」〔註61〕。

另外，長篇創作《寒夜三部曲》中，也有對於反抗主題代表的人物描寫，如《荒村》中的阿漢，在妻子燈妹眼中，就是一個「反抗」的代表，提到妻子心中的「他」：「他就是要和日本仔對抗。他就是不肯乖乖做個農人。為什麼別人可以，他不能？為什麼別人可以忍受，他就是不能忍？」〔註62〕、「在十八歲嫁給阿漢不久，她就飽嚐守在籬笆等候盼望丈夫的焦急與恐懼。然後，然後還是一連串貧困促和牽腸掛肚的守候歲月；阿漢一再去當隘勇征蕃，一再惹是生非，一再進出警察衙，一再坐牢……現在呢？現在還是一樣。將來呢？將來還是一樣的」。〔註63〕這是燈妹對於丈夫阿漢深植於生命裡「反抗」本質的埋怨，因為丈夫的抗爭精神，讓她自從跟他之後，時時需提心吊膽的生活著，以一個女人的生命態度來撐起這個家，她心中對於丈夫的期待理應才是撐起家中的人，但自己的丈夫卻不是，就一個妻子的角色而言，燈妹的反應是可以理解的，但從中凸顯阿漢是一個可以不顧自己生命與家人，可以拋開一切而徹底執行「抗爭」的人物代表，是一個「不知不覺間竟被列入統治者的反抗份子」〔註64〕，是一種為了生存，為了自身存在而抗爭的表現：

> 他不覺得向來自己是為異族統治而反抗；祇是為生活，為生存，就像一隻餓極的猴子，誰搶奪牠裹腹活命的蕃薯，牠就舞爪露齒抗拒一樣。這是必須的必然。

〔註61〕李喬：〈苦水坑〉，引自於《李喬短篇小說全集》第 1 卷（苗栗：苗栗縣立文化基金會，中華民國 89 年 1 月），頁 108。

〔註62〕李喬：《寒夜三部曲——2.荒村》，（台北市：遠景出版事業有限公司，2001 年 7 月五版），頁 97。

〔註63〕李喬：《寒夜三部曲——2.荒村》，（台北市：遠景出版事業有限公司，2001 年 7 月五版），頁 46。

〔註64〕李喬：《寒夜三部曲——2.荒村》，（台北市：遠景出版事業有限公司，2001 年 7 月五版），頁 12。

「祇是這樣嗎？」有時他會深一層反問自己。

「祇是這樣。」他回答自己。

當然，後來和「他們」接觸之後，他逐漸認清了一些事況的意義，也對一些事況有了較深刻的認識；自然他也不再以單純的猴子自居了。不過，所表現出來的行動，具體的事項卻沒有兩樣。〔註65〕

劉阿漢是一個由自身生存抗爭出發，到民族抗爭的代表人物。

《荒村》中的燈妹形象，是一個有著傳統客家婦女堅毅勇敢的代表角色。「脆弱的人拿什麼去抵抗人間的諸多不義，我想祇有一個愛字是唯一法門」〔註66〕。《荒村》裡一段描寫燈妹爲了阻止阿漢去參加反日集會，這是燈妹以強烈的反抗意識來表達對於丈夫阿漢的愛：

「燈妹……」阿漢站起來了：「妳不要去。」好冷的聲音。

「除非你也不去。」她走前一步。

「我最後一次……」阿漢吁一口氣，還是沒看她一眼：「求妳。」

「我，我們母子也求你，」她切齒地：「求你不要去。」

「又不是去……送死！」阿漢戴上竹笠。

「劉阿漢！」她忍不住尖聲喊起來。

……

「妳給我回去！阿漢伸手一指，大聲吼叫；手指差一絲就戳中她的臉頰。」

「我不！」她有點狂亂，雙手猛地朝前抓去。

她的雙手如鈎，把阿漢的襟口緊緊揪住。她從未有過這種潑辣的舉動……〔註67〕

《寒夜三部曲》亦是李喬以文學表現「反抗」的作品之一，如《寒夜》主題即是寫這塊土地不是你們的，你們要來，我就反抗，是從生存本質激發出來的。這是作者「平生最重要的一部書」〔註68〕，在內容主題的呈現上，作者的思想

---

〔註65〕李喬：《寒夜三部曲——2.荒村》，（台北市：遠景出版事業有限公司，2001年7月五版），頁12。

〔註66〕廖偉竣〈走出「寒夜」的作家——李喬訪問記〉，引自於許素蘭編《認識李喬》（苗栗：苗栗縣立文化中心，1993），頁16。

〔註67〕李喬《寒夜三部曲——2.荒村》，（台北縣：遠景出版事業有限公司，2001年7月五版），頁109～113。

〔註68〕李喬《寒夜三部曲——1.寒夜》書前序，（台北縣：遠景出版事業有限公司，2001年7月六版），頁1。

主張與生命經驗自然包含於其中，而文字可以表現的多義，正是作者用以表達
思想的最佳利器，文學形式是作為呈現生命中最重要的反抗方式代表：

> 「文學是一種抵抗的形式，而生命正是一種抵抗的行程。生命就在
> 『生前之無』與『死後之無』中間展現。擁有生命就是在「無」的
> 兩極間的抵抗現象；生命因抵抗「無」的不斷吞噬呈現的姿態，就
> 是人生行程上的多彩風貌。天體因為持續抵抗「黑洞」的吸入而存
> 在著。人，抵抗高熱低溫，抵抗恐懼誘惑，抵抗貧窮懦弱，抵抗強
> 權特權，抵抗掠奪侵占、剝奪自由、壓制民主等等——因而活存下
> 去，而且保有尊嚴。抵抗不了就是死亡，不抵抗就是滅亡。抵抗是
> 生之哲學，也是生命的至高美德。」〔註69〕

作者不只一次提到以文學來呈現抗爭精神，亦又言「文學來自人性，人性中
不可缺抵抗，所以文學中有抵抗精神是順理成章的」〔註70〕用文字表達最有
力的影響，通過文字的表現，不只讀到作者欲表達的思想精神，還有社會問
題的顯現，以文字激發閱讀者對於社會現象的不同思考：

> 台灣文學有其『反抗』的獨特性，這源於台灣獨特的經驗，從荷蘭、
> 鄭氏王朝統治、閩客之爭、漳州泉州之爭、日本殖民、國民黨統治，
> 台灣不斷經歷『衝突-和解』的階段，台灣人的一體性在反抗中形成。
> 〔註71〕

　　李喬曾自言：「宗教、文學、藝術的表現，皆為一種反抗。」〔註72〕透過
《藍彩霞的春天》一書，或許可以思考生活於「建築在金錢為主導，物與欲制
約下的社會人性的折射板，嫖客與妓女都是卑劣的人欲肆恣下的醜態」〔註73〕的
一面。

---

〔註69〕引自李喬《告密者》書前自序，（台北市：自立晚報出版，1987 年 5 月再版），
　　　　頁 2～3。
〔註70〕廖偉竣〈走出「寒夜」的作家——李喬訪問記〉，引自於許素蘭編《認識李喬》
　　　　（苗栗：苗栗縣立文化中心，1993），頁 10。
〔註71〕趙啓麟〈瞧！李喬——寒夜中的反抗者〉引自 http://www.books.com.tw/exep/prod
　　　　/books/editorial/author.php?id=2002031414&encoding=C，上網時間：2010/10/7。
〔註72〕作者於第十三屆台灣文學家牛津獎暨鄭清文文學學術研討會專題演講中所提
　　　　到的概念，提到這樣的反抗概念，自己在 20 年以前就曾提出。2009 年 11 月
　　　　28 日。
〔註73〕李喬：《藍彩霞的春天》，（台北市：遠景出版事業有限公司，1997 年 7 月初版），
　　　　頁 7。

## 第三節　反抗理論的實踐——以《藍彩霞的春天》爲例

### 一、人因反抗而存在——藍彩霞的自我救贖

　　「人因反抗而存在」是李喬借用存在主義的「存在先於本質」的觀念，來說明「反抗」的意義。「反抗」本即是存在於人性中，人必須以「反抗」得以證明自身的存在，當人活著時，除了強調個體是「動」的之外，亦是無時無刻在做「反抗」的事，跟外在的環境抗爭，跟自己內心的狀態抗爭，作者曾從科學角度到個體存在的基本本質中，探討對於「反抗」的主張：

> 我的反抗哲學就是從天體來證明，用原子結構證明。我把反抗擴張，
> 如人溫度三十八、九度就不行，超過十度就很受不了，抵抗低溫也
> 算一種抵抗，抵抗自己的野心、懦弱、貪婪也是一種抵抗。〔註74〕

人存在必須抵抗自身薄弱的意志，抵抗想做卻不被接受的壓力，李喬的反抗哲學或許從理性的科學開始，但從其文學作品可知，他已脫離科學的數據，進到對於人性的關懷，每件事必須站在尊重生命，爲弱勢發聲，以愛做爲出發點，由對個人自身的抵抗，到爲弱勢發聲抵抗不合理，徹底實踐他「主張從事文學藝術，一定要站在關懷弱勢的立場」〔註75〕，《藍彩霞的春天》寫的是被迫淪爲「妓女」的藍彩霞與藍彩雲姊妹的故事，才十幾歲的兩姊妹，因爲母親的早亡，被繼父賣給專門經營特殊行業集團，被迫淪爲妓女接客。是作者站在弱勢者的位置來寫，因爲在台灣這樣的族群確實是處於社會邊緣的弱勢者，亦在其他篇章中寫到對於弱勢族群的關懷，如賣藥的小販、擺地攤的、學校的代用職員、孤兒與寡婦等等。這裡著重的討論在於《藍彩霞的春天》是李喬一步步建立的反抗哲學的代表作品〔註76〕，以人因爲反抗得以證明自己的存在，清楚的在此書中顯現，對於人因反抗而存在的論點，作者曾提出自己獨特的看法：

---

〔註74〕盧翁美珍：《李喬《寒夜三部曲》人物研究》，國立彰化師範大學國文學系碩論，2004年，頁276。

〔註75〕〈戲謔的笑顏，沉重的生命——觀點、後設的重構〉引自於《想像的壯遊——十場台灣當代小說的心靈饗宴2：國立台灣文學館‧第四季週末文學對談》，台南市：國立台灣文學館，2007年12月初版一刷，頁215。

〔註76〕作者曾於〈反抗哲學〉一文中提到《藍彩霞的春天》一書是他實踐反抗哲學的重要著作。〈反抗哲學〉一文收錄於《文化‧台灣文化‧新國家》。

我們人一「存在」就在「反抗」狀態中。我們在抵抗高溫低溫中增
加了軀體的耐力；抵抗病變菌毒而產生抗原；增強免疫系統（免疫
系統是生命中反抗本能的標幟），也增進了病理藥理的智能。人生而
有軀體，有種種需要，而我們反抗懦弱、反抗恐懼、反抗誘惑，也
反抗墮落。人因而淬勵品格，從動物性存在逐漸揚升爲「人格」而
往神聖進展。一個不能「反抗」的生命，很難證明「生的存在」，馬
上會被「虛無」吞噬的。〔註77〕

人是透過「反抗」，使能證明自己「生的存在」，而「反抗」亦可以說是李喬特
別爲台灣人提出的實踐理論。台灣人特殊的地理位置與歷史經驗，讓島上的人
民始終有「亞細亞孤兒」意識，進而以「棄兒」身分自居，正如在其《藍彩霞
的春天》一書中刻畫的藍家姐妹「棄兒」的身分，藍家姐妹的母親因車禍去世，
父親花光所有母親留下來的錢，又勾搭上同樣不長進的「後母」，父親的失業加
上身體的傷，與不去工作的後母，最後只得走上「賣女兒」一途，大女兒彩鳳
選擇與男友私奔逃過被賣的命運，年紀較小的彩霞與彩雲就沒有這樣幸運，她
們無力反抗被賣的命運，在此書中，我們讀出了李喬以詼諧語帶諷刺的筆調，
所刻畫的妓女的世界令人驚訝，並以妓女世界勾勒特殊的台灣形貌。

構成《藍彩霞的春天》一書主要的人物是彩霞與彩雲這一對妓女姐妹花，
與其他一起工作的妓女，以及形形色色的嫖客。作者從這對妓女姐妹花的落
難，受到可怕的迫害，到近乎認命的心態，最後奮力的反抗，彩霞一角可以
說是徹底實踐了作者的「反抗」哲學，一步步建立彩霞個人在每個時期不同
的抗爭態度，因抗爭而凸顯個人存在的價值，正如論者彭瑞金所言：

李喬提醒我們這是一個可以用妓的哲學充分解析的社會。「妓」的世
界就是「金錢」主宰的世界，「金錢使窮人弱女子變成鷄鴨牲畜般，
金錢也使一些人變成禽獸……」，我們大約從這裏已經可以讀出，李
喬所謂的「妓」，不是一種行業，而是階級的符號，「妓」不只是侷
促在小角落裏的一群弱女子，而是人的性格的區分、身份地位的標
記。「藍彩霞」不是別人，就是你、我，就是命運受制於人者的代稱。
〔註78〕

〔註77〕http://literature.ihakka.net/hakka/author/li_qiao/default_onlin.htm。上網時間：
2010 年 11 月 1 日。
〔註78〕李喬：《藍彩霞的春天》，(台北市：遠景出版事業有限公司，1997 年 7 月初版)，

作者表達雖然在金錢主宰的社會下，金錢可能代表的自由，文中飽受欺凌的藍家姐妹倘若有足夠的錢，便可以換得他們的自由，無奈的她們是因為沒有錢而「變成雞鴨牲畜」的弱者，但是作者要藍彩霞不甘於生活在他人的控制之下，呈現出不管在內在心裡或是外在的表現上，都可以感受到她充滿怨恨與不甘心的抗爭。《藍》書全文以倒敘的書寫手法，從彩霞在殺了莊國暉、莊青桂父子之後，接受法律的制裁，由獨自被關在臺中監獄中的女主角彩霞，以回憶的手法展開全文。

彩霞的命運與抗爭是相互結合的，從父親將她與妹妹彩雲賣給人口販子的那一刻起，彩霞的抗爭也隨之展開，對於彩霞的抗爭，可看出在不同時期因遭遇到的狀況不同，自落難時無所知的反抗，表現出對於「父與子」關係的憎恨，到受到迫害時內在與外在的心境與態度，接著以認命表現自身的抗爭，最後以實際激烈的行動完成最終的反抗，不管是外顯激動的抗爭，或是內心內斂含蓄的反抗，這都是藍彩霞表現對於這個社會的不滿與嚴屬批判，雖然是一個人的微小力量，但卻是可以從中「去思考某種社會倫理」〔註79〕的表現，就是隱含於其中「父與子」的政治哲學與充滿「妓」思想的社會性格，這是作者賦於藍彩霞個性中必要的反抗性格的意義所在，唯有以抗爭才能證明人之所以存在這個社會裡的價值，才得以爭取人之所以爲人的存在意義，唯有以反抗不合理的精神，才有機會幫自己爭取眞正的自由，不受奴役，不淪爲「妓」。

在藍彩霞一步步被推向妓女之路之前，心中的反抗，來自於心寒的切割那血濃於水的父女之情，在母親去世之後僅剩的一半親情，那記憶中因為犯錯遭受責罵時的印象，在「噴火的眼神中，依然在某一瞬間會閃過一絲慈祥溫柔」〔註80〕的父親，竟然完全變樣了：

> 啊！實在，實在不，不，不行，不能這樣！彩霞走出門檻，心底猛地浪濤狂捲，伊霍地又衝回屋裡——夾在前後的兩個男子吃了一驚；一個箭步，伸手捏緊伊的手臂。
> 「你放手！」

---

頁6～7。

〔註79〕 李喬：《藍彩霞的春天》，（台北市：遠景出版事業有限公司，1997年7月初版），頁4。

〔註80〕 李喬：《藍彩霞的春天》，（台北市：遠景出版事業有限公司，1997年7月初版），頁29。

「哟！臭查某！猶查某，妳過乖即些嘿！」

「你！阿爸：你真忍心讓這麼小的彩雲？……」

「……」他，還是雙手扶著圓凳，還是趴在圓凳上，還是沒抬起頭來……。

「記住，那，阿爸，要記住今天你，你怎麼樣等待你的——唉……」

話未說完，手臂上劇痛，使伊脫口而呼；人，也給半推半提地押了出去。「你……你無良……心……」

伊還是把心中的憤恨，絕望喊了出來。

這是當彩霞明確知道自己要被父親賣掉時，無所知也無力的反抗。父親對藍家姐妹的愛，已經隨著母親的去世，家中的龐大經濟壓力與自身的傷病漸漸消失了，藍彩霞心中對於父親充滿怨恨，怨恨父親的自私，為了自己將她和年幼的妹妹賣掉，藍彩霞是堅強的，但尚懵懂無知的年幼妹妹彩雲呢？她的抵抗毫無效果，最後只能望著因為虛心始終沒有抬頭的父親形象離她越來越遠，她終究和妹妹彩雲踏上人生不歸的另一條道路。

然而彩霞卻是對於自己、對於父親、對於這個社會有了不同的看法：

伊，認真地思考去死的問題。附帶地也深思生的種種。伊的人生剛剛開始，對於生命的認識猶如一張白紙。不過，現在伊，已經模糊地感到，「生」多麼可怕，而「死」又是多麼不容易啊。後來伊就知道死是可怕的，現在卻感到「生」也是十分可怕的了。又因為伊偷偷地，或者說的「有意無意」的方式來隱藏……不斷想起死的問題，所以伊才略為體悟到死的困難來。

要來的，總是會來。明天，是生？還是死？或者什麼都不是？

然而，那可怕的猙獰的一刻，終於悄悄逼近……。〔註81〕

在與莊家父子與其他同一幫人幾次的接觸之後，彩霞真正了解了自己未來即將面臨的可怕日子，這讓她對於「生」有另一番的體悟，「生」對她即將面臨到的情況，果真是不容易，因為這是比死更難熬的日子。

然而，誰也沒有想到平時無聲的妹妹彩雲，居然會以自殺這樣激烈的方式來反抗：

可是這個晚上，妹妹彩雲竟砸破玻璃杯，以玻璃片割腕自殺；是伊

---

〔註81〕李喬：《藍彩霞的春天》，（台北市：遠景出版事業有限公司，1997 年 7 月初版），頁 56～57。

在半夜被呻吟聲驚醒發現的。當時和往常一樣，伊倆的「囚房」一
片漆黑；伊伸手摸去，手掌上立刻觸及暖暖黏黏的液體，伊屬聲喊
叫救命。燈光亮處，祇見妹妹臉上、手臂、半個身子一片鮮血，伊
啊一聲便暈了過去。等伊醒來時，妹妹已經不在；是送醫院急救去
了。〔註82〕

妹妹彩雲以最激烈的無聲抗議來表現心中的恐懼，她不像姊姊彩霞懂事冷
靜，但這激烈的自殺手段，不但沒有為兩姊妹爭取到自由，反而導致彩霞更
快的被推向火坑。

彩霞與彩雲兩姊妹經過一連串的被變賣與接受不同的工作，包括接客、
上台表演脫衣秀等工作，每到一個地方不久，就會因為被警察查緝或因為其
他風聲只得轉到其他城市，過了一段這樣的日子之後，本來激烈反抗這樣生
活的彩霞，有了不同的想法：

起初，伊努力排斥「事實」，拒絕接受事實；而事實不斷湧來，至此，
伊發現自己的心在「變」。或者說，心已經「變化」之後，伊才驀然
發現。

伊發現自己心田底處，有一奇異的聲音，一絲誘惑的信息。那就是：
既然這樣，就接受它，就不要反抗它，就跳下去；因為是被迫的，
因為是受害者，所以我沒有罪。我如果有罪，那也該由「生我身軀
的那個男人」負責──或者由社會負責。〔註83〕

這是藍彩霞另一階段的反抗，在激烈抵抗宣告無效之後，為了妹妹彩雲，為
了可以繼續生活，她似乎只能向「無法度改變命運」〔註84〕低頭，她把所有
的罪都推向「生我軀體的那個男人」與社會，此時的她，是徹底與「父親」
這樣的關係切割了，因為她不得不切割，背負著「父親」關係，只會將她推
入更深無底的痛苦深淵，雖然她知道這是可怕的思考，「雖然萌生沉沉的隱
痛；然而隱痛的裏面，竟然涵存些許愉悅與解放的舒爽」〔註85〕。

---

〔註82〕 李喬：《藍彩霞的春天》，（台北市：遠景出版事業有限公司，1997 年 7 月初版），
頁 57。
〔註83〕 李喬：《藍彩霞的春天》，（台北市：遠景出版事業有限公司，1997 年 7 月初版），
頁 129～130。
〔註84〕 李喬：《藍彩霞的春天》，（台北市：遠景出版事業有限公司，1997 年 7 月初版），
頁 129。
〔註85〕 李喬：《藍彩霞的春天》，（台北市：遠景出版事業有限公司，1997 年 7 月初版），
頁 130。

這樣的思考幫助伊藍彩霞不再感到恥辱與痛苦，她麻木的接受自己是一個被賣身，被迫的應召女，她不必承擔來自內心，或來自社會良心道德的壓力，這時候的反抗是壓抑的是刻意被忽略的存在，但是麻木的忍耐終究會有極限，喚醒心中仇恨與殺戮之神的，是莊家父子要藍家姐妹與其他三人接新的工作——表演活春宮，彩霞體認到除非她們死，否則是不可能有好日子可以過，她心想：「沒有誰會替弱者，受害者做什麼的。一切都靠自己——弱者，受害者自己起來反抗，消滅害妳受苦的壞人！」〔註86〕以這樣的意念與決心，藍彩霞一步步的策劃她以死亡做為最終的反抗手段。

藍彩霞決定以自己的身體當誘餌，因為她清楚的知道這一點是莊青桂無法抗拒的致命誘惑，她將一切安排就緒，就等莊青桂上鉤，一切正如彩霞所預料的，她將這些日子以來積壓於心裡所有的不滿，一股腦的全部傾洩而出：

> 伊睜大雙眼，在他身子挺起，兩人之間距離最大的瞬間，他把右手
> 上的尖刀準確地插入他的心窩部位；巧妙的是馳援的左手也及時趕
> 上——伊是以雙手把尖刃送上戳進他的心窩的！
> 「啊……」他混濁的叫聲半途中斷，嘴巴張得大大的。是射精的同
> 一瞬間，尖刃戳破心臟吧？
> 「嘿！」伊雙手再往上推去。
> 「呃……」他的壯碩身軀竟給推開，並翻轉而仰躺著……
> 「妳？……為，為什……」
> 很好，他根本叫不出聲音來。
> 伊照預定的行動，掀起被子蒙蓋在他頭臉之上，然後挺身壓上
> 去……。
> 被子底下祇是微微地顫抖著，很熱很熱……。
> 被子底下完全靜止不動了。〔註87〕

藍彩霞冷靜的殺死了她心中的最恨，她將代表「妓女」的「藍彩霞」形體與形象完全的拋棄了，此刻終於可以丟下加掛於自身關於「藍彩霞」這個名字的沉重包袱，自從被父親賣了之後，過著任人擺佈、生不如死的日子，對藍彩霞而言，殺死操控她人生的人，象徵將那個與「妓女」畫上等號的「藍彩

---

〔註86〕李喬：《藍彩霞的春天》，(台北市：遠景出版事業有限公司，1997 年 7 月初版)，頁 305。

〔註87〕李喬：《藍彩霞的春天》，(台北市：遠景出版事業有限公司，1997 年 7 月初版)，頁 322～323。

霞」也一併殺死了，是落實作者提出的「反抗是存在的條件」，人生活於世上
必須抗拒任何對自身造成的不合理，而「反抗」與「存在」是並行的，只要
人存在的一天，他必然需與「反抗」共存，藍彩霞以最激烈的反抗，雖然她
肉身的軀體必須為得到精神自由付出代價，但她著實得到精神上真正的自
由，是身為一個存在個體最終的目的，可以看到作者透過藍彩霞所建立的「反
抗哲學」，已經由外顯的行動反抗，到達抽象的精神層面。

## 二、反抗哲學的再思考──藍彩霞的隱喻

　　以「反抗哲學」作為對於生命存在思索的李喬，《藍彩霞的春天》是他「反
抗哲學」思想的最佳印證，也是他個人對於「被殖民」的台灣思考的論說與
實踐，「是李喬的悲壯心聲」〔註88〕。不僅是以「藍彩霞」為主角出發的弱勢
的個人反抗，更思索以台灣這塊土地出發的「反抗哲學」，「藍彩霞」是一個
妓女的角色，以一般世俗眼光所看待的妓女，其實與處於殖民地的台灣形象，
有著象徵性的微妙關連，從台灣的歷史來看，在所知的歷史當中，十七世紀
荷蘭與西班牙在台灣的殖民期，接著明鄭清治時期，再來是日治時期與 1945
年之後的國民黨政府執政時期，如果將《藍彩霞的春天》一書中，主角藍彩
霞對於自身妓女生涯心境上的變化，對照台灣被殖民的歷史進程，李喬想控
訴的不只是那些蹂躪藍彩霞的人，更是要批判那些在台灣的「殖民者」，更重
要的是「李喬要我們從一個充斥著妓的世界去思考某種社會倫理」〔註89〕。

　　透過藍彩霞的一生，看到一個妓女／被殖民者與施暴者／殖民者產生的對
應符碼，一個妓女從無知到為自己與他人的救贖憤而犧牲自己的過程，這是李
喬描寫人性最高的昂揚，他把這條反抗的路建立起來，要大家循著這條路自然
可以自救，但這個自救的過程，可能需要一種「置諸死地而後生」的決心才有
機會完成，一種強調「行動」的必需，在這條「反抗」的路上，如果沒有行動，
所有一切都是空談。李喬所建構的「藍彩霞」這個角色的一生，她循序漸進的
一步步展開她的「反抗計畫」，也一步步將李喬的「反抗理論」具體化：

　　　　作者藉著女主角從凌辱中起來反抗，終至於殺人無悔的行徑，說明
　　　　了一則反抗哲學：惡不會自滅，得救必需靠自己，自己不救沒人救

〔註88〕彭瑞金：〈打開天窗說亮話〉，《藍彩霞的春天》（台北市：遠景出版社，1997
　　　　年7月），頁1。
〔註89〕彭瑞金：〈打開天窗說亮話〉，《藍彩霞的春天》（台北市：遠景出版社，1997
　　　　年7月），頁4。

你，任何受難者不行動的理由都是懦弱的藉口，而反抗的手段沒有

可否而且沒有上限。反抗是人性中最高美德。〔註90〕

殖民者／施暴者的「惡」不會消失，被殖民者／妓女只能自己自救，自己起來反抗，唯有如此，被殖民者才有辦法脫離殖民者，否則就只能像藍彩霞一樣，不斷的重複被施暴蹂躪終至毀滅。

藍彩霞、藍彩雲兩姊妹以「棄兒」的身分出場，以日治時期的台灣處境來看，由於 1895 年中日甲午戰爭的爆發與接下來馬關條約的簽訂，台灣因此割讓給日本，成為日本的一部分，日本成為第一個統治全島的異族政權。台灣當時的處境，不也是一種「棄兒」的身分嗎？藍家姊妹的母親因為車禍死了，父親花光了母親的賠命錢，跟了一個後母來鳩佔鵲巢，工作不穩定的父親又因為摔跤無法工作，生活無以為繼，種種無奈的原因，讓藍家父親不得不將自己的親身骨肉賣掉，人生中總是有太多的無奈與困頓，為了讓自己的生活可以繼續下去而賣女兒的父親，當然無法被原諒，「誰叫妳姊妹生降這款窮苦家庭」，這是宿命式的命運，是藍家姊妹無法逃避，也逃避不了的。為了與這樣的宿命作切割，李喬安排的兩姊妹的「棄兒」身分，正如台灣的殖民史，一直以來都是被強加的，有哪一個國家是「自願」被殖民，為了脫離「被殖民」、「在殖民」的籠罩，「棄兒」身分的出現，是必須也是必然的。「棄兒」的身分，是為了與「父親」作完全的切割，如果再將這個「父親」指向日治時期割台的政權，二二八時期的執政者，現在的統派政權，以這樣的脈絡來看，不難看出李喬寫作此書的用心良苦，更直接的指出殖民者的角色不一定指向外來的民族，更是自己人對自己人「再殖民」。

藍家姊妹以「無父」的意念開始了當妓女一途，以無父的意念才可以重新開始另一種自己的人生，那是沒有依靠，沒有牽累的孤兒，但也因此可以脫離一直以來「父親」的巨大身影。透過對於藍彩霞角色的心路歷程，可以看到李喬寫作被殖民者與被殖民者之間的過程，殖民者醜陋的施暴過程，被殖民者的心路歷程，從一開始無知的反抗，到軀體與內在受到巨大的迫害，到不得不的認命，最後被殖民者終於醒悟的走上沒有後路唯一的反抗之路，解救自己也解救他人，但是在李喬的「反抗哲學」中，這是他的拋磚引玉，他要台灣人可以以「台灣人」的立足點出發，勇敢反抗那些對台灣進行殖民的人。

---

〔註90〕李喬：《藍彩霞的春天》自序，（台北市：遠景出版社，1997 年 7 月），頁 2。

「記住，那，阿爸，要記住今天你，你怎麼樣等待你的——唷……」
〔註91〕，藍彩霞以「無父」的姿態出發了，那麼台灣人呢？在藍彩霞妓女的
生涯裡，可以看到李喬深入剖析被殖民者與殖民者弔詭的曖昧關係：

> 起初，伊努力排斥「事實」，拒絕接受事實；而事實不斷湧來，至此，
> 伊發現自己的心在「變」。或者說，心已經「變化」之後，伊才驀然
> 發現。
>
> 伊發現自己心田底處，有一奇異的聲音，一絲誘惑的信息。那就是：
> 既然這樣，就接受它，就不要反抗它，就跳下去；因爲是被迫的，
> 因爲是受害者，所以我沒有罪。我如果有罪，那也該由「生我軀體
> 的那個男人」負責——伊已經從惱際排除「爸爸」「父親」這些字眼
> ——或者由社會負責。
>
> 「既然這樣，我就下流下去吧！」伊得到這樣一個結論。
>
> 伊被自己這個結論嚇了一跳。不過，慢慢地伊接受了它，而且認爲
> 「有理」。〔註92〕

被殖民者在面對殖民者迫害之後，在內心身處竟會生出「接受事實」的麻木，
被殖民者與殖民者之間的關係從來就不是對等的，當施暴的龐然大物壓迫在
處於弱勢的被殖民身上時，弱勢者是不是爲了當下的生存，「由震撼而絕望，
進而麻木的心神」，只能合理化這樣狀況，「藍彩霞」說：「我無罪。有罪的是
這個社會」，「我這樣也很好。妓女，也是一種人生。伊這樣想」〔註93〕這是
可怕的麻木，「伊把自己全投入『妓女』的事實裏，並且也鼓勵妹妹同樣來『努
力』」〔註94〕，如果繼續這樣下去，藍彩霞／被殖民者將會永無止盡墮落下去，
而她們的命運從此被控制，無法改變。

李喬進一步看到台灣在殖民者入侵／占領之後所產生的改變，但是不同
的殖民者帶給台灣的是不同的侵入與滲透的方式，也因此在台灣島內產生不
同的影響：

---

〔註91〕 李喬：《藍彩霞的春天》，（台北市：遠景出版社，1997 年 7 月），頁 38。

〔註92〕 李喬：《藍彩霞的春天》自序，（台北市：遠景出版社，1997 年 7 月），頁 129
〜130。

〔註93〕　　李喬：《藍彩霞的春天》自序，（台北市：遠景出版社，1997 年 7 月），
頁 155〜156。

〔註94〕 李喬：《藍彩霞的春天》自序，（台北市：遠景出版社，1997 年 7 月），頁 157。

殖民者日本離開臺灣後，出現所謂「懷念日本恩德」情緒。後殖民
論者——那些「在台灣的中國買辦論客」，斥以臺人被殖民記憶的「遺
忘意志」（will-to-forget）；後殖民的「健忘」，愛德華・薩伊德（E. Said）
所謂的「可怕的從屬性」（Dreadful secondarmess）。錯了，實際上是
（一）日本殖民臺灣，也給予臺灣帶來「現代性」（modernity）開展
進步社會，（二）後來者中國政府比「異族殖民者」還要惡劣殘暴。
而「正等待接手殖民臺灣中共政權」，所展示的恐怖惡霸，看來與「現
任」相比可能有過無不及。臺灣人所面對情況是如此，感受是如此。
〔註95〕

這是李喬對於執政者與對岸政權直接而尖銳的控訴，台灣人該向藍彩霞一樣
的醒悟過來，爲自己的將來而反抗。

　　多重殖民的經驗，與《藍》書中的書寫相互印證，李喬筆下的台灣是一
個充滿「妓性」的社會，是一個墮落的民族，藉由藍彩霞說出：「這個人間，
這個社會都好像是『一群嫖客』，或者說，『嫖客』，正是這個人間社會的化身，
不斷以伊爲工具，蹂躪伊」〔註96〕，如何從妓性／被殖民歷史文化當中脫出，
更是李喬關注的重點，這是作者希望台灣人可以像「藍彩霞」一樣，實踐反
抗哲學，將自己從妓女生活中解救出來。李喬讓文中的女主角一步步的實現
他的「反抗哲學」，如何將藍彩霞心中的反抗意識在經歷對於施暴者合理化的
心情之後再度萌發，李喬安排了幾個發生在藍彩霞周遭的反抗實例：

　　那些姊妹淘血淋淋的遭遇也不斷浮現腦海；伊們是怎麼樣面對這不

　　義的人間呢？

　　楊小喬女伴決絕的跳樓……

　　陸宜珍遭受的慘酷毒打……

　　楊敏慧的自縊、墜樓……

　　王阿珠，那個最溫和，最能忍的小山花，居然在惡魔「命根」上狠

　　咬一口……。

　　這些人，這些事，代表了什麼？說明了什麼？

　　「誰能救我們姊妹？誰？」

〔註95〕李喬：〈臺灣的「特殊後殖民性」〉，《李喬文學文化論集》（苗栗市：苗栗縣政
　　　　府國際文化觀光局，2007年10月），頁348。
〔註96〕李喬：《藍彩霞的春天》，（台北市：遠景出版社，1997年7月），頁197。

　　沒有別人。沒有。除非……

　　「除非怎麼樣？」

　　除非自己。妳，祇有自己救自己。〔註97〕

這些發生在身邊件件因爲再也無法忍受蹂躪的同伴，一個個用激烈的方式來表達反抗，甚至不惜犧牲生命。藍彩霞在冷靜思考，沉澱思緒之後，讓她那久蟄在內心最深處的反抗意識再度萌發了，「我藍彩霞不甘心呀！」「不甘心，就要反抗，就要向惡徒抗爭！」〔註98〕藍彩霞的反抗，指向那個「酷虐地，不正常地，變態形式地玩伊」的莊青桂與莊國暉父子。

　　小說的最後，是藍彩霞被判了「無期徒刑」之罪，既然是「置死地而後生」的反抗，是具有崇高道德的反抗，這樣看來，藍彩霞卻是在鐵窗裡準備迎接她未到的春天，這樣的結局似乎指向作者對於現在台灣的處境，存在一種「台灣人的春天近了嗎」？其實台灣人現在仍處於一種「被殖民」的狀態，這是李喬的憂心，台灣人眞正的春天還沒到。

〔註97〕李喬：《藍彩霞的春天》，（台北市：遠景出版社，1997 年 7 月），頁 197～198。

〔註98〕李喬：《藍彩霞的春天》，（台北市：遠景出版社，1997 年 7 月），頁 199。

# 第四章　歷史素材書寫的後殖民思考

　　在李喬的寫作歷程裡，很早就對關於歷史題材有所思考〔註1〕，當時是整個時代背景所趨，論者鄭清文就曾經提出臺灣文學的特色就是「鄉土、寫實、反抗、歷史」〔註2〕，這樣的概念已經顯示，「臺灣意識」的發展似乎已經達到一個高峰的狀態，許多臺灣作家有志一同的往歷史去尋找寫作的材料，藉由寫作，以作家之筆建構以臺灣為主體性的認同意識。以臺灣歷史作為寫作題材，是從「臺灣作家」立足出發的一個普遍現象，當同一時期甚至前後時期的作家，皆往臺灣歷史去尋找寫作題材時，李喬的書寫仍然有其獨到之處，本章的討論著重於李喬所提出關於歷史題材小說書寫的看法，作家試圖為小說書寫中包含的歷史因素與歷史含有文學因素而產生的交互影響中，為自己的創作找到適宜的定義。

　　本章在於以李喬自身所提出的「歷史小說」與「歷史素材的小說」的界定來加以說明兩者的不同之處，並以其作品印證這樣的創作特色。「歷史小說」與「歷史素材的小說」兩者最大的不同在於「虛構」的成分，而李喬獨創的「歷史素材小說」根本在於作者自己經過閱讀大量的歷史檔案，並實地去田

---

〔註1〕在 1967 年 6 月 29 日寫給鍾肇政的信中已提到：「另一篇日治背景的小說亦可提早動筆──我懷疑的是：我該不該就開始寫這一類『歷史』小說？總之：身體負擔得下範圍內，我一定盡心盡力」。可見在李喬早期的寫作中，對於以歷史題材寫作已有所思考，只不過當時的他，應該是受到整個文壇的大環境的驅使影響，例如好友鍾肇政的激勵與影響，在思想意識上應尚未有整體性的歸結。鍾肇政：《鍾肇政全集》第 25 卷，（桃園市：桃縣文化局，中華民國 91 年 11 月初版），頁 90。

〔註2〕鄭清文：〈從李喬小說談如何建立臺灣文學〉，《李喬的文學與文化論述：第五屆臺灣文化國際學術研討會論文集》（臺北市：師大臺文所，2007 年 12 月），頁 25。

野調查，收集資料，是爲了在作品中塑造自身所謂的「在場」證明，當這些資料進入作品當中，看似企圖以重新還原歷史現場的寫作，實際上是作者藉以傳達自己思想的巨大帷幕；反之，歷史之所以有意義，是因爲透過寫作者對於歷史的重新編碼，如此，文學賦予歷史新的觀點。

　　歷史與政治在李喬小說文本中的表現，他在說什麼？他爲什麼要這樣說？這背後的原因，其實才是作家眞正要傳達給讀者的。以「歷史素材小說」的文本來呈現，探索眞實歷史與想像虛構間的互構與辯證，也表現創作主體的意識建構，所以當本應客觀的歷史被重新觀察，且創作者以自身的角度再次重新詮釋，在討論這樣的文學作品時，重點應是這些所謂文本所延伸出來的背後意義。作家反覆在歷史的重現建構與想像虛構中，其手上的筆在眞實歷史的書寫空隙裡，用自身的理念來塡補歷史的縫隙，重構李喬心中想像的歷史，那是滿載作家個人思想的歷史文學。本章擬以李喬歷史素材爲主的長篇小說創作爲主要討論文本，歷史素材短篇小說爲輔，佐以臺灣特殊的多重殖民歷史背景，進一步討論其作品中歷史的眞實與小說虛構情節之間的拉扯/糾葛，最後釐清作者利用歷史事件創作的背後，其眞正想表現的義含/意涵？所在，透過歷史事件的書寫，顯示對於殖民之後的歷史思考與闡釋自身的生命觀與歷史觀。

# 第一節　歷史小說與歷史素材小說的區別

　　所謂歷史，是已有確定的時間、空間，是無法加以變動的，但在歷史小說中，對於人物和事件，可以加入作者自己的虛構，這樣的虛構和眞實歷史之間的距離，就是作家可以去塡滿的，利用這樣的空間，作家可以創造屬於自己的歷史，因爲這個歷史中的人物構思與情節將如何安排，是作家可以去建構的。以「歷史小說」爲名，如針對「歷史」成份而言，雖然不能夠保證絕對的眞實的呈現與客觀的角度，不過歷史記錄的過程中，眞實與客觀是被強調且不可忽略的，反之，如加入書寫者主觀的意識，則歷史的眞實面貌會被混淆，「每一個現在都擁有它自己的過去，任何想像地重建過去，都是以重建現在的過去爲旨歸」〔註3〕，也會因此失去歷史的價值；但從小說文類的特質來看，小說是書寫者虛構的，與強調眞實呈現的歷史剛好相對立，應該是

---

〔註 3〕黃進興：《後現代主義與史學研究》（臺北市：三民書局，2006 年 1 月），頁143。

兩條不會交集的平行線，但是文學家透過利用「情節」與「人物」的虛構之線，將兩者串連起來，這個虛構成分，就是填補歷史與小說之間的空隙，而空隙裡的文字，可以說是書寫者所建構出來的，是將作者欲表達的思想涵於其中。「所以李喬的『歷史小說』是一種心靈的歷史呈現。」〔註4〕

如果單從理論層面來看所謂的「歷史小說」，李喬對此的定義是：

> 文學是從歷史、人間的「事實」中挑出「真實」，以「虛構」之線連綴成「複合的」也是「複製的」歷史人間。歷史之於文學者，重在藉事件或人物來表達自己的觀念。如果文學創作也忠於歷史人物或事件，但重點也不在「重現它」而在解釋。〔註5〕

文學與歷史結合，勢必陷入歷史真偽的問題當中，尤其是當歷史小說被當作文學作品看待與討論時，文學作品的取材，理當可以無所限制、天馬行空，然利用既定的歷史事件來成就文學作品，雖是搭上歷史的順風車沒錯（因為發生過的歷史事件已然存在，只等著需要的人去擷取它），卻為讀者帶來歷史真偽辯證的泥淖中，不過，在李喬所謂的「歷史素材」小說中，正如李喬自己所言，顯然不是其中真實成分的問題，而在於透過作者的情節架構，如何對歷史加以解釋。這樣的解釋過程，必定包含作者的主觀意識。而當「歷史」作為一種權力擁有者所掌控的書寫，它不可能走向幫助「被宰制」大眾的路途，更可能是淪為幫助掌權者制約弱勢人民的一種利器，就李喬所認知的臺灣歷史書寫路途來看，似乎就是這樣的形式，人民所接觸的「歷史」，充滿隱「惡」（掌權者對人民的思想控制）揚「善」（釋放掌權者的假面人道）。

所以，不論歷史小說是忠於歷史事實來寫，抑或是作者透過歷史人物和歷史事件來表達自己的觀念，必會發生歷史與小說對照閱讀的現象，例如，在訪談中李喬提到自己曾經遇過的經驗：

> 我還記得大約二十幾年前，我的《白蛇新傳》寫出來時，在成大有一個討論會，會中好話講盡了，突然有個人站起來：「李先生，這個作品寫得好生動、好有趣，但是有一個重大的缺點，這部作品引入太多史料了。」那個「史料」是我編的，岳飛、玄奘、唐三藏都是真的，我講虛構的是彼此有關的「情節」。這也是創作的奧妙。〔註6〕

---

〔註4〕李永熾：〈序——臺灣古拉格的囚禁與脫出〉收錄於李喬：《埋冤‧一九四七‧埋冤》（李喬自印自銷，1995年10月），頁4。

〔註5〕李喬：《臺灣文學造型》（高雄市：派色文化出版社，1992年），頁196。

〔註6〕〈戲謔的笑顏，沉重的生命——觀點、後設的重構〉收錄於《想像的壯遊——

在此，我們可以明確的知道，小說中的「情節」，就是李喬手上握著那條串起歷史與小說之間的線，它讓歷史與小說之間變得更加模糊難辨，這也是小說家賣弄自身技法的最好的方式，而「小說不必爲了史實而遷就什麼」〔註7〕正是李喬對於以歷史作爲書寫的理念之一。

在一九八六年二月在「臺灣文藝」雜誌安排的李喬與鄭欽仁教授的對談中，兩人對於當下流行的「歷史論述」頗爲感概，認爲明明跟事實的眞相相去甚遠，卻還被許多人重視，因爲擔心在關於臺灣歷史的研究與相關論述上，總是被加上過多個人的意識形態在其中，而誤導日後想要眞正去瞭解臺灣歷史的後代子孫，因爲這樣的一個談話內容，當時鄭欽仁先生更提出「歷史小說是忠於歷史事實來寫小說呢？」「還是藉著歷史人物和歷史事件來表達自己的觀念？」〔註8〕的困惑，當時李喬只回了「這是文學創作上的兩難」，但卻因此讓李喬有機會深入去思考這個難解的問題。

對於這個在文學史上始終存在卻難以解決的問題，李喬在一九九六出版的《小說入門》一書中，提出釐清「歷史小說」與「歷史素材小說」的獨特見解：

> 作者選定一段時代，配以當時的風俗習慣、服飾、特殊景觀等作背景，以一定或數件歷史事件或人物爲中心，依大家認同的常識爲主線，創設一相同的情節，使事實的面貌和虛構的部分重疊進行，這樣構成的作品便是「歷史小說」。
>
> 作者借重歷史素材的可能性和可信性，重點放在「虛構」的經營上；主題偏重於歷史事件的個人闡釋；更重要的，它必然是出乎歷史的，

——十場臺灣當代小說的心靈饗宴2：國立臺灣文學館·第四季週末文學對談》，臺南市：國立臺灣文學館，2007年12月初版一刷，頁226。
〔註7〕1969年4月14日信，頁253。在與鍾肇政往來的信件中對於鍾肇政的創作《沉淪》的討論裡，有對於文學是否應忠於史實有一番的討論，從其中也可看出李喬對於兩者之間關係的梳理，例如：1969年3月29日李寫給中的信中講：「我是絕對反對忠於『史實』的，我的意思是：我建議您第二部要比第一部更『純小說』，不寫時代，祇拿時代作舞臺背景。」，頁187。而鍾肇政在1969年3月31日回信：「所言『純小說』之說，類乎怪論，小說之是否眞人眞事與乎小說之純否無何關聯。忠於史實與否端視處理上之需要，『沉淪』與史實亦無關，有之則是以史實爲骨骼而已。『絕對反對忠於史實』如果是不必忠於史實，則可，如果是應不忠於史實則謬矣。」，頁188。鍾肇政：《鍾肇政全集》第25卷，（桃園市：桃縣文化局，中華民國91年11月初版）。
〔註8〕李喬：《臺灣文學造型》（高雄市：派色文化出版社，1992年），頁196。

亦即歸趨於文學的純淨上，這樣構成的作品便是「歷史素材的小
說」。〔註9〕

李喬更進一步簡單的說：「『歷史小說』是依樣畫葫蘆，是爲他人作嫁衣裳，
偏重在趣味性，以及歷史事件本身的浮現與知解上」；「『歷史素材的小說』，
是借他人濁酒，澆我胸中壘塊，是明修棧道，暗渡陳倉，偏重在變化以存實，
闡釋作者的歷史觀、生命觀。」〔註10〕並將自己的大河作品《寒夜三部曲》
歸於「歷史素材小說」。但對於李喬提出的爲歷史與小說之間的糾葛與拉扯解
套的說法，論者彭瑞金有不一樣的看法：

> 這套釋疑之詞，還是沒有解決取材於歷史的文學作品，被拿去和歷
> 史對照閱讀的困擾，仍陷在誰眞、誰假的史實辯論，而忽略了作品
> 的文學表達，喪失了此類型作品在文學上存在的意義。
>
> 「歷史小說」與「歷史素材小說」之區分，只解釋了文學創作依賴
> 歷史的程度差異，前者取了歷史的骨骼、骨架，後者只取了歷史的
> 表皮，可以看到程度上的差異，卻同樣無法切除對歷史的聯想，仍
> 然出現文學與歷史的兩難。〔註11〕

在針對歷史素材運用於文學作品上，所呈現異於其他題材爲主的創作特點與
價值，或許李喬可以就自己創作過程的經驗，提出更加深入的看法。

　　另外，論者陳芳明對於將歷史與文學結合的創作，提出以「作家爲主體」
書寫的看法：

> 臺灣作家透過文學形式來追索歷史記憶的重建，並不表示他們能夠
> 獲致一個完整而客觀的歷史事實。在權力支配到處氾濫的戒嚴時
> 期，個人的記憶往往呈現支離破碎的狀態。因此，幾乎可以想像，
> 在重新建構歷史記憶時，就無可避免會產生斷裂與跳躍的現象。甚
> 至可以預見的是，在記憶重建過程中出現縫隙缺口時，許多虛構的
> 想像與模擬的情節也有可能滲透進去。〔註12〕

---

〔註9〕李喬：《小說入門》（臺北市：大安出版社，2002年），頁191～192。
〔註10〕李喬：《小說入門》（臺北市：大安出版社，2002年），頁192。
〔註11〕彭瑞金：〈歷史文學的掙扎與蛻變——拒絕在虛構、眞實間擺盪的《埋冤·一
　　　　九四七·埋冤》〉，《臺灣文學與社會——第二屆臺灣本土文化國際學術研討會
　　　　論文集》（臺北市：國立臺灣師範大學國文學系，1997年），頁365。
〔註12〕陳芳明：《後殖民臺灣——文學史論及其周邊》（臺北市：麥田出版，2002年
　　　　4月），頁110。

歷史事件必須是由眞實的，曾經在某個時間點上，它確實存在過的，這些既有存在展現在讀者面前時，必須是有所根據，讓讀者可以知道這些既有存在的眞實性。眞實歷史的客觀性，不是作者寫作時的障礙物，而是努力去認識並加以瓦解再構的小說題材。

這裡所說的在於歷史的「拼貼」性，就是因爲拼貼與破碎，因而產生裂縫，作家以情節增加其故事性，是一種貼合歷史眞實而呈現的小說，所以已經不是客觀的歷史書寫，而是作家的創作，因此作品的文學性就在於此，也就是李喬所說的「虛構」（fiction），是小說也是創作，此爲異於傳統史學之處。

## 第二節　「虛構」的定義

虛構是小說的必要。這是李喬對於「虛構」與小說之間的關連，而作者提出的「虛構」（fiction）觀念，「它是把人間無數事實的『點』，加以貫串的『虛擬杜撰之線』」〔註13〕。有事實的點，有虛擬的線，這似眞似假的文體，正是小說吸引人的地方，眞實是人間的共相，虛構爲人間的殊相，自能引起讀者的共鳴。李喬提出三點來說明「虛構」在小說上是絕對必要的理由，此三點爲「人物」、「情節」、「心靈冒險」。在人物方面，任何小說的人物，一定來自實際社會上的人物，是必須來自現實的生活當中，如果提到「上帝」這樣抽象的人物，則必須先將其「人格後」之後，才可以被認知。所以，作者必需將小說人物「依據需要加以簡化、扭曲、重組、變形、增減」〔註14〕藉此讓小說人物被完全瞭解。第二個情節的合理性則是，「小說的本事需來自社會現象」〔註15〕，這裡所說的社會現象，往往是比較奇異且不合理的，但因爲這些奇異不合理的現象「欠缺廣大的人間性」，所以寫作者必須將它們合理化，而這樣的合理化的過程，就必須以虛構來創造，也就是說，寫作者將特殊的取材以虛構的方式讓它們得以被廣大的人間接受，而不至於讓讀者一眼就看出是作者在「騙人」。第三個關於「心靈冒險」的層面，是以「寫作者」出發，說明任何小說，其中必然有作者的情感趨向，「小說創作過程總要有一份心靈冒險的意義，才過癮，才得滿足的愉快」，通過「虛構」，這樣的心靈

---

〔註13〕李喬：《小說入門》（臺北市：大安出版社，1996 年 2 月），頁 23。
〔註14〕李喬：《小說入門》（臺北市：大安出版社，1996 年 2 月），頁 24。
〔註15〕李喬：《小說入門》（臺北市：大安出版社，1996 年 2 月），頁 24。

冒險，才能被滿足。

「小說一詞含有『傳奇』、『虛擬』、『杜撰』的意味在裡面」〔註16〕。從人間事來關照「小說」就會發現其實所謂的「傳奇」、「虛擬」、「杜撰」可能是會與「小說」相合的，畢竟，人間事無奇不有，人間本來就是由「荒謬」組合而成，以下以李喬一篇以二二八事件的訪談爲書寫題材的短篇爲例，來說明透過李喬那條「虛構的線」所串起的，不再是沉重的歷史屠殺的紀錄，反而是一篇充滿懸疑好看的小說。

〈第一手資料〉〔註17〕是一篇發表於 1989 年的短篇小說，內容是關於二二八事件受難者。1978 年的〈尋鬼記〉與 1985 年的〈泰姆山記〉亦皆爲以二二八爲主題寫成的短篇創作。〈第一手資料〉以似訪談記錄的文體來書寫，看似一篇紀錄對於二二八受難者訪問過程的紀錄稿。小說以一九四七年二二八動亂中「慘絕人寰」的流傳作爲此文的出發點，也是爲什麼會有這篇文章出現的原因，發表於 1989 年 7 月分的《首都早報》，此時期的李喬正在著手進行二二八事件相關的資料收集、閱讀與實地調查工作。相較其他以歷史事件爲背景寫作的作品，此文似乎是更接近「史實」的書寫，以此文來檢視前面作者所提的「虛構」作爲小說必要的條件，從其中看作者如何以「虛擬杜撰的線」將事實的人物串起，以達到作者所要達到的情感所趨，作者欲傳遞的意涵所在。

在二二八事件中受到迫害的人，是李喬對此事件關注的重點之一。因爲藉由這些被迫害者所還原的歷史真相，顯現作者的意圖在於「歷史造成的民族、社會文化情結的梳理和清算」〔註18〕，而歷史小說的目的，不是在爲歷史真相服務。因此，當時在宜蘭、基隆、臺北地區，許多無辜百姓被雙掌穿過四厘米粗鐵絲，以二、三人或七、八人爲一組推入海裡或河中，這是對於人民的虐殺，文中的李喬意外得知有一人是此事件「難得」脫逃的倖存者，這是重要的「第一手資料」，無論如何一定要親自見見「傳說」中的受害者，而在這樣應該是「穩死」的虐殺，爲何會有這位「倖存者」，作者有「合理」

〔註16〕李喬：《小說入門》（臺北市：大安出版社，1996 年 2 月），頁 6。

〔註17〕李喬：〈第一手資料〉《李喬短篇小說全集》第 10 卷，（苗栗：苗栗縣立文化基金會，中華民國 89 年 1 月），頁 49～59。

〔註18〕彭瑞金：〈生命的救贖，還是歷史的釋放？──《埋冤‧一九四七‧埋冤》的再探索〉《李喬的文學與文化論述：第五屆臺灣文化國際學術研討會論文集（上）》，（臺北市：師大臺文所，2007 年 12 月），頁 535。

的描述：「因爲鐵絲僅穿過手掌的拇指與食指間（虎口）的皮肉，未及歧骨：在落海後撕裂皮肉逃走」〔註19〕，這樣的人物塑造，以特殊但合理的形象出現，不是普遍但是可能就出現在你我身邊。小說中重要的故事性，李喬以找尋此人過程增添的「神秘感」來進行，由朋友的引薦，先找到「目標人」的堂兄，接著找到「目標人」的親哥哥，先由親哥哥處證實「目標人」在二二八的遭遇，一連串似偵探小說的懸疑過程，安排一種恐無法見到「目標人」的氛圍，吸引讀者在過程中想要一直看下去，是不是眞有「目標人」的存在謎底，這裡李喬以輾轉的方式來寫尋找「目標人」的過程，不但增加故事情節的神秘感，更是增加此事件的「眞實性」，本是沉重的歷史事件，透過小說之手變成一篇好看的小說，而「虛構」手法，將「歷史的眞義」隱藏於眞實的背後，這也是「虛構」在小說書寫過程中不可缺少的。在呼之欲出的情節設計中，作者以直觀式的寫作，帶出全文的最高潮：

> 我就在這瞬間心頭閃過一絲異樣的悸動：是一種靈感，還是「意志之外的奇異力量」在推動我？（在此我要說明的一種奇異經驗：在寫作或思索臺灣歷史背景的作品時，我有過百十次被「意志之外的奇異力量」驅使的神祕經驗！）
>
> ──當我困惑萬分的此刻，這個奇異力量又再顯現，我把握一個林不注意的瞬間，冷靜地準確地以目光搜索林的左手……然後右手，盯住林右拇指食指間的「虎口」……
>
> 「啊！」我幾乎脫口喊叫──我清楚明確地看到：林的右手虎口部位，那比較靠近拇指第一節的根部，那裡是一塊色澤比周邊皮膚淺淡而呈現皺紋的凸起瘢痕！約一個拇指頭大小的瘢疤！
>
> 這是什麼？這是……我再仔細盯一眼，還有，那虎口的彎凹處呈現不自然的凹入缺口，而且皮肉有些收縮……
>
> 我示意彭先生看看那奇妙的瘢痕！奇妙的「遺跡」，奇妙的「巧合」！
>
> 這是「第一手」資料。是的，臺灣的第一手資料不可得，而「第一手資料」就在五月的日頭下晃動……〔註20〕

---

〔註19〕 李喬：〈第一手資料〉《李喬短篇小說全集》第 10 卷，（苗栗：苗栗縣立文化基金會，中華民國 89 年 1 月），頁 49。

〔註20〕 李喬：〈第一手資料〉《李喬短篇小說全集》第 10 卷，（苗栗：苗栗縣立文化基金會，中華民國 89 年 1 月），頁 56～57。

作者不僅讓「目標者」林可連出場，而且在拜訪即將結束時，安排在文本中的李喬發現這個「事實」，間接印證眞實作者前面文本的鋪陳，不管這是否是一件眞的具體存在的「傳說」，作者以透過手上的筆，成功達到滿足李喬個人的「心靈冒險」，與表達個人「情感趨向」。

而這正是以李喬之眼所寫的 1947 年，是當時整體社會背景的縮影，「臺灣人反抗日人殖民，心懷祖國，誰知祖國這麼糟」〔註 21〕，並以小說中的情節與人物，甚至是透過人物對話，以試圖還原當時的眞相，來作爲歷史的「再構」，作者似乎處心積慮著力於事件眞實的描寫，其實在讓讀者相信這是眞實的歷史事件之後，瞭解作者藏於事件背後的含義——批判當時執政者國民黨。

# 第三節　李喬長篇歷史素材小說的後殖民思考

## 一、後殖民理論概說

被殖民社會所產生的文學，就是殖民地文學（colonial literature）。從某種意義而言，後殖民論述的重要價值之一，在於它重新喚起對於殖民歷程的記憶。後殖民文學（postcolonial literature）的特色是，強調文學主體的重建（reconstruction of literary subjectivity）；重視歷史記憶的再建構。後殖民書寫通過對於記憶的回溯，再現（re-presentation）被殖民者壓抑的民族性與眞實性，並從殖民的、被殖民的歷史、族群、性別、階級、文化等多元方向重新書寫，然而，在這樣的過程中，勢必呈現出一種「對抗」的姿態，進行對於歷史性的思考。

所以，後殖民論述作爲一種「抵抗遺忘」的理論，縱觀臺灣文壇作家在後殖民歷史書寫的表現上，除了抵抗遺忘之外，更重要的是喚醒已經被遺忘的歷史，「遺忘」會讓人再次走上過去重複的錯誤，抑制重建與超越，而後殖民論述所提供的協助其中之一，是幫助後殖民的主體「喚醒被殖民痛苦記憶，抵抗遺忘」〔註 22〕，但在「挪用」西方理論之時，思考在「挪用」過程中牽涉的種種問題，其中對於臺灣歷史文化特殊性的思考，以及被殖民之後一種

---

〔註 21〕李喬：〈第一手資料〉《李喬短篇小說全集》第 10 卷，（苗栗：苗栗縣立文化基金會，中華民國 89 年 1 月），頁 55。

〔註 22〕李喬：〈臺灣的「特殊後殖民性」〉《李喬文學文化短論集》（苗栗市：苗栗縣政府國際文化觀光局，1997 年 10 月），頁 352。

「全面」的「異化」的現象，也就是一種殖民之後的關於「本土性」、「在地性」的思考。而此也是李喬關注的問題根源之一：

> 西方論述的「後殖民」內容特性又差異極大；尤其臺灣與中國在文化上，民族族群的異同上，都特別複雜難以歸類。然則此現象或可名曰「臺灣的特殊後殖民性」或「臺灣特殊後殖民性」。〔註23〕

如此說明若是沒有結構性的力量加上本土與個體經驗，複雜地混合成特定的情況，就不會出現後殖民的情況。所以為了避免陷入西方後殖民論述中忽略「本土性」的論述，必須先了解李喬的思考脈絡中的「臺灣特殊殖民性」。因此，進一步去了解李喬主張的「臺灣特殊的殖民性」所顯示的意義所在，他擺脫了有形與無形的殖民，這裡提到的有形與無形的殖民，其實就是傳統殖民和後殖民的情境，直指民族國家在形成過程當中的焦慮、艱辛與痛苦，人民強烈的希望「遺忘」被殖民過程的痛苦，「遺忘」或許是走向「去殖民」的捷徑，但卻是最可怕的陷阱。「被殖民」是巨大的創傷，當面對巨大創傷時，不能只在傷口敷藥，更是要將傷口清理乾淨，將受傷的肉完全清除之後，才能夠真正的痊癒康復。所以，要「去殖民」首要之事則是喚起國人勇敢面對被殖民的記憶，進而產生「抵抗──遺忘意志」，這才是正確的步驟。

　　「重構」歷史還有另外一個重要的意義──去殖民化。去殖民化是用來表述和建構主體的改造工程。去殖民涉及反殖民過程的歷史事件中的意識的再記憶，是為了重整一個已經遭受破壞的殖民地社會，這其中就涉及了所謂「解救」的表現，「解救」意味對內化的殖民意識的自我根除，這是李喬小說中一個重要的意義：

> 文學，不假設人可以客觀地理解，或解釋自己，而是進入人的內裡以語言文字呈現人的一些景觀，描摹人思行的內在樣態；憑以映現人，人間的一些真實。這就是文學和所有人間學問相通的內在結構。然則「廣義」下的學問所追求的目標──解救，在文學上應該有所表現。換言之，文學假使自外於解救的描摹，這種文學必然是輕浮的，或缺漏不全。〔註24〕

---

〔註23〕李喬：〈臺灣的「特殊後殖民性」〉《李喬文學文化短論集》（苗栗市：苗栗縣政府國際文化觀光局，1997年10月），頁350。

〔註24〕李喬：〈當代臺灣小說的「解救」表現〉，《李喬文學文化論集（一）》（苗栗市：苗栗縣政府國際文化觀光局，2007年10月），頁67。

由此觀之「解救」是文學重要主題之一，更是李喬在文學當中欲表達的最終歸途之一。縱觀所有學問都是在追尋生命解脫救贖的方法，或解救人存在所遭遇的困境，「解救」之後則是一個對於未來出路的規劃思考所在。而從對於歷史的再記憶，並進行「再構」的書寫，最後從中獲得解救，指向一個民族找到「自我」的路，這樣的過程，可以以薩依德（Edward Waefie Said，1935～2003）「歷史的重返」來相互印證：

> 薩依德把這種過程稱之為「歷史的重返」，亦即重新發現被帝國主義壓制知本土歷史的回返，他既是一種「重占」（reoccupation），也是一種「重刻」（reinscription），這兩個相互交疊的過程，構成了後殖民文化抵抗之政治與意識的主要內容。〔註25〕

這樣從歷史出發賦予的寫作意義可說已經完成。雖然文學從來就不是為了服務歷史而存在，但歷史的作用是文學意義存在的顯現。而李喬筆下的文學與歷史皆由臺灣出發，此在去殖民的過程中所顯現的意義：

> 薩依德說道：
>
> 在反帝抵抗運動的文學中，如果有什麼可以強烈地分別出反帝想像力的話，那就是其中的地理因素的優越性。帝國主義畢竟是一種地理的暴力行為，通過它，世界上每一個空間實質上都受到勘測、繪圖，最後受到控制。對於本土居民來說，殖民奴役的歷史是從「地方性」的喪失開始的，因此，必須以各種方式尋求民族土地地理身份的恢復。由於有外來殖民者的存在，土地首先只有通過想像才能夠恢復過來。〔註26〕

當然，去殖民的首要條件必須是找到屬於自己的土地，而尋找土地的過程不能靠想像，而必須透過「行動」才能完成，對李喬來說，這個「行動」就是文學創作。

　　以下針對李喬以歷史為背景的長篇小說進行討論，探析李喬的後殖民書寫，如何透過對於歷史的召喚與重構書寫，尋找臺灣的根。對李喬個人而言，從寫作當中，在自己精神層面上是否將得以獲的自身的救贖，從當中獲的更

---

〔註25〕宋國誠：《後殖民論述——從法農到薩依德》（臺北市：擎松圖書出版，2003年11月），頁570。

〔註26〕宋國誠：《後殖民論述——從法農到薩依德》（臺北市：擎松圖書出版，2003年11月），頁570。

豁達的人生觀，而對臺灣而言，從中建立臺灣與日本甚至是中國的差異性所在，而在重新梳理歷史之後，是否可以幫助作家找到一條解救臺灣之路，李喬進而指向從臺灣這一塊土地出發的「文化主體」思考。

## 二、虛構──一種歷史真相的再現？

　　歷史題材的書寫，是李喬作品中相當重要的一部分，正因為在創作之前，必須收集大量的史料文獻加以判讀，且對於發生這些史事的人、事、時、地、物做深入詳盡的田野調查，此故，李喬以歷史素材為主題的創作，常常給閱讀者帶來歷史史實與小說虛構之間難以分辨的疑惑，這或許是李喬歷史素材小說的特點，然而，有著多重的殖民經驗的臺灣歷史，在以臺灣為「主體」之下，產生了混亂與不確定感，進而造成個體對於自己主體認同的混淆，讓殖民者有機可趁，利用各種方式滲透，擁有這樣特殊歷史背景的臺灣，以「臺灣人」出發的作者李喬，透過「尋根」的過程，試圖為臺灣人指引一條道路，一條通向臺灣主體的道路，而作者通往「尋根」的這一條路正是他的的歷史書寫。異於同一時期作家寫作的歷史創作，而李喬把自己以歷史為題材的創作稱為「歷史素材小說」，這是為了區分與傳統的史學作區隔，強調其中的虛構情節。

　　李喬所認為的虛構情節與史實再現之間的關係：

> 「即歷史背景的小說，必須忠實於史實」，我以為否！一、史實非文學所能負起，二、史實非文學所必須承擔，三、無異扼殺作者衝創意……〔註27〕

作為一個文學作家，李喬重視的仍是創作中的虛構情節／故事性，在釐清了李喬歷史寫作的理念之後，才能從小說作品中對於其情節，觀其主題脈絡如何在作品中展開，或作者欲在歷史罅縫中所要填補的是什麼，真正指涉的思想為何。

　　李喬藉歷史素材的書寫，企圖「再現」曾被刻意遺忘或忽略的歷史真實。重寫歷史事件的重要目的之一，是為了重構我們的文化身分，尋找民族主體在精神層面演變遞嬗的軌跡，反映作者追尋自我的過程。文學取材於歷史，常不自覺的乘載著對於文化與社會意識的使命，更是反思歷史任務的最佳管

---

〔註27〕1970 年 7 月 26 日信。鍾肇政：《鍾肇政全集》第 25 卷，（桃園市：桃縣文化局，中華民國 91 年 11 月初版），頁 253。

道之一，尤其是臺灣的歷史，更是缺乏反省與思考的空間，以歷史為書寫題材的創作，更顯其在臺灣文壇上的重要性。

　　歷史是現在與過去的對話，也是不斷變化的過程，在歷史的變化中，留下鮮明的影像，透過政治事件的書寫，層層剝露過去／現在、虛／實的荒謬對比，表現其中的衝撞、矛盾與迷惘掙扎的真實情感。而歷史文化是臺灣主體性的基礎，透過以歷史為主要書寫的文學作品，臺灣或許可從中日益獲得自己的歷史主體。

　　對於一個追求創新的作家來說，李喬在創作了二百多篇的短篇小說，對於他追求「創新」的風格，在文壇上的地位幾乎無可動搖，但是轉向長篇書寫之後，可以發現其中弔詭的現象是，李喬這艘創作之船，在海中擺盪許久之後，竟然在臺灣的歷史岸邊靠岸了。延續前面所討論的反抗哲學與反抗哲學最佳範本《藍彩霞的春天》之後，對於《藍書》中隱含李喬對於臺灣社會現象與殖民歷史相對應的思考，而終於靠岸的他，以臺灣重要的歷史事件試圖以「看似」重回歷史現場的書寫，其實他是想為自己尋根，為臺灣人尋根，為臺灣這一塊土地尋根，他的尋根之旅，他曾經說到：「臺灣幾乎是一個失去了歷史記憶的地方，然而從那時起，我慢慢在意識層面喚醒了記憶，並完成了歷史的串連」〔註28〕。不再只侷限於「亞細亞孤兒」的悲情，他要再往更前面的歷史去尋根，《寒夜三部曲》那是他與父親祖父的歷史，那是他建構的臺灣史，他以古老的鱒魚來講臺灣的歷史，為什麼是鱒魚，其實這其中他提供了一個重要的思考，就是鱒魚「千年不變，永遠不會迷路」，為什麼不迷路，因為「故鄉，有奇異的吸引，神秘的呼喚。牠們遨遊四海，但一定歸依故鄉。這是生命的本然，超意志的力量。」〔註29〕李喬想說的是，臺灣人不要迷路，你的故鄉就是你現在腳下所踩的土地，不要從「別人」的歷史裡去尋找歸鄉，要去瞭解自己的歷史，歷史題材的書寫，是希望能夠喚起有參與過那個時代的那一代的人的記憶，能夠告訴沒有參與到那個時代的這一代的人真相，進而引起共鳴。這也是李喬以歷史背景作為小說創作的背景，歷史背景都是真的，其中的人物情節可能是虛構的，就《埋冤・一九四七・埋冤》來講：

〔註28〕李喬：〈個人反抗與歷史記憶〉《李喬短篇小說全集》別卷（苗栗：苗栗縣立文化基金會，中華民國89年1月），頁68。

〔註29〕李喬：《寒夜三部曲──寒夜》序章（臺北市：遠景出版社，2001年7月），頁2。

　　我以虔敬的心，勤奮的行動搜集、整理相關史料，經過理解、消化、判斷後，建構起整個二二八事件叙述背景；也許小說中的人物、情節都是文學上的虛構，但是一放入依歷史事實搭建起的佈景中，人與客觀環境交互作用而發展出來的事件，能夠十分逼眞地展現歷史畫面。歷史的縮影與文學的創作經由此被銜接、統一。〔註 30〕

　　李喬選擇以文學形式來對臺灣的歷史記憶進行重建，從中顯示客觀歷史與主觀虛構所形成的無法分割的依附，所以「就不再可能是歷史的恢復（restoration），而是一種歷史的再現（representation）」〔註 31〕。而「再現，是一種政治，它包含了再詮釋與再定位，而這牽涉到創作者的政治立場與偏見。」〔註 32〕李喬以歷史思考來呈現文學，將個人的身分、族群的身分認同納入其中，並以多種語言並置的形式呈現。

　　所謂歷史記憶的重建，其實意味著作家如何從事個人主體的「再建構」。文學和歷史記憶的重建，等於重建人民與土地的情感。召喚被遺忘的歷史，而既然歷史有其眞實存在的紀錄，在對於文本分析中，就不能只停留在文本的內在意義的分析上，也應該注意每部作品在所記錄的歷史，與其所處時代社會之間的互涉關係（mutually implicating），亦即作品的外緣研究。

## （一）接近「眞實」的歷史——《結義西來庵——噍吧哖事件》

　　李喬以歷史素材爲主的長篇小說創作始於《結義西來庵》一書。可以說是後來幾部關於長篇小說的奠基之作，此書是對於書寫歷史的文學技巧與歷史資料處理能力的訓練過程，更重要的還有對於「臺灣人」意識的確立，因而有了下一步《寒夜三部曲》的寫作，在《寒夜三部曲》中，寫作臺灣系列的想法更加確定，「從寫作中找到自己，認識臺灣，確認我們的前程……」〔註33〕。寫作《結義西來庵》特別的因緣際會是國民黨當時的黨部爲了要配合當時的蔣經國想掌權，爲了收買人心，請一批作家來寫作先賢先烈傳，當時的

---

〔註30〕 李喬：《埋冤‧一九四七‧埋冤》自序之（一）（基隆：海洋臺灣出版社，1995年 10 月），頁 16～17。

〔註31〕 陳芳明：《後殖民臺灣——文學史論及其周邊》（臺北市：麥田出版，2002 年 4 月），頁 110。

〔註32〕 陳芳明：《後殖民臺灣——文學史論及其周邊》（臺北市：麥田出版，2002 年 4 月），頁 110。

〔註33〕 李喬：《我的心靈簡史：文化臺獨筆記》（新北市：新莊市，望春風文化出版，2010 年 12 月），頁 59。

政策就是從臺灣的先賢先烈開始著手,而當時的李喬因為父親的關係,知道關於噍吧哖地方余清芳的抗日資料很多,因此接下寫作余清芳抗日事件的重責大任。

日本統治臺灣五十年,只有發生於 1915 年夏天的「噍吧哖」事件是臺灣人和日本統治者直接用部隊和武力對打,是規模最大的武裝抗爭事件。噍吧哖是地名,就是今天臺南縣玉井鄉一帶,因為當時與日本武裝抗爭事件主要的接觸都發生在此地,所以也稱為「噍吧哖事件」。歷史記載此事件是以余清芳(1879~1915)、羅俊(1854~1915)和江定(1866~1916)等人為主要領導者,因為不滿日本殖民政府對臺灣人的欺壓,所以意圖發動武裝抗爭,因此也稱為「余清芳事件」。又因為余清芳等人常在今日臺南市一個叫做「西來庵」的王爺廟聚會討論起義的事,故也被稱為「西來庵事件」。此事在籌劃時期被日本總督府知道,主導人之一的羅俊因為走避不及而被捕,之後余清芳與江定策畫了幾次攻擊日本的警察局,成功殺了數十名的日本警民,余清芳在逃亡的過程中被捕,另一名主導者江定則是在逃亡了幾個月之後,因為糧食和武器的匱乏,也為了兩百多個跟隨者而投降,最後被處死刑,這是歷史的真實面。

在以既定的史料文獻中,李喬讀了臺灣省文獻會的余清芳檔案,一共有三百多萬字,也為了寫作而做實地的田野調查,與張良澤、陳昌明帶了一群學生實地調查,在深入的蒐集資料後,發現「噍吧哖事件」是「一九八五年日本佔據臺灣二十一年來,醞釀最久,組織最完密,涉及最廣,參與志士最多──的一次反日行動」〔註34〕,也是「臺灣醞釀二十年反日情緒與抗日意志的總爆發」〔註35〕,而以余清芳、江定、羅俊為主導更是三大反日勢力的結合:

> 余清芳,代表一般民心自衛本能的抗暴;江定,代表地下武力的引
> 發;羅俊卻是基於民族意識的大義抗日。〔註36〕

在深入解讀文獻檔案之後,李喬發現「羅俊才是真正群倫」領袖。這是從羅

---

〔註34〕李喬:《結義西來庵──噍吧哖事件》書前自序(臺南縣:臺南縣文化局,2000年5月),頁8。

〔註35〕李喬:《結義西來庵──噍吧哖事件》書前自序(臺南縣:臺南縣文化局,2000年5月),頁22。

〔註36〕李喬:《結義西來庵──噍吧哖事件》書前自序(臺南縣:臺南縣文化局,2000年5月),頁22。

俊的生平背景而來，羅俊在乙未抗日之後早已偷渡之大陸，後因余清芳的起
義才又回到臺灣：

> 羅俊和蕭大成走在一起。穿同樣的藍布長袍，右肩披著同樣的灰黃
> 色裕連兒，他們同樣是上了年紀的人，而又同樣的高大偉岸，沒有
> 一點老態。他們是二十年前——乙未年抗日的同志，以後羅俊悄然
> 去了中國大陸；這次重逢再見，是第三次合作了……〔註37〕

這是文本中羅俊的出場，約略交代羅俊在來見余清芳之前的生平，其實也間
接說明李喬何以把羅俊的地位提到最高，乃是因爲在余清芳籌畫起義的時間
點上，羅俊已經沒有生活在日本殖民之下，他本來可以繼續在大陸過著持齋
念佛的隱居生活，而他卻毅然回臺灣參加抗日，在李喬的意識當中，對臺灣
這塊土地的認同感已經存在，而羅俊的行爲，正是認爲臺灣是自己的故鄉，
故鄉在苦難中，現在有反抗的機會，自然不能置身事外。

《結義西來庵》以全知觀點敘事，以余清芳、江定、羅俊三者爲主要鋪
陳的軸線，回到當時的歷史現場，現在我們認知裡可以稱爲「英雄」的三人，
在日治時期的當地，卻是受到不一樣的對待，以民國前四年出生的玉井鄉耆
老陳換，對於當年噍吧哖事件的記憶：

> 受到當時日人的影響，許多鄉民認爲余清芳、江定等人是土匪、賊
> 仔，有時會將通過村內的橋板取走，不讓土匪們通過，等到日本兵
> 來，才趕快將橋板放好，讓他們順利進入逮捕土匪，當三人被逮時，
> 鄉民們還慶幸道：「還好把壞人捉走了」，一直到現在，老阿媽還是
> 無法改口地「土匪、賊仔」地稱呼這群被後人稱爲噍吧哖事件抗日
> 烈士的人們。〔註38〕

在當時日本高壓有計畫性的統治之下，逃過一劫的村民，到現在仍是改不了
口，以「土匪、賊仔」稱余清芳這批抗日義軍，而在這段悲慘的歷史背後，
許多人仍選擇沉默。當然當時亦有「先知先覺」的人，在經歷事件之後，在
意識上的改變，如作家楊逵就是其中一個：

> 他說：「我十歲時，噍吧哖事件抗日事件發生，我親眼從我家的門縫
> 裏窺見了日軍從臺南開往噍吧哖的砲車轟隆而過。」待他長大以後，

---

〔註37〕 李喬：《結義西來庵——噍吧哖事件》書前自序（臺南縣：臺南縣文化局，2000
年5月），頁5。
〔註38〕 《自由時報》（2001年2月26日）。

> 讀了一冊日本人編寫的《臺灣匪誌》，其中紀錄的十餘次「匪亂」中，
> 噍吧哖事件也包括在裏面。統治者對於臺灣歷史的扭曲醜化，使楊
> 逵內心產生很大的震盪。〔註39〕

噍吧哖事件是影響楊逵創作的重大事件。而李喬在《結義西來庵》書中，所塑造的三人似「英雄」形象，似乎想替三人平反，不再是日治時期一般人所說「土匪、賊仔」形象：

> 他愛自己的子女，除此之外，他愛自己的家族，宗族，民族，還有
> 這塊生長的土地。抗日！光復！祇剩下心底的一叢影像，模糊得近
> 乎夢想，然而，他也堅定相信，知道這是可能的，也是必然的；如
> 果失去了這個夢和這個影象，他便失去活下去的支持力量。〔註40〕

李喬在文本中將「羅俊」塑造成一個愛家愛國的形象，與為了余清芳等人的起義行動而從大陸返回的情節相合，可以感受作者以「義」為文中人物的塑造為根本，充滿「義」的人，能有為家人為社會為國家捐軀的熱情。這也是李喬想以小說的文學形式試圖糾正被扭曲的歷史。

但最主要的還是以貼近史實，客觀的的把關於「噍吧哖事件」呈現出來，在李喬閱讀完三百多萬余清芳的檔案之後，他製作了十二張表，後來在將之濃縮成四張，可見對於史料處理的用心，在事件發生地做田野調查的經驗，更為李喬帶來不同的生命經驗體會：

> 我進去塔裡，看到脊椎骨中間的地方有一個斜切面不是自然斷掉
> 的，很簡單是日本的戰刀砍斷的。拿起頭骨來看，右面一個小小的
> 洞，左邊整個都炸掉了，那個槍彈進出痕跡，我整個人感覺像被附
> 身，我全身顫抖，我腦海突然出現一句：我如果活在那個年代，骨
> 頭很可能是我的。現在站在這裡的我會不會是骨頭所有人的子孫？
> 到現在還不曉得怎麼講。我跑去阿里關那邊看，人都很高很黑，很
> 奇怪的是穿的臺灣衣都是黑色的，臉色很可怕的樣子跟我們有差
> 別。這個過程我就感覺到，臺灣的歷史是這樣下來的，我是誰？我
> 是什麼？我不是什麼？臺灣應該怎麼走？所謂臺灣意識這個很抽象

---

〔註39〕陳芳明：《左翼臺灣：殖民地文學運動史論》（臺北市：麥田出版，2007 年 6 月），頁 77。

〔註40〕李喬：《結義西來庵——噍吧哖事件》書前自序（臺南縣：臺南縣文化局，2000 年 5 月），頁 33。

的很多人論文寫了半天，我竟在那邊充電一下子，眞的「通了」！
〔註41〕

這是作者的眞實經驗，其中除了考證客觀的史實之外，還包含個人的情感與精神層面，那是對於人存在更深的思考，是從個體生命出發，進而思考民族的未來，是對於人類關懷的再擴大，從短篇當中多的是對於身邊弱勢的小人物出發的書寫，往關懷整個民族的未來靠攏，是「在忠魂塔骨倉前，我竟然進入類似初禪天那種邈邈冥冥中」〔註42〕，李喬「屬於臺灣人的『任督二脈』霍然貫通」，亦使他「化蛹爲蝶」，以一個「臺灣小說人」的身分確定下來。這是李喬在「噍吧哖事件」的歷史中所得，歷史客觀眞實的重要，因爲那是得以進入歷史眞相背後的鑰匙，爲打開歷史的眞相之門，才能感受其中更抽象的精神層面象徵，顯示歷史背後眞正賦予的涵義所在。

殖民地臺灣，發生過許多悲慘的歷史事件，日治時代發生於臺南縣的噍吧哖事件、今南投的霧社事件，國民黨時代的二二八事件與白色恐怖等一連串的政治事件，都是李喬歷史文學的題材來源。在完成《結義西來庵》一書後，可以感受深陷歷史泥淖中的李喬，沒有因此對臺灣失望，反而是像「藍彩霞」一樣，等待自己的春天，「不錯，春天，來的十分遲；但是，春天，畢竟要來的，就像漫漫長夜之後，必然光明復旦一樣」〔註43〕。

### （二）《寒夜三部曲》與臺灣歷史

「要講《寒夜三部曲》之前，一定要先提到《結義西來庵》。」〔註44〕李喬一直是一個用功甚多的作家，他花了許多時間閱讀大量關於「噍吧哖余清芳抗日事件」〔註45〕的檔案文獻，並到其相關地高雄、臺南、南化與阿里關等地去考察探訪，做相當直接且深入的田野調查，將其過程心得與結果運用

---

〔註41〕〈戲謔的笑顏，沉重的生命──觀點、後設的重構〉收錄於《想像的壯遊──十場臺灣當代小說的心靈饗宴2：國立臺灣文學館‧第四季週末文學對談》，臺南市：國立臺灣文學館，2007 年 12 月初版一刷，頁 221。

〔註42〕李喬：《我的心靈簡史：文化臺獨筆記》（新北市：新莊市，望春風文化出版，2010 年 12 月），頁 58。

〔註43〕李喬：《結義西來庵──噍吧哖事件》書前自序（臺南縣：臺南縣文化局，2000 年 5 月），頁 8。

〔註44〕盧翁美珍：《李喬《寒夜三部曲》人物研究》，國立彰化師範大學國文學系碩論，2004 年，頁 254。

〔註45〕關於噍吧哖余清芳抗日事件，後來成書出版，名爲《結義西來庵──噍吧哖事件》（臺南縣新營市：南縣文化局，民國 89 年）。

在小說創作上，這樣獨特的生命歷程，讓李喬對於臺灣這塊土地特殊的歷史，有著比其他人更加深刻的體會，在追尋噍吧哖歷史事件的過程中，李喬深刻的感到臺灣的歷史是與其他國家不同的，這些歷史事件真相的背後，更深一層的思考是，「臺灣的歷史是這樣下來的，我是誰？我是什麼？我不是什麼？臺灣應該怎麼走？」〔註46〕對於臺灣歷史事件的書寫，將「噍吧哖事件」化為小說的過程，是一個非常重要的關鍵，李喬在當時，已經深切感受到文學與歷史的兩難，使得原本有意「採其題材，寫成小說」的寫作計畫，最後是「不忍，不敢，也不能以虛構小說處理。」也因為寫作「噍吧哖事件」的觸發，李喬由文學轉向歷史，此亦是李喬創作生平最重要的大河之作《寒夜三部曲》的起始契機：

> 我經常反省：如果不經《結義西來庵》的雙重鍛鍊：史料吸收與田調能耐，以及「臺灣人意識」的培、育，我不可能寫臺灣歷史系列的作品。《寒夜三部曲》就是具體明證：從寫作中找到自己，認識臺灣，確認我們的前程……〔註47〕

為了「追尋自己」。「我是什麼？」「我是誰？」「我從那裡來？」這些問題，李喬寫成了《寒夜三部曲》。從深入調查「噍吧哖事件」時，就已經在作者的心中盤旋不去，其實這些問題，隱含著作者對於追尋自我定位的感傷情懷在其中，就是感嘆臺灣的歷史與人民，直到今天仍困於尋求自我定位的迷霧中，所以李喬決定回到臺灣的歷史根源去找尋答案：

> 我的心中畫面有二：一是主角一家三代，捧家神牌（客族特徵），攜家擔蕃薯，往深山求生。
>
> 第二幅畫面是：一群被日政府徵召赴戰南洋的臺灣青年，在北呂宋島朝北方——故鄉臺灣「死亡行軍」的畫面。這是我的心願：為那批荒謬命運中的臺灣青年召魂，因為臺灣政府民間全忘了這批人！〔註48〕

從開拓臺灣這一塊土地開始，有了土地自然能夠著地生根的安定下來生活，這是當時臺灣作家一直努力的方向，關於臺灣文學的根要深深的往下扎，並

---

〔註46〕〈戲謔的笑顏，沉重的生命——觀點、後設的重構〉收錄於《想像的壯遊——十場臺灣當代小說的心靈饗宴2：國立臺灣文學館·第四季週末文學對談》，臺南市：國立臺灣文學館，2007年12月初版一刷，頁221。

〔註47〕李喬：《我的心靈簡史：文化臺獨筆記》（新北市：新莊市，望春風文化出版，2010年12月），頁59。

〔註48〕李喬：《我的心靈簡史：文化臺獨筆記》（新北市：新莊市，望春風文化出版，2010年12月），頁60。

且盤根錯節的長出茂盛枝葉才可以，而李喬也是其中一個，但他與其他作家不同之處在於，因爲有了「噍吧哖事件」閱讀史料的經驗，所以在如此龐大的寫作計畫中，他向「書籍史料討救兵」，他在臺灣銀行經濟研究室中，找到一本記述臺灣土地史的書，「土地」成了《寒夜三部曲》的書寫的最終核心。

　　《寒夜三部曲》包含李喬的父、祖與其中的傳說年代，約有一百年，幾乎是貫通臺灣的當代史，所以正是以李喬家族三代家世背景資料寫成的歷史素材小說，曾自言：「這是一部關乎我的家族，也關乎臺灣歷史的小說。」〔註49〕關於李喬透過結合臺灣史與自身家族史而寫成的《寒夜三部曲》，其所呈現的背後眞正意涵，論者陳萬益有深入的見解：

> 《寒夜三部曲》固然是以臺灣淪日五十年的歷史爲經，以彭、劉家
> 族三代生活爲緯的小說，李喬的意圖不在歷史事件本身的知解與呈
> 現，而是超越時空拘限與人我之分的生命、歷史的觀照。〔註50〕

李喬是爲了闡釋自身的生命觀與歷史觀所得的說法，符合作者在《寒夜》書前序中所言：「要把自己最熱愛的，或最熟悉的，或和自己生命史關係最密切的東西寫成作品；希望在這樣一部作品裏，闡釋作者的生命觀、歷史觀等。」〔註51〕

　　而李喬的生命觀，透過《寒夜三部曲》表達「歸鄉」的意象，而「故鄉」亦是「土地」的化身，在此書的序章中提到的「鱒魚」，就是一種會突破種種難關回到故鄉的特殊魚類，而鱒魚這樣的歸鄉夢，也是人類的夢，人們不可擺脫的正是對於故鄉的先天眷戀與對於歷史的痛苦情感。

　　然而，從後殖民的觀點來思考，關於歷史的除魅行動（重構／再現），從《結義西來庵》到《寒夜三部曲》，可以看到開始建構一個臺灣歷史的偉大工程，歷史事件只是書寫的背景，重要的是，他對於寫出屬於臺灣人的生命力，這是作者的情節人物，是對於撥開臺灣歷史迷霧的重要關鍵，由對於人的書寫「重構」臺灣這一塊土地的開墾史，以作者父母親三代爲人物情節書寫主軸，「剛好百年貫穿了臺灣歷史上的三個痛點，第一個一八九四、九五年過讓

〔註49〕盧翁美珍：《李喬《寒夜三部曲》人物研究》，國立彰化師範大學國文學系碩論，2004年，頁254。

〔註50〕陳萬益〈母親的形象和象徵──《寒夜三部曲》初探〉，收錄於許素蘭編《認識李喬》（苗栗：苗栗縣立文化中心，1993），頁126～127。

〔註51〕李喬《寒夜》書前序，（臺北：遠景出版事業有限公司，2001年7月六版），頁1。

給日本，第二個一九二五、二六年所謂的文抗日本，第三個一九四三～四五年太平洋戰爭末期，是臺灣最艱辛的歲月」〔註52〕，而在歷史的除霧過程，福爾摩沙之島臺灣意象於是顯現。

《寒夜三部曲》所設定的時間點，是從光緒十六年（一八九〇年）劉銘傳辭職到清廷把臺灣獻給日本，即乙未抗戰（一八九五年）前後開始，到臺灣光復前後（一九四五年），其中包含日治的五十年，是臺灣被殖民的時期，可以看出其對於重建歷史主體的企圖與抵抗殖民力量的顯現，從《寒夜》中的以彭阿強與阿強婆（蘭妹）一家爲主初到蕃仔林開墾的情況，從尋找屬於自己的土地出發，建立對於這篇土地的認同感，也寫出以彭家人爲主的主體存在；《荒村》則是以第二代的劉阿漢和燈妹爲主，寫出當時文化協會與農民組織跟當時日本殖民政府之間的「衝突」關係，以臺灣人爲主體意識的萌芽，爲自己人自己的土地爭取該有的權利；第三部《孤燈》從第三代劉明基被徵召到南洋打仗爲敘事主軸，寫的是一個「回家的故事」，而家就是臺灣，就是母親／故鄉／土地的意象結合，而臺灣人像古老的鱒魚一樣，「被陸封在變成海島的深山淵谷中」，變成「被隔離的孤單而寂寞的魚」，而「回家」變成一條遙遠的路。

《寒夜》從1837年的多天，彭阿強一家七男五女十二人，加上攜帶火器護送的黃阿陵與劉阿漢兩人，到了當時稱爲「貓裏」的苗栗大湖出發準備在大湖庄東邊的「蕃仔林」開墾寫起。當時對於要找尋自己可以安頓的地方是非常不容易的，當時彭家一家人即將安頓的「蕃仔林」其實也是與「先住民」爭地：

> 「蕃仔林」是大湖庄東邊，正在開墾中的山園。因爲那裏還在先住
> 民勢力範圍之內，所以開墾戶，必得在他們默許之下才能定居下來。
> 目前，蕃仔林祇居住五戶客籍漢人；彭阿強這一家，算是第六戶人
> 家。〔註53〕

冒著生命危險與先住民爭地的彭家，其實有非遷居不可的理由，因爲當時的水災將苗栗已經開墾二十年以上的水田全部沖走，所以，彭家因此遷往蕃仔林，而蕃仔林也是作者李喬童年生長的地方。在開墾的過程中，經歷先住民的「出草」〔註54〕，更重要的是生活方面的困乏，尤其是「吃」的方面，所

---

〔註52〕〈戲謔的笑顏，沉重的生命——觀點、後設的重構〉收錄於《想像的壯遊——十場臺灣當代小說的心靈饗宴2：國立臺灣文學館·第四季週末文學對談》，臺南市：國立臺灣文學館，2007年12月初版一刷，頁221。

〔註53〕李喬：《寒夜三部曲——寒夜》（臺北市：遠景出版社，2001年7月六版），頁15。

〔註54〕就李喬在《寒夜》一書中所提：「出草，是一種奇襲，他們專在給詭譎恐怖上下功夫；先給對方增加心理壓力到最高點，然後出人不意驟然下手；然後悄

以彭家開墾土地首要條件就是種植可以維持基本生活的蕃薯等作物。阿強伯看著自己開墾的土地，感覺到自己的身體好像「恍惚間膨脹起來，要彈起來，視線內的景物，顯得麗亮麗亮的」〔註55〕，終於有了屬於自己土地的感受，這是彭家人對於蕃仔林一地認同的開始，而「原住民與漢移民的衝突，爭奪；泉漳，閩客之間的集體械鬥是影響長遠的歷史經驗」〔註56〕，也是《寒夜》一書中所要處理的主題。

　　然而，彭家對於土地的取得是否真的如此順利，其中還牽涉到當時的時代背景，李喬自己曾說：

> 臺灣早期的經濟不平等來自「墾戶」制度。墾戶佃農對立，可以說是臺灣階級問題的原型。極獨特的歷史經驗。從根本看，是臺灣土地問題的最初因子。〔註57〕

李喬以還原當時的社會背景，來說明當時對於土地認同觀念的建立。在清初時期，臺灣實行的土地制度為「官廳──墾首──佃戶」三種，此三者的關係是，由墾戶向官府申請「開墾給照」，繳納一定的錢之後，官府承認墾戶為業主，但是一般平民不知道官府的規定，只是急著開墾屬於自己的土地，等待墾戶看到已經有土地開墾好了，他們就趕快向官府申請「開墾給照」，將老百姓開墾好的土地據為己有，逼迫農民離開，如果農民不離開，就強迫他們繳交租金給他們，當時的農民因為不想再重新找地方開墾，多半只能不甘願的繳交租金給墾戶，墾戶則坐收漁翁之利，當時的形態漸漸轉變成「官府──大租戶──小租戶──現耕佃人」的關係，而其實這是非常不對等的利益關係，辛苦的農民永遠都是被剝削的對象，其中的墾戶更是因為如此而有錢，有了錢之後與官府間的關係更好，因此請領開墾執照又更加方便。而彭家很快的就遭遇這樣的不平等對待：

> 葉阿添是大湖地區墾戶之一，可是蕃仔林是蕃有地，憑什麼來丈量人家田園呢？
>
> 「人客。失禮喔。這不是阿添舍的墾地，就別量了。」許石輝說，長長吁口氣。

然撤離，而且不留痕迹。如果是明槍對陣，他們是絕對抗拒不了的。」李喬：《寒夜三部曲──寒夜》（臺北市：遠景出版社，2001年7月六版），頁36。
〔註55〕李喬：《寒夜三部曲──寒夜》（臺北市：遠景出版社，2001年7月六版），頁49。
〔註56〕李喬：《文化‧臺灣文化‧新國家》（高雄市：春暉出版社，2001年），頁70。
〔註57〕李喬：《文化‧臺灣文化‧新國家》（高雄市：春暉出版社，2001年），頁70。

「誰說不是？告訴你：蕃仔林地區，阿添舍請準開墾了。」

「小南勢也算在內。」另外一個說。

「住口！這是我們出血流汗，拿頭肭換來的活命地盤，誰也別……」

「你說什麼？老貨仔！」

「我說：我代表蕃仔林所有的人說：頭肭可以拿去，田地，不行！」

許石輝越說越激動，不覺拍胸擂拳要拼命了。

「咦唷？你們，你們是土匪呀？」〔註58〕

也因此開始了蕃仔林幾戶人家與葉阿添之間的抗爭，其實，當時有許多像彭家這樣被剝削的農民，在蕃仔林人們的心中，早已認定他們才是這一塊土地的主人，土地是他們賴以生活的地方，是他們的根，但是之後與葉阿添的抗爭，並沒有為蕃仔林的人們正取到應有的對待，這是李喬對於社會階級不平等的批判，社會上必然存在階級的對立與壓迫的情況，《寒夜》寫得是清初時期，社會普遍存在著因為階級所產生的不平與壓迫，階級的壓迫，勢必會有衝突的發生，衝突的發生會讓主體的身分有所覺悟，而對於土地的認同在一八九五之後，臺灣割讓給日本之後，所呈現的又是另一種具政治意識的問題，而且是殖民者與被殖民者的關係，是被壓迫的臺灣人，從此，墾戶對於農民的欺壓從蕃仔林一個小地區擴大至整個臺灣島。

《寒夜》一書總共分成八個章節，最後的第八章內容已經寫到一八九五臺灣割讓給日本，真正成為日本的殖民地，但從後殖民的思考中，李喬是藉由當時蕃仔林的人對於被日本殖民一事在態度上，書寫對於生命存在的思考，而這樣的意念是透過彭阿漢的妻子燈妹來傳達：

她還發現，人的力氣，是鍊出來的；越使用越是源源而生。這就是生命的奇妙吧？以往，她很少想起「生命」這個自己不瞭解也不關心的東西。近來卻常想到生命。原來生命是這樣實在的，簡直可以看到，可以觸摸似的。不，應該說是生命就在自己的一呼一吸間，就在胸膛中，或者雙手上；自己就這樣自由自如地掌握著活潑跳躍的生命哪。〔註59〕

〔註58〕李喬：《寒夜三部曲──寒夜》（臺北市：遠景出版社，2001年7月六版），頁140。

〔註59〕李喬：《寒夜三部曲──寒夜》（臺北市：遠景出版社，2001年7月六版），頁400。

當時的日軍守備部隊已經在蕃仔林，蕃仔林在當時被劃爲「山地」，進出皆要
受到嚴格檢查，居住在蕃仔林的幾戶人家行動更爲不便，即便如此，作者透
過以一個妻子、母親角色的「燈妹」，在意識裡去感受「自由」的快樂，將人
的主體意識提到最高，也寫出生命仍是最可貴的。

　　《寒夜》的最後，作者爲下一步《荒村》埋下伏筆：「啊！漫漫寒夜，寒
夜漫漫。看哪：一個苦難的時代結束了。另一個苦難的時代于焉開始……」〔註60〕
是預告了《荒村》仍是一部苦難的臺灣史。這是延續作者以歷史爲背景，透
過情節寫被殖民的臺灣人的痛苦，延續悲情的氛圍，在建立以人爲主體的高
昂意識所發出的反抗，以一九二五年到一九二九年的文化協會分裂前後，農
民組合前期的幾件重大事件爲書寫背景，這是由日治前期「噍吧哖」等的武
裝抗日延續下來的文化抗日活動，這是臺灣人民的一種自覺，深切感受到日
本國力的強大，在人力與武器方面不可能戰勝日本，所以放棄以武裝爲主的
抗日，轉向在意識上的抗日，這是臺灣非常重要的年代，但也是人民對於民
族認同意識紛亂的年代，是作者寫作過程最艱苦的一部，似乎有陷入當時面
對「噍吧哖事件」時那種文學與歷史的兩難當中：

　　　　「荒村」於一九七九年七月起稿，一九八〇年九月完成。寫大正末
　　　　年到昭和四年，文化協會分裂前後，農民組合前期的幾件重大事件。
　　　　這是臺灣近代史上最重要的年代，也是充滿迷霧的時刻。正如個人
　　　　生命史上往往會有的迷惘一樣。在這裏筆者試著去抖開歷史的帷
　　　　幕，展示眞象，並予個人的註釋。〔註61〕

文化協會與農民組合可以說是臺灣左翼運動史中兩個非常重要的組織，當時
臺灣的歷史，也因爲對於這兩個組織與其相關的歷史解釋，而陷入對此時期
的曖昧不明，當然其中牽涉到歷史的解釋權在誰身上，以後來對於此兩個組
織的解讀來看，因爲當時的日本掌握了歷史的解釋權，所以許多現在可見的
官方資料，都是指向對日本較有利的解釋，試圖掩飾當時日本的殖民行爲，
與對臺灣人民的壓制，李喬透過以父親爲藍本而寫出的《荒村》，是不是眞的
能喚起臺灣人較爲正確的解讀，對於臺灣歷史有較正確的認知，進而達到爲

〔註60〕李喬：《寒夜三部曲——寒夜》（臺北市：遠景出版社，2001 年 7 月六版），頁
　　　　441。
〔註61〕李喬：《寒夜三部曲——寒夜》（臺北市：遠景出版社，2001 年 7 月六版），頁
　　　　2。

臺灣撥霧除魅，歷史的迷霧，當然不是一本小說就可以談的清楚，作者在整個文本的演繹過程中，對照現在可見的歷史資料就會發現，其實作者所寫是非常貼近史實的，也因爲如此，作者自言「這是寫得最艱苦的一部，也必然是最多疑案的一部」。

「臺灣文化協會」其運作的時間約是從一九二一年到一九二九年之間，要談到「臺灣文化協會」要先提到當時蔣渭水在臺北成立的「文化公司」，此公司設立的主旨就是體認到要有一流文化的民族，才能有一流的國家，「文化公司」在成立的第二個月在東京的臺灣人向日本國會發起「臺灣議會設置請願」運動。因此鼓舞了當時在臺灣的蔣渭水等人計畫成立「臺灣文化協會」。

「農民組合」可以說是日治時期臺灣農民團體所組成的全島性的農民運動組織。起因是一九二五年六月，彰化二林種植甘蔗的農民爲了爭取合理的甘蔗收購價格而成立二林蔗農組合。之後，各地陸續發生農民與政府單位發生衝突事件，在一連串的事件之後，農民反抗意識漸漸覺醒，因而當時臺灣各地的農民組合陸續成立。「農民組合」運作時間約是一九二六年到一九三一，一九二六年的六月，第一個全島性規模的「臺灣農民組合」成立，總部設在鳳山，亦在各地方成立支部。「臺灣農民組合」參與推動的抗爭層面極廣，包含竹林問題、香蕉問題的抗爭，反對土地放領給退職官員，與對抗地主之壓迫、反抗會社的地主剝削，皆是與當時的農民有直接切身的關係，因爲在多次的抗爭活動之後，農民在各方面幾乎有的到一些改善，所以之後的抗爭越來越激烈，也因此激怒當時的日本當局，展開一連串的對農民組織的肅清活動，許多活動轉向地下化，一九三一年一月間以秘密形式達成對於支持臺灣共產黨的共識，卻在同年六月至九月間，因日本政府大動作取締臺灣共產黨而導致多位領導人被捕，「臺灣農民組合」因而瓦解。

此兩個組織可以說是當時臺灣的左翼運動，是爲了反抗日本殖民體制而採取的運動。而日本所採取的肅清行動代表殖民統治者在面對殖民地知識分子抵抗時所作出的反應，這顯示臺灣從一個被壓迫的殖民者，慢慢的變成一個朝向解放的後殖民社會，在殖民地的不公平的社會中，所有的一切都必須在殖民者的規定之下進行，只要違反殖民者的秩序，就會變成一種叛亂，這樣的二元絕對分立就是殖民者與被殖民者之間劃清界線。《荒村》中試圖釐清的複雜與難處，其實牽涉到的是第一階段的臺灣左翼運動，論者陳芳明確的指出其中的關鍵：

使臺灣左翼運動史研究造成更爲困難的原因，還牽涉到大和民族主
義與中華民族主義之間的緊張關係，也牽涉到國民黨與共產黨之間
長期對峙的歷史背景，更牽涉到臺灣意識與中國意識之間相互頡頏
的現實因素。在一般後殖民社會裏，大多只存在著本土意識與外來
意識的抗衡；而並沒有像臺灣社會那樣，除了困惑於本土意識的混
沌未明之外，還夾纏著大和民族主義與中華民族主義的糾葛。臺灣
左翼運動史的討論，是後殖民史學（post-colonial-historiography）的
建構中，最爲棘手也最難釐清的一個特例。〔註62〕

這就是李喬在《荒村》一書後記中的聲明，「因爲筆者在目前，還欠缺透視這
一段歷史迷霧的智慧，實在無力寫下它。有一天，『距離』拉的更遠的時日，
也許我們就會具備那些智慧」〔註63〕，臺灣左翼運動的初始，從李喬的角度
來看，貢獻最多的是那些讀過書沒讀過書的農民，但那些農民的事蹟卻是被
記載被保留最少的，李喬也曾公開表示他在《荒村》中的主題呈現確實是如
此：

張炎憲教授也明白跟我講，《荒村》對農民組合比文化協會的評價要
高，這樣很多知識分子會不高興的，事實上，我確實覺得文化協會
搞反抗運動雖很優雅、很熱烈，但眞正把民心帶起來而有所動作的，
卻是農民組合。那一代的左派，和今天關在房裡吹冷氣、喝咖啡的
左派很不一樣。我訪問過一些農民組合成員的後代，譬如郭常（在
書裡是「郭秋陽」），在苗栗有三間店面，幾甲田，被抓、被關，放
回來之前被打毒針，到家一個禮拜就死了，他的妻子帶著幾個小孩，
幫人家洗磚頭維生，常常洗得雙手破皮流血。〔註64〕

李喬的書寫從「人」出發，進而表現人與土地的關係，而農民的確實是與土
地最接近的一群，而他們的貢獻，卻是歷史書中缺的那一頁，也是在當時的
殖民環境裏，被欺壓最嚴重的一群，他們的群起反抗，是爲了「人」最根本
的生存而反抗，在一段描寫「阿漢」對於自己竟然對殖民者列爲「反抗份子」

〔註62〕陳芳明：《殖民地臺灣：左翼政治運動史論》（臺北市：麥田出版，2006 年 1
月二版），頁 247。
〔註63〕李喬：《寒夜三部曲——荒村》（臺北市：遠景出版社，2001 年 7 月五版），頁
519。
〔註64〕李喬：〈個人反抗與歷史記憶〉，《李喬短篇小說全集》別冊（苗栗：苗栗縣立
文化基金會，中華民國 89 年 1 月），頁 72。

的自省中，我們看到李喬筆下人物所顯現的人性光輝，是「反抗來自生活，
為生活而反抗」：

> 「劉阿漢是什麼人物？」他反問自己。他不覺失笑了。其實自己哪
> 算什麼人物，祇是蕃仔林的貧困老農罷了。所不同的，是一些陰差
> 陽錯，或者說是命運的作弄，使艱苦中成長的他，不知不覺間竟被
> 列入統治者的反抗份子，或者稱為分歧份子而已。
>
> 說起來，是頗為可笑的。他自省過，當初並沒有多少所謂民族大義
> 的意識存在。他不覺得向來自己是為異族統治而反抗；祇是為生活，
> 為生存，就像一隻餓極的猴子，誰搶奪牠裏腹活命的蕃薯，牠就舞
> 爪露齒抗拒一樣。這是必需的必然。〔註65〕

這是臺灣人群起反抗的初衷。而其實《荒村》幾乎是貼近史實的書寫，裏面
提到的歷史事件與許多相關的重要人物，在臺灣歷史中，幾乎都確有其人事
時地，所以，李喬在《荒村》中，要以歷史喚醒臺灣人記憶的意圖昭然若揭。

在《孤燈》全書分成十二章，故事情節分別由臺灣島內及菲律賓兩地進
行，關於描寫當時戰爭時背景與情節，都是作者親自訪談相關人物所得，小
說主角「劉明基」在菲律賓逃亡的路線，就是源於當時僅存四人之一的李達
安先生的經驗。此書的書寫背景歷史，已遠遠超越一個作家可以掌控的程度，
所以其中關於戰爭的許多「寫實」的情景，是透過作者向許多相關人士訪談
而得。然而其中關於臺灣島內的情節，可見幾篇李喬短篇小說的影子，如第
一章「哭聲」描寫即將被徵召到南洋當兵的兩人往傳說中會傳出神秘哭聲的
「鵁婆嘴」探險的情節是源自一九六九年發表的短篇小說〈哭聲〉，〈哭聲〉
描寫的也是居住在蕃仔林，即將到南洋當兵的阿福和阿青兩人到「鵁婆嘴」
探訪神秘哭聲的過程。作者將神秘哭聲與即將到南洋當兵者以「探險」情節
結合，「哭聲」兩字所隱含意義似乎指向——去南洋當兵的人不是一去不返，
就是以「木盒子」裝著骨灰回來。「哭聲」所象徵的涵義還包括對於殖民者強
迫徵召臺灣人民到戰爭之地的控訴。「鵁婆嘴」的神祕傳說有著死亡的氛圍，
到過那裏的人有很多都沒有回來，因此，作者以「鵁婆嘴」一地象徵的就是
「南洋」，前去的臺灣人也很多沒有回來，像即將前往的「劉明基」的哥哥「劉
明森」，雖然幸運的從南洋回來，卻是失了心的軀殼：

---

〔註65〕李喬：《寒夜三部曲——荒村》（臺北市：遠景出版社，2001 年 7 月五版），頁
12。

　　卅四歲的明森在去年年初被調去南洋，今年九月十日由庄役場（鄉
　　公所）的人護送回來的。當時一身污黑乾裂的皮膚，包裹著細瘦的
　　骨架子，臉貌身材，幾乎全失去人形；真難想像，那是往日粗壯像
　　赤牛的明森。

　　明森回來，經一個多月的調養，身體倒逐漸恢復，可是人好像變成
　　半癡半瘋了；不是孩子般地哭鬧，就是發出令人毛骨悚然的怪
　　笑……。〔註66〕

這是臺灣人當時處境的縮影。留在故鄉的只有年老體邁的老年人，或是上無
法獨立的小孩，殖民者將臺灣人民當成附屬的一部分，而不是將臺灣人民看
成自己人，作者藉由寫出歷史被隱藏的「實情」，讓現在的臺灣人知道，這是
臺灣過去真實發生的苦難，因為在那些苦難中熬過來的擁有現在幸福的我
們，要有一顆「愛它、護它」〔註67〕的心。

　　當人的生命處於不安時，親人與故鄉是精神上的依靠。親人與家鄉的意
象結合，變成一種抽象的精神依歸，是沒有具體形象的意念，透過《孤燈》
主角劉明基，李喬寫出了客家人的「胞衣跡」的概念：

　　生命的全程，人類與植物相似：植物長成開花結果，「此果」新苗植
　　物在焉，但不算新植物，必得脫離母樹，「落地」、「定著於一地」乃
　　能吸水份養份，受陽光，長芽葉，伸根鬚，於是新株植物「出現」。
　　人類男精女卵結合孕育於母體，母體中不算完整生命，必得脫出母
　　體，「落地」自己呼吸，於是一獨立新生命出現。「落地」之地俗稱
　　「胞衣跡」（客語），即故鄉。生命來自自然（Nature），以精卵結合
　　形式實現，而故鄉土地有神祕呼喚力量，喻示生命與土地（即 Nature）
　　合一是生命本能。〔註68〕

「胞衣跡」是生命的故鄉，是人精神的依歸，不管身在何處，「故鄉」的意念
永遠存在腦海中，《孤燈》裡將主角劉明基母親身上的香氣將故鄉臺灣結合，
那是劉明基記憶母親的方式，記憶故鄉臺灣的方式，在明基準備到南洋時，

---

〔註66〕 李喬：《寒夜三部曲——孤燈》（臺北市：遠景出版社，2001 年 7 月六版），頁
　　　　 11。

〔註67〕 李喬：《寒夜三部曲——孤燈》後記（臺北市：遠景出版社，2001 年 7 月六版），
　　　　 頁 518。

〔註68〕 李喬：〈臺灣的「特殊後殖民性」〉《李喬文學文化短論集》（苗栗市：苗栗縣
　　　　 政府國際文化觀光局，1997 年 10 月），頁 285～286。

是李喬第一次將「香氣」與母親意象相互扣連：

> 他閉眼斂神，凝然長跪。他心裏卻並未禱告什麼，他祇是深深地，
> 長長地吸氣，急促地吐氣，因爲媽媽的淡淡體香，縷縷飄了過來……
> 記得小時候，媽媽上山砍柴，挖地，經常汗水淋漓，那時媽身上的
> 味道是酸酸臭臭的；一種令人很舒服的氣味。這幾年媽媽不上山勞
> 動了，媽媽的體香轉成淡淡的；但那是最最特殊的香味，再淡也能
> 明確地嗅出來。〔註69〕

明基在前往南洋之前，第一次聞到母親身上那淡淡的體香，那是母親的，是
家鄉蕃仔林的，是「我」劉明基一生唯一的故鄉，在呂宋島逃亡的明基，「每
當最危險的時刻，最絕望的時候這香味就出現了」〔註70〕，與明基一起逃亡
的「仁和」在中途出現精神恍惚的情況，口中總是念念有詞的說自己已經回
到故鄉臺灣，就在一天晚上明基找尋失去蹤影的仁和時，那屬於「生命深處
的秘密香味」〔註71〕出現了，明基也順利找到仁和，雖然仁和最後還是失足
掉進水潭中身亡。

　　於是，母親的香味是故鄉的香味，「阿媽，就是臺灣，就是故鄉，就是蕃
仔林；蕃仔林，故鄉，臺灣，也是一種阿媽。或者說：阿媽，不止是生此血
肉身軀的『女人』，而是大地，生長萬物的大地，是大地的化身，生命的發祥
地」〔註72〕，是在呂宋島逃亡的劉明基賴以活下去的意念，由香氣指引著的，
是故鄉所在的方向：

> 現在，二十幾個難友，都面朝同一個方向寂然靜坐著。
> 這些人，睡著了？或清醒著？或進入混沌茫然狀態中？這都不奇怪。
> 奇異的是，他們，現在，都面朝北方，默默朝向故鄉臺灣的方向……
> 〔註73〕

---

〔註69〕李喬：《寒夜三部曲——孤燈》（臺北市：遠景出版社，2001 年 7 月六版），頁
27。

〔註70〕李喬：《寒夜三部曲——孤燈》（臺北市：遠景出版社，2001 年 7 月六版），頁
394。

〔註71〕李喬：《寒夜三部曲——孤燈》（臺北市：遠景出版社，2001 年 7 月六版），頁
394。

〔註72〕李喬：《寒夜三部曲——孤燈》（台北市：遠景出版社，2001 年 7 月六版），頁
513。

〔註73〕李喬：《寒夜三部曲——孤燈》（臺北市：遠景出版社，2001 年 7 月六版），頁
419。

就像神秘的鱒魚,「牠們雖然遨遊四海,但一定歸依故鄉。這是生命的本然,
超意志的力量」〔註74〕,「年年這樣,歲歲如此;千萬年不變,永遠不會迷途」
〔註75〕,台灣是有根有歷史的,要像高山鱒族一樣,心永遠向著自己的故鄉,
這也是李喬從歷史中所找到的台灣人的母親,台灣人的故鄉,其實就是我們
腳下踏踏實實踩著的土地。

　　另外,臺灣的「外來統治的歷史很長,整個社會一直在壓抑的狀態,人
性自然想反抗,民心覺醒的程度高度,需要有一個東西呼應它」〔註76〕,《寒
夜三部曲》對於李喬而言是檢討處於殖民意識底下的我的身分追尋,從家族
的尋根到臺灣歷史文化的發展,而其中還包含作者悲情的人生觀,曾於訪談
中提到:

> 這是一部關乎我的家族,也關乎臺灣歷史的小說。此書對我的意義
> 主要在於追尋自己的家族歷史,追尋家族歷史其實就是追尋自己,
> 我是什麼?我是誰?我從哪裡來?其實這也隱含很感傷的一個情
> 愫,就是臺灣歷史或居民直到今天都還在追尋自己的定位,我是誰?
> 我要如何走?到今天仍然吵鬧不休。追尋自我有許多層面,最高是
> 宗教層面,至於臺灣定位則屬於社會群體層面。此書對我而言非常
> 重要,就是把我自己釐清了。〔註77〕

我們看到的是一個家族的拓荒歷程,代表的是臺灣人的精神史、殖民史。以
客觀歷史爲背景,寫出臺灣這個「母親」的故事,「母親本身就是一個意象,
就好像人來自於大地,這個母親就是大地,而且我們每一個人,將來就要回
歸大地」〔註78〕,在「試著去抖開歷史的帷幕」過程中,以文學的方式,帶
著臺灣人重返歷史現場,或許,這樣的書寫空間圖像與臺灣過往的歷史,對
現在的我們而言是既陌生又遙遠,但透過對於小說的瞭解,可以喚起我們對

---

〔註74〕 李喬:《寒夜三部曲——孤燈》書前序,(臺北市:遠景出版社,2001 年 7 月
　　　　六版),頁 3。

〔註75〕 李喬:《寒夜三部曲——孤燈》(台北市:遠景出版社,2001 年 7 月六版),頁
　　　　419。

〔註76〕 李喬:〈個人反抗與歷史記憶〉,《李喬短篇小說全集》別冊(苗栗:苗栗縣立
　　　　文化基金會,中華民國 89 年 1 月),頁 71。

〔註77〕 盧翁美珍:《李喬《寒夜三部曲》人物研究》,國立彰化師範大學國文學系碩
　　　　論,2004 年,頁 254。

〔註78〕 洪醒夫:〈偉大的同情與大地的鄉愁——李喬訪問記〉,《李喬短篇小說全集》
　　　　別冊(苗栗:苗栗縣立文化基金會,中華民國 89 年 1 月),頁 292。

腳下土地關愛的意識：

> 社會上有談論這部書嗎？我不曉得（笑），似乎都是圈內的人在談。
> 不過確有很多人告訴我，看了這本書會掉眼淚。講到這點，我倒是
> 感覺文學的力量與奧秘，有點出乎我意料之外，寫《荒村》的時候，
> 有兩個看過《寒夜》的年輕學生，不知道怎麼找到山上來看我，一
> 個是世界新專的，一個在師大讀物理，他們都說：「過去我不知道臺
> 灣的歷史是這樣的，將來出國留學，不管從前讀什麼，我就是要研
> 究臺灣史。」〔註79〕

另外，也有政治大學的學生在讀了《寒夜三部曲》之後，還以「歷史上臺灣
族群的生活」為討論專題〔註80〕。這就是文學的力量，也是讓小說家寫作源
源不絕的動力來源，當作品獲得讀者的共鳴時，那對於思想是無形且長遠的
影響，會喚起人最深層的意識，形成共同意識的建立。

> 殖民者的策略，往往把人民與土地區隔，使之產生疏離、遺忘的效
> 果。被殖民者與自己的土地疏離，越有利於殖民者對土地資源的剝
> 削，而且也越使被統治者不易產生認同。〔註81〕

李喬的《寒夜三部曲》書寫主軸同時指向人對於土地的依戀。透過找尋失落
的歷史，其真正的意義是要找回那失落的原鄉，記憶的重建，就是重建人民
與土地的情感，而就後殖民的思考，這樣回歸本源的歷史書寫，是與殖民者
背道而馳的。《寒夜》裏彭阿強帶著一家老小在寒風中找尋開墾居住的地方，
為生命最原始的「安身立命」找到著落；《荒村》中為了保護土地，群起反抗
殖民者，因而有「文化協會」與「農民組合」組織的成立；最後《孤燈》中
的劉明基意念中的母親、故鄉、臺灣更是成為他逃亡時，支撐他活下去的力
量，臺灣是大洋中的孤島，就像是劉明基在沒有止盡逃亡中的那盞孤燈，指
引他方向，給他活下去才有機會回到故鄉、母親身邊的機會。

---

〔註79〕李喬：〈個人反抗與歷史記憶〉，《李喬短篇小說全集》別冊（苗栗：苗栗縣立
　　　　文化基金會，中華民國89年1月），頁71。

〔註80〕岡崎郁子作，江上譯：〈台灣文學的香火──李喬〉，《李喬短篇小說全集》別
　　　　冊（苗栗：苗栗縣立文化基金會，中華民國89年1月），頁258。

〔註81〕陳芳明：《後殖民臺灣──文學史論及其周邊》（臺北市：麥田出版，2002年
　　　　4月），頁34。

## （三）戳破歷史的謊言《埋冤‧一九四七‧埋冤》〔註 82〕與二二八事件

就李喬歷史素材小說的書寫而言，《結義西來庵》寫的是日治時期臺灣與日本，殖民與被殖民的關係，然而臺灣歷史最重大事件之一的「二二八」事件，卻是發生在一九四五國民政府來台，接收臺灣所帶來中華民族主義的政策思想之後。人民的思想反應成為文學作品，是無法用時間決然切割的，不是日本殖民離開臺灣之後，殖民體制就隨著日本政權消失，也不是當中華民族主義來臺灣時，臺灣被日本殖民的傷痕就會馬上消弭，對於國民政府的政權進入臺灣所造成在文學場域的影響，論者陳芳明對於此時期臺灣社會的整體現象，有深入的看法：

> 一九四五年國民政府來台接收時，強力把中華民族主義引進臺灣。為了壓制大和民族主義思潮在臺灣的殘餘，官方正式在一九四六年宣布禁用日文政策，距離一九三七年日本軍閥的禁用漢語政策，前後未及十年。時代改變，政府體制也發生改變，唯獨定居於臺灣的作家，卻必須在最短期間內適應兩種不同的語言工具，並且也必須同時適應語言背後所隱藏的兩種敵對的民族主義。國民政府推動的中華民族主義是武裝的方式，充滿了威權與暴力。這個事實不僅反映在政府體制如臺灣行政長官公署的設計之上，同時也反映在國語政策所挾帶的對臺人歧視態度。一九四七年爆發的二二八事件，可以說是文化差異所造成的悲劇，相當徹底暴露了國民政府的殖民者性格。〔註 83〕

若將一九四七年發生的「二二八事件」置於這樣的一個關於社會環境所表現的脈絡來看，其實在臺灣的歷史進程中，「外來」統治者不乏以屠殺手段來鎮壓臺灣居民的例子，回看十七世紀的荷蘭殖民時期，殖民者為了消除殖民者與被殖民者之間的文化差異，就以武力達到鞏固殖民者地位的目的。

因此，可以說《埋冤》一書的主題書寫，是指向以臺灣意識出發，控訴

---

〔註 82〕《埋冤‧一九四七‧埋冤》共有上下兩冊，為了行文方便，以下以《埋冤》的簡稱來涵括上下兩冊；對於單獨提到上冊時以《埋冤‧一九四七》稱之；單獨提到下冊則以《埋冤‧埋冤》稱之。

〔註 83〕陳芳明：《後殖民臺灣——文學史論及其周邊》（臺北市：麥田出版，2002 年 4 月），頁 27。

國民政府的另一個「殖民時期」。臺灣在二二八事件發生之後到戒嚴的四十年的歷史中，所顯現的「被殖民」的特點。以「解嚴」時期結束之後，臺灣的知識分子才開始關注二二八事件來講，因為當時的「戒嚴體制」〔註84〕對臺灣人民所實行的各項政策與措施無疑是「殖民體制」的一種變貌。從當時的知識分子表現來看，對於殖民體制的支配下，文壇的作家或知識份子似乎普遍的都罹患了「歷史失憶症」或「文學失語症」，知識分子所表現的其實就是──沒有歷史、沒有傳統、沒有記憶，就是殖民地社會的共同經驗──無根與放逐。

　　歷史學者李永熾為《埋冤‧一九四七‧埋冤》寫序時，其重點在於闡明歷史在整個社會中所顯現的意義所在，對於其中所寫的關於歷史的真實與虛構之間相互辯證的關係雖沒有提出自己的看法，但他以為《埋冤‧一九四七‧埋冤》是寫臺灣「古拉格」〔註85〕化的情境，以「古拉格」來比喻臺灣人在心靈上的封閉，也就是說，二二八的真相，穿透歷史，穿透每一個臺灣人的心，形成數十年來臺灣人最難解之結。

　　這其實就是李喬所認為的「臺灣是一個從不作完整歷史反省的地方」。因為外來的殖民者他們依照自己的方式，在臺灣塑造出屬於他們「希望」變成的歷史，所以只能不斷扭曲歷史，捏造事故，收編歷史。而臺灣人將會永遠只是一個歷史中的「他者」，臺灣人可以就此甘於如此嗎？李喬要做的是一個歷史的「自我」，因此，他從被蒙蔽的歷史當中找尋真相，這個真相，不只是

〔註84〕「戒嚴」是國家遭逢戰爭或叛亂等非常狀態而採取的緊急軍事措施。以發布戒嚴令而實施之，並在戒嚴法及相關法令的建構下形成國家之非常體制。第二次世界大戰後，臺灣地區曾三度戒嚴，分別是 1947 年二二八事件期間、1947 年12 月 10 日及 1949 年 5 月 19 日。第三次戒嚴自宣告日起，至 1987 年 7 月 15日宣布解嚴為止，長達 38 年。戒嚴令的頒布是影響台灣社會發展極大的重要歷史事件。依據《戒嚴法》條文的規定，「在宣布戒嚴期間，由戒嚴地域的最高司令官掌管行政事務及司法事務」，即政府有權剝奪人民自由與基本人權，包括集會、結社、言論、出版、旅遊等權利，即所謂黨禁、報禁、海禁、出口旅遊禁等。在此段時期言論自由受到普遍限制，政府運用相關法令條文對政治上持異議人士、左派人士及許多無辜者進行逮捕、軍法審判、關押或處決。此解釋參考網址：http://zh.wikipedia.org 、文建會臺灣大百科全書：http://taiwanpedia.culture.tw/web/content?ID=3861，上網時間：2011 年 7 月 5 日。
〔註85〕古拉格（Gulag）是前蘇聯政府一部分，負責管理全國牢獄營。古拉格這詞意味著不只集中營管理，也意味著所有形式的蘇聯奴制本身。此解釋參考網址：http://zh.wikipedia.org，上網時間：2010 年 11 月 20 日。在此是說明臺灣缺乏共同的群體意識，無法建構真正屬於自己可以獨立自主的國家。

在歷史文獻中所看到的對於傷亡的統計人數，和分類分項的相關說明，那是「官方」的「歷史眞相」，而李喬的小說卻加入他十年的苦心探訪，試圖還原每一個歷史的圖像，更眞實的傳達了二二八眞相的殘酷，「臺灣人子孫需要了解歷史眞象的因緣，臺灣人後輩不能淡忘那苦地悲天！」〔註86〕正如他自己所言：「要詳知二二八，來讀我的小說《埋冤・一九四七・埋冤》。」〔註87〕

李喬的長篇歷史素材小說在《結義西來庵》、《寒夜三部曲》之後，開始與臺灣歷史緊密結合。沒有經過對於余清芳檔案的處理，李喬自言「寫不出結義西來庵」，而沒有「結義西來庵」對於臺灣歷史的沉澱思考，也就沒有《寒夜三部曲》的完成。在寫完《寒夜三部曲》之後，臺灣歷史上的「千古沉冤」案——二二八事件成了李喬對臺灣「難了的債」：

> 我生於一九三四年，直接經歷過日本殖民統治、二次大戰、國府接收台灣、二二八事件及國民黨政權遷臺。這期間，政權交替下的衝突、矛盾、隔離、壓迫、反抗、整合都清楚、明晰地刻在我的生命裏。生活的經驗加上文學的歷練使我意識到將此段歷史再現是我一生無可拒絕、逃避的工作。然而囿於個人生命的有限性，我將精力、心思全數投注在這部以「二二八事件」爲背景的小說「埋冤・一九四七・埋冤」的創作上。〔註88〕

因爲如此，李喬花了十年的時間去找尋收集二二八事件的相關資料，與對相關的人事物進行田野調查的探訪，作者花了這麼多時間做相關的歷史考證，「是補文學史料之不足」，是「增加眞實感的必經之門」，更重要的是「可以幫助作者穿越時間隧道，『進入』歷史的景場」〔註89〕。爲了收集資料，李喬一九八三年五月到日本的圖書館去借閱刊有二二八相關資料的《臺灣青年》雜誌，找到當時立法院院長劉闊才如何招兵買馬的史料，也「跑到史丹佛大學的東方圖書館找資料」〔註90〕，經過十年的收集資料與探訪口述加上三年

〔註86〕李喬：《埋冤・一九四七・埋冤》（基隆：臺灣海洋出版社，1995 年 10 月），頁 22。

〔註87〕鄭清文：〈從李喬小說談如何建立臺灣文學〉《李喬的文學與文化論述：第五屆臺灣文化國際學術研討會論文集（上）》，（臺北市：師大臺文所，2007 年 12 月），頁 26。

〔註88〕李喬：《埋冤・一九四七・埋冤》自序之（一），（基隆：臺灣海洋出版社，1995 年 10 月），頁 15～16。

〔註89〕李喬《小說入門》，（臺北市：大安出版社，1996 年），頁 194。

〔註90〕〈戲謔的笑顏，沉重的生命——觀點、後設的重構〉收錄於《想像的壯遊—

半的寫作時間，《埋冤》一書就花了約十四年的時間，李喬有感而發的說：「十三、四年的時間造就這七十多萬字一部小說，作者我一生不會有兩次機會，也不會那樣做。對作者而言，它不祇是一部小說而已；希望讀者，臺灣人民也作如是觀。起始我就把『呈現二二八的全景，並釋放其意義』當作生命上的天職，負我臺灣母土的債務。」〔註91〕

戒嚴之後，許多的歷史家文學家等有心人士，迫不及待的要將「二二八事件」這個臺灣的冤案釐清，因爲事件從發生到戒嚴結束，中間已經過了將近四十年之久，這期間不見官方「正確」的相關資料公布，所以戒嚴之後的眞相調查，幾乎都是源於「口述歷史」，也是因爲如此，社會上對於此事件仍有著不同的「歧見」。所以，在一九八七年宣布解除戒嚴時期之後，他決定要償還這個生命中尙未釐清的債——「二二八事件」。相較於李喬前兩部歷史素材書寫的小說《結義西來庵》與《寒夜三部曲》即使在細節上看法有所不同，但在歷史眞相上已有所定論，但《埋冤》一書的題材在「歷史本質」的層面上仍是一種「未明」的狀態，所以此書在某些層面勢必面對若干的「歷史責任」。

然而在二二八事件變成臺灣文學場域上「顯學」的同時，不一樣的聲音也出現了：

「我們只要往前看，不必往後看！」

「這個案件和往後臺灣發展沒有關係，何必去『炒』？」

「五十歲以下的人完全不知道，何必去算舊帳？」

「這件事變成政治上的『商品』了，人人想從那裏賺取政治利益……」

〔註92〕

上述的說法在「現象」是確實「無聲無影」，「死難者的血肉早已腐朽爲灰爲泥，哭聲已銷鬼號已杳」〔註93〕，而這些不一樣的聲音是李喬所認爲罔顧受害者的一種試圖掩飾當時執政者惡行的說法。

——十場臺灣當代小說的心靈饗宴2：國立臺灣文學館・第四季週末文學對談》，臺南市：國立臺灣文學館，2007年12月初版一刷，頁222。

〔註91〕李喬：《埋冤・一九四七・埋冤》後記，（基隆：臺灣海洋出版社，1995年10月），頁643。

〔註92〕李喬：〈絕對不要相信「他們」——臺灣的「二二八圖像」〉，《臺灣文化造型》（臺北市：前衛出版社，1992年12月），頁101。

〔註93〕李喬：〈絕對不要相信「他們」——臺灣的「二二八圖像」〉，《臺灣文化造型》（臺北市：前衛出版社，1992年12月），頁100。

　　上冊《埋冤‧一九四七》起稿於一九八九年，於一九九一年完成，下冊《埋冤‧埋冤》是一九九二年起筆，一九九四年四月寫完全書，就是對於歷史眞相的責任，所以在面對這些歷史資料時，李喬以一顆「虔誠的心」來寫，所以「『埋冤』出現的主要人物中（有名有姓者）只有一人葉蒲實——葉貞子之子，是純虛構人物，其餘，『小說人物姓名與歷史姓名』可以明確參照比對者有十三人，與歷史人物姓名完全相同者，有四十三人，小說人物使用化名，但眞有其人者有四人」〔註 94〕，作者的書寫異於之前的歷史素材小說的書寫手法，上冊以貼近史實的呈現，意圖在於讓臺灣人民了解歷史的眞相，這是他「對歷史的責任與使命感轉化爲虔敬的心願」〔註 95〕。

　　《埋冤‧一九四七》共分七章。以主角之一的林志天爲主要視角。而「林志天」的取材人物就是在台中所成立對抗執政者的武裝部隊隊長「鍾逸人」，通過林志天的眼，寫出這個一九四七年二月二十八日爆發並蔓延全台的衝突流血事件。從一九四七年二月二十七日傍晚，臺灣省行政長官公署專賣局緝私員傅學通、葉得根等六人與四名警察，在臺北太平町（今延平北路）天馬茶房附近查緝私煙，沒收當時身上有私煙的婦人林江邁的私煙與現款，林婦因現款被沒收而跪求傅學通將現款還她反遭槍柄擊傷，引起附近民眾圍觀喊打，緝私員因此分頭逃竄，逃到永樂町（今大同區）的傅學通爲了警告撲湧過來的群眾而開槍示警，卻擊中圍觀民眾陳文溪之後逃離，憤怒的群眾燒燬專賣局卡車洩憤，包圍警察局要求懲凶未果。到二十八日臺北部分市民罷工、罷市，遊行向專賣局抗議，下午湧向行政長官公署請願，公署二樓衛兵開槍掃射，死傷多人，群眾怒火迸發，不可收拾，衝突情勢迅速蔓延，成爲全島性的反抗行動。《埋冤‧一九四七》以當時警方殺人的「事實」串接眞實的歷史事件，以製造「重返」歷史現場的敘述方式呈現，其目的在寫出當時執政者對臺灣人殺戮的眞實。而在武力鎮壓與清鄉行動中，臺灣民眾死傷慘烈，菁英分子幾被清除殆盡。北部菁英多遭逮捕後失蹤，南部菁英則被槍決示眾。事件的死亡人數，各種估計從數千到十幾萬不一，一九九二年行政院《二二八事件研究報告》推估在一萬八千至二萬八千人。二二八事件造成臺灣社會

〔註 94〕彭瑞金：〈生命的救贖，還是歷史的釋放？——《埋冤‧一九四七‧埋冤》的再探索〉《李喬的文學與文化論述：第五屆臺灣文化國際學術研討會論文集（上）》，（臺北市：師大臺文所，2007 年 12 月），頁 538。

〔註 95〕李喬：《埋冤‧一九四七‧埋冤》自序之（一），（基隆：臺灣海洋出版社，1995年 10 月），頁 15。

戰慄噤聲，但也成為日後族群衝突對立的重要因素之一，更被認為是戰後臺灣獨立運動的起點。」〔註96〕

　　在上冊《埋冤・一九四七》約三十五萬字的書寫，不斷出現許多作者明顯讓歷史真相去成就小說的情況，從基隆港一直順著臺灣島由北而南，皆以中國兵不斷重複殺戮為主要描寫，不管是個人或是集體，或是特定對象，也有無緣無故濫殺的過程，作者不斷的以殺戮呈現二二八事件，寫著曾被鮮血染紅的每一吋臺灣的土地，這是李喬在說明忠於歷史之後，所呈現的歷史已經填補小說虛構所不能呈現的情節，李喬接受歷史的招喚，暫時拋棄自己的文學作家身分，讓真實歷史成分重於小說虛構情節，替「埋冤」的人招魂，是重要的轉化關鍵。也因此可以看到李喬處理文學與歷史在面對面時的痕跡，身陷歷史的兩難之中，自言：「這本書下筆之前，約有一年時間，我深陷在『文學與歷史的兩難』中，最後找到的途徑是；上冊貼緊史實，乃以文學虛構貫穿；下冊經營純文學，但不捨歷史情境之真。」〔註97〕

　　李喬在說到自己的寫作過程，透露出無法拋開沉重的歷史包袱，在如此的情況之下，李喬忍不住的以「作家在場」的筆法穿梭於一九四七年的二二八的歷史現場與《埋冤》一書的小說世界中，特別是上冊中，不斷的以「自己」在場的姿態為歷史現場作註解，或是在小說現場說著自己的看法，身為一個被冠上「小說家」名號已久的李喬，他當然清楚的知道，直接在小說文本中出現作者的註解與說明，必定會引來許多人的撻伐與批評，而他則利用我就是「作者」的「特殊」身分，直接在文本裡替自己平反：

　　　作者案：走筆至此，不得不「跳脫」歷史時空，回到現實今天來檢
　　　視這段敘述：「該不該把這些慘絕歷史場景予以再現？」這是近年來
　　　日夜折磨筆者的難題，其中矛盾掙扎過程從略，最後決定以大死一
　　　番心情直書白描，筆者依恃的理由是：（一）人間存在過的就不會消
　　　失，與其曲隱暗藏，不如詳載諸史冊留與今世後代同存同在成為鑑
　　　戒。……至此，生死幽明之於筆者已然萬難且亦不宜不必尤其不能
　　　分辨矣！筆者敬畏另一世界之存在，實不敢不秉筆直書也。一九九

〔註96〕資料參考來源：文建會台灣大百科全書。http://taiwanpedia.culture.tw/web/content?ID=3838&Keyword=%E4%BA%8C%E4%BA%8C%E5%85%AB#。上網日期：2011年8月11日。

〔註97〕李喬：《埋冤・一九四七・埋冤》書後記，（李喬自印自銷，1995年10月），頁644。

○‧端陽午後誌〔註98〕

爲何出現作者這樣解釋式的文字於文本當中，因爲接下來作者寫到中國的軍人部隊，從基隆上岸展開「清港」式的大屠殺，當時有二十六名單純的熱血學生，因爲看到市民受到這樣失去生命的不公平對待，公然舉著白旗要與軍方談判，卻也因此落入軍方的手中，他們被挖掉眼睛、開腸剖肚、取下臉上的各種器官，被凌虐到死的慘狀，當地的居民可以清楚的看見，因爲軍方故意將這些屍體，丟置在人來人往的港邊。當作家必須捨棄文學而將眞實的歷史攤在讀者面前時，會不會反而讓讀者落入以爲是作家虛構的情節呢？如果讀者因此產生了對於文學是虛構的錯覺，這樣豈不是對不起眞正的歷史了。這也是他引領讀者重返二二八現場去見證事件發生的始末與關於屠殺這樣慘絕人寰的事。

在透過二二八事件的田野調查過程，訪問許多倖存的受難者與受難者的家屬，與他們面對面的過程中，李喬親自印證了他十四歲那年所「聽說」的很多事，包括發生在他父親身上的事，也看見了倖存受難者在再一次重提此事時的反應，與受難者家屬在事件過後的許多年後，在談到此事時那種內心無法平復的恐懼，與可能一輩子無法復原的傷痛：

> 筆者曾拜訪一位嘉義籍老國代，請他口述當年情狀。彼支吾半天而言不及義，當筆者告退時，彼突然深深一鞠躬，然後悄聲說：感謝，但願那一代冤屈……接下去竟然是抽噎而無言……
>
> 在屏東市訪問一位當年涉案坐牢人的女兒時，伊說：父親出獄後一生閉戶不問世事，同鄉小輩求職行事時，老父只有一句話：只要認眞去做對臺灣、對故鄉有益的事，大小不論；但要緊記：絕對不能信任「他們」……
>
> 一位同鄉長者告訴筆者：某年某夕，在丙種火車平交道，巧遇火車經過；在一帆布密遮軍車中，突然傳出招呼聲，原來是半年前失蹤的同事。該同事以急促語聲說：我們將送去槍決了，請轉告我妻，我是被冤枉的，我沒做任何壞事。也請我妻將來告知子女，他父親不是壞人……〔註99〕

〔註98〕李喬：《埋冤‧一九四七‧埋冤》（李喬自印自銷，1995 年 10 月），頁 199～211。

〔註99〕李喬：〈絕對不要相信「他們」──臺灣的「二二八圖像」〉，《臺灣文化造型》（臺北市：前衛出版社，1992 年 12 月），頁 102。

這是當時二二八圖像在經過時間的嬗遞之後，所產生的各種變貌。在那些人的心中產生的影響：遠離政治、不管公共事務、自閉、懦弱、對政治不信任感等，而他們的後代可能還是會帶著這樣的性格繼續生活。作者以「當事者」重現的手法，重現被執政者試圖消音的真相。

　　如果說日治時期的「西來庵」事件，是臺灣人對於殖民者抵抗的一個重要的轉折，那「二二八」事件則是臺灣人對於戰後悲情的反抗，是一種自覺意識興起的一種反抗。李喬的前兩部小說《結義西來庵》與《寒夜三部曲》皆於戒嚴時期完成的創作，那是一個思想受到嚴重束縛的年代，就執政者與民眾的關係而言，代表的是一種「另類」的殖民與被殖的關係，對於處於後殖民的臺灣，李喬有屬於自己的看法：

> 初識後殖民概念，一定會接觸到「法農」與「薩依德」。身為「被殖民慣了的臺灣人」而言，對前後兩位大師，難免萌生奇特的「妒意」：「法農」怨嘆恆罩「白面具」，卻好在有「黑皮膚」這個最後最堅固堡壘在。臺灣人呢？「薩依德」一生流浪，卻仍有「阿拉伯式」的文化心靈以抵抗殖民者。臺灣人呢？「薩依德」念念不忘！一個已經失去或被遺忘的世界。〔註100〕

李喬羨慕在白面具下仍擁有黑皮膚那個象徵真實自我的「法農」；一生流浪的「薩依德」仍保有的原始自我文化的純真心靈，臺灣人在一個一直不斷的灌輸「官方」的歷史與文化之下，所擁有的只有「臺灣人」的軀體，但文化思想卻不是自己族群所有的，所以要從自己的最根本去找尋臺灣人真實的「最初」，作者從歷史冤案出發，是因為這個冤案造成臺灣人在自我認同上的分歧，會有這樣認同上的歧異產生，是因為許多參與那個時代的人心中有所怨恨，會有怨恨則是來自冤屈沒有被洗清，真相沒有大白，那些人與他們的後代代替全部的臺灣人背著沉重的歷史包袱，唯有力圖重返現場去釐清真相，才有可能從二二八事件的冤恨中，把全體臺灣人釋放出來，這是作者花了將近十四年的時間去完成這部創作時，心中最深沉與迫切的想望，這樣的希望是否能夠達成，則必須先釐清經過歷史大河而成滾滾濁流的「殖民意識」：

> 從二〇〇四年大選後的情勢看：臺灣不但難以脫出殖民情境，已然

---

〔註100〕李喬：〈序《戰後臺灣反殖民與後殖民詩學》——大變局中大反省〉《李喬文學文化短論集》（苗栗市：苗栗縣政府國際文化觀光局，1997 年 10 月），頁345。

由『內殖民』而『自我殖民』的狀態看來，臺灣人卑恭屈膝地要求
被接納，可是不被允許，殖民者「殖民Ｖ‧Ｓ被殖民」；臺灣人永遠
是「他者」。

臺灣人永遠是「被殖民者」嗎？甘心嗎？〔註101〕

李喬對於歷史先破而立的動機相當明確。一九四五年的終戰，那是臺灣人民
欣喜迎接「光復」的一個時間點，當時的臺灣人民，慢心期盼的是「從雲霧
瀰漫的迷惘裏找到那真實真切的『祖國』了」〔註102〕，但現實與期盼顯然與
真實生活有著極大的落差，對於日治時期之後，由當時國民黨執政時的臺灣，
其政策所造成的生活環境，不是人民所期待與滿意的，如此來看，「二二八事
件」的產生，是那個大時代下產生的一個必然，是在當時人民心中對於理想
的幻滅，是建設祖國的期望破滅，由心中不平不滿之氣，演變成一種人民對
當局的仇恨，所以是一個民變的事件。

日治時期之後，陳儀政府提出「建設三民主義模範省」的口號，這個口號
很快的打進當時年輕一代青年學子的心中，當時這些青年學子認為要真正的擺
脫掉被殖民者的角色，必須建立一個強大的國家，但是這些擁有報負的年輕人
很快的就發現，心中嚮往的祖國似乎與所期望的有所誤差，所以，「我們要把臺
灣建設成三民主義模範省，成為其他各省效法的對象，我們認為建設一個現代
化的強大的祖國應該是可以達到目標的」〔註103〕，對於當時的陳儀政府，李喬
也提出自己的見解，他認為這是發生「二二八事件」的直接原因：

一九四五年十月中國政府派任的「臺灣省行政長官公署主席」陳儀
蒞臺視事。臺灣人對中國人、官員士兵的態度是：起初熱烈歡迎、
擁抱──因為臺人被異族日人統治五十年，把自由解放的夢想寄託
在原鄉故國上面；在相處一段時日後逐漸由希望的峰頂跌落絕望的
深谷──因為來自原鄉故土的政府表現太差太差了。〔註104〕

〔註101〕李喬：〈序《戰後臺灣反殖民與後殖民詩學》──大變局中大反省〉《李喬文
　　　　學文化短論集》（苗栗市：苗栗縣政府國際文化觀光局，1997 年 10 月），頁
　　　　345。
〔註102〕李喬：《埋冤‧一九四七‧埋冤》前言（基隆‧海洋臺灣出版社，1995 年 10
　　　　月），頁 107。
〔註103〕鍾肇政著，莊紫蓉編：《臺灣文學十講》（臺北市：前衛出版社，2000 年 11
　　　　月），頁 57。
〔註104〕李喬：《埋冤‧一九四七‧埋冤》前言（基隆‧海洋臺灣出版社，1995 年 10
　　　　月），頁 1。

雖然二二八在臺灣的歷史進程中始終無法清算，永遠沉冤莫白，而當時的民眾對於陳儀政府執政時期，也有許多分裂的看法，這似乎也已成為歷史的必然，但作家李喬以他所看所經歷的「客觀」虔誠的心，來面對這些他所見的關於二二八的人、事、物，從他的書寫當中，可以看到一個臺灣人對於根本的生命與土地關懷的初衷，或許有許多人對於「二二八事件」的看法意見是相左的，但以臺灣人立足出發的書寫企圖，是無法忽略的。

　　不過，對於上冊力圖呈現歷史的真實現場的另外一個原因，是屬於李喬自己個人生命歷程的「清算」，也是替自己的父親所受的冤屈平反，李喬的父親差一點因為二二八事件而遭到活埋的遭遇，他曾在訪談中提到這：

> 在二二八事件以前，他很神氣，它代表政府接收大湖區，黨政軍負責人我老爸風光過一時。二二八的時候，他是地方的老大，他有保鑣……
>
> 一九四七年三月四日傍晚，他的保鑣來講官邸那邊有一群人準備打「阿山仔」，我老爸穿了衣服醉醺醺的往前面衝，我在後面跟。……
>
> 兩個月以後我父親忽然被抓去了。……是後來當了苗栗縣長，當年去讀黃埔軍校的臺灣人劉定國，在刑場把我老爸救了起來。〔註105〕

其實在李喬的許多文章中，可以看到他與父親不太親近，甚至對於父親不顧家庭與在外的行為無法諒解，父親在「二二八事件」時期被抓，到返家時已經是一個六十幾歲的老人了，但爾後的父親卻是整個人完全的改變，做了許多壞事，最後老死時還留了一屁股債給李喬兄弟，因此一直到李喬長大，對父親仍然有「怨恨」。而這股怨恨直到他在一九七五年時出版《李喬自選集》〔註106〕時，將文集送給楊逵先生，楊逵先生看了書前的自傳，才跟他說關於父親李木芳的事，李喬也才在心中慢慢紓解對父親的「怨」。關於李喬對父親在心中形象轉變的過程，到他終於可以釋懷的放下對父親的怨恨，就是一九八三年所發表的短篇小說〈爸爸的新棉被〉〔註107〕的描寫主題。因為有這樣

---

〔註105〕〈戲謔的笑顏，沉重的生命——觀點、後設的重構〉收錄於《想像的壯遊——十場臺灣當代小說的心靈饗宴 2：國立臺灣文學館・第四季週末文學對談》，臺南市：國立臺灣文學館，2007 年 12 月初版一刷，頁 223。

〔註106〕李喬：《李喬自選集》（臺北市：黎明文化出版，1975 年 5 月）。

〔註107〕李喬：〈爸爸的新棉被〉，收入《李喬短篇小說全集》第九卷（苗栗：苗栗縣立文化基金會，中華民國 89 年 1 月），頁 155～180。李喬曾於訪談中提到此短篇是由他的真實故事寫成：「《爸爸的新棉被》是真實故事。我們幾個兄妹對父親都很不好，他老年以後亂七八糟，弄得我們很慘，大家都不太理他，

直接的經驗，所以在他的意識層面裡，寫作《埋冤》這本書是處裡自己與父親的心裡糾葛，希望他父親在他心裡所留下的那些負面的東西都可以洗掉，曾言如果他不寫關於二二八事件的小說，「那就是欠臺灣歷史的債」〔註108〕；另外一件與二二八事件有關，同樣震撼李喬的事，當時李喬就讀國校，只剩最後一學期就畢業，在學期的某一天一早，李喬看到一位因為二二八事件被中國兵凌虐而精神異常的女子在教室裡，她是當時大湖鄉唯一就讀臺大醫學院的女學生，也是當時李喬導師的好友，這位年輕女子的形象及不幸的遭遇，深深烙印在李喬的腦海中，而《埋冤‧一九四七‧埋冤》中的女主角「葉貞子」，就是這位女子的化身。〔註109〕

李喬雖然朝著「上冊貼緊史實」，以文學來彌補歷史留下的細縫，而下冊的「經營純文學」，於歷史層面上只求不失真實，給予文學較大的發揮空間，因為如此，我們看到上冊中對於兩位主角林志天與葉貞子的著墨並不多，作者明顯的著重在歷史真相的還原與鋪陳，將自己的閱讀經驗、深入的調查與訪問過程，融入事件發生的人、事、時、地、物等方面，試圖建構一個「真實」的歷史場景，將作品的客觀性提到最高，且為了更真實的讓讀者相信歷史現場的再現，在文中提到的人名與地點等，都清楚的說明，通篇充滿作者的註文、按語，不斷的打斷讀者正常的線性閱讀，不但破壞了名為「小說」的文學美感成份，也顛覆了文學創作該有的虛構本質。還曾自己開玩笑的說：「《埋冤‧一九四七‧埋冤》寫了一個世界上最長的序文，三十五萬字，下冊三十九萬字才是本文」〔註110〕。

---

蓋的被子都壞掉了，有一天我妹妹買了條新棉被給他，他一直擺在櫥櫃上不肯蓋，問他為什麼，他說：『我要留起來，乾乾淨淨地還給你們，老爸一生沒做什麼好事情，我沒什麼可以留給你們，只有這條棉被，乾乾淨淨還給你們。』」黃怡：〈個人反抗與歷史記憶〉，《李喬短篇小說全集》別冊（苗栗：苗栗縣立文化基金會，中華民國89年1月），頁83。「此篇小說還被學戲劇的女兒改編成戲劇，只是李喬笑稱自己也沒看過改編後的呈現。」此為2011年7月3日筆者拜訪李喬時他親口所說。

〔註108〕盧翁美珍：《李喬《寒夜三部曲》人物研究》，國立彰化師範大學國文學系碩論，2004年，頁255。

〔註109〕關於此事，可參考許素蘭：《給大地寫家書──李喬》，（臺北市：典藏藝術家庭，2008年12月），頁31。

〔註110〕〈戲謔的笑顏，沉重的生命──觀點、後設的重構〉收錄於《想像的壯遊──十場臺灣當代小說的心靈饗宴 2：國立臺灣文學館‧第四季週末文學對談》，臺南市：國立臺灣文學館，2007年12月初版一刷，頁224。

　　下冊《埋冤·埋冤》全書共分八章，仍以「全知」的敘述觀點，其中仍可見作家想保持「客觀」書寫的意圖。是以主角林志天與葉貞子與葉貞子所生的「惡魔之子」——蒲實兩個並行的主軸所展開的長達三十九萬字的書寫。林志天是「二二八事件」後在台中地區被推舉為以武裝部隊對抗國府軍的「二七部隊」隊長。部隊瓦解之後，逃亡不成，遭捕判刑十五年，刑滿再加兩年「補強教育」，在歷經全台各地的監獄監禁，總共做了十七年的牢〔註111〕。十七年的牢獄之災，雖然奪走林志天肉體的自由，但在牢獄中的各種因緣際會，讓他接觸了許多具思想內涵有深度的書：

> 他還是喜歡「高爾基」「克魯泡特金」「大杉榮」「河上肇」「德永直」，
> 魯迅、巴金、矛盾、老舍……可是以往是一種浪漫情懷的寄託，也
> 可以說祇是當作裝飾品而已。現在不一樣；現在是直入接觸的喜悅，
> 生命的微微共鳴……〔註112〕

其中「高爾基」〔註113〕與「克魯泡特金」〔註114〕更是西方著名的政治家與革命家，而「大杉榮」「河上肇」〔註115〕、「德永直」〔註116〕等，他們共同的特

---

〔註111〕關於「林志天」作坐牢時間，見李喬：《埋冤·一九四七·埋冤》（下），（基隆：臺灣海洋出版社，1995 年 10 月），頁 126～127。

〔註112〕李喬：《埋冤·一九四七·埋冤》（下），（基隆：臺灣海洋出版社，1995 年 10 月），頁 317～318。

〔註113〕瑪克西姆·高爾基（Maxim Gorky，1868～1936）是蘇聯無產階級作家代表、政治革命家。西元 1905 年二月革命後十月革命前，俄羅斯的政治氣氛稍有開放，高爾基在這段時間裡不斷地寫文章和參加集會宣傳革命。通過他參加創辦的《新生命》雜誌他認識了列寧，列寧在該雜誌做總編輯。但後來因為對於十月革命的悲觀看法與列寧有很大的歧異而產生衝突。參考資料來源：維基百科，http://zh.wikipedia.org/wiki，上網時間：2011 年 7 月 6 日。

〔註114〕彼得·阿歷克塞維奇·克魯泡特金（俄語：Пётр Алексе́евич Кропо́ткин，1842～1921），俄國革命家和地理學家，無政府主義的重要代表人物之一，「無政府共產主義」的創始人。參考資料來源：維基百科，http://zh.wikipedia.org/wiki，上網時間：2011 年 7 月 6 日。

〔註115〕河上肇（1879～1946），日本經濟學家、作家、社會運動參與者，學術專長是馬克思主義政治經濟學。曾在日本京都帝國大學教學研究，後辭教授職投入共產主義的實踐活動，被檢舉參加了日本共產黨而遭關進監獄。維基百科，http://zh.wikipedia.org/wiki，上網時間：2011 年 7 月 6 日。

〔註116〕「德永直」（1899～1958)日本小說家。1929 年加入日本無產藝術聯盟。翌年成為職業作家，1934 年日本當局加強對革命運動的鎮壓，無產藝術聯盟被迫解散。1937 年德永直陸續發表相關創作，內容皆為表達精神苦悶，以工人革命鬥爭與暴露黑暗現實為主要寫作題材。

點就是不畏政府，有積極的行動力，其實正好與作者李喬的特質相合，這也說明了作者在賦予文本主角有強大使命感的同時，作家本身很難將自己完全隱藏起來，在文本中的人物仍會有意無意寫地出現作者自己人生各個面向的投射，甚至主角就是自己，或是所有的人物有作者的不同面向，而從《埋冤》一書中最主要的人物「林志天」與「蒲實」的身上，可以看到李喬理想的臺灣人面相，當然也顯現作者的人生經驗投射。

　　「林志天」在獄中認識了啟發他思想的「柯維倫」，就在柯的指導與督促之下，林志天閱讀了許多中國與西方重要的書，而這些書對於林志天而言，是讓他內心思想轉變的關鍵。而與柯之間的對談，「也逼他改除浮躁濫讀的習性」，而「有系統地埋頭苦學起來」，這是臺灣人林志天的轉變與覺醒過程：

> 　「就是……咒，咒術嘛。中國式，是一種魔……咒。嗯，可怕的東西，我想學也學不會！」
>
> 　「魔咒就魔咒吧！不學？好，你怎麼死的都不知道；至於學不會，是笑話！佬弟！我要提醒你，臺灣人雖然和中國大陸隔離五十年，基本上，大部分臺灣人還留有原鄉的習性；你說魔咒，你們這些人的精神底層裏，極可能還潛藏一些中國式的魔咒喲！」
>
> 　這是一段刻骨銘心的話語。在以後漫長囚犯生涯裏，這句話經常在耳際回響；尤其七八年之後，十年後他的閱讀累積到某一程度，反省，思考中國的種種、臺灣的種種——那時候這句話更像暮鼓晨鐘那樣響徹心湖而陪伴他一起成長。
>
> 　是的，臺灣雖與中國大陸闊別五十載，由於漢人的文化特性，臺灣人的精神底層裏，是還潛藏著一些中國式的魔咒。這個認知與覺悟，才是臺灣人覺醒的起點。
>
> 　林志天他，終於慢慢體會到這一點，並一步步走上自省力行的道路……〔註117〕

這是「林志天」面對自己是「臺灣人」的覺醒，在對於以國民政府執政時期的「殖民」思考，可以說是一種「去殖民」表現，這裏所說的「中國大陸」就是當時的國民政府，「林志天」當時參加對抗國民政府的武裝部隊，表示在「林志天」的意識中，是反對國民政府的，且亦是土生土長的台灣人形像，

---

〔註117〕李喬：《埋冤・一九四七・埋冤》（下），（基隆：臺灣海洋出版社，1995 年 10月），頁 316～317。

作者以這樣的人物安排，是一種「意識先行」的書寫策略，有意將他塑造成全臺灣人的代表，一個從武裝部隊隊長到沉浸在哲學與文學裏過程的轉變，其實是期許戰後臺灣人應該循著這條以「文化」思考的路前進，像「林志天」一樣，從巨大的歷史冤屈中「蛻變成具有臺灣意識、體認到『我群共同命運』、個性沉穩的臺灣人『林志臺』」〔註118〕的轉變：

> 是的，這是把「我」的存在意義，放入「臺灣的意義」去思考的——
> ——想法。這裏指的臺灣是什麼意涵呢？應該就是臺灣的土地與人民
> 吧？土地就是「所有歸宿」的意思；人民就是「我群的共同命運」！
> 是的，他必須承認，他從未嚴肅明確地想過「自己」與「這塊大地」
> 的牽連問題。誠然一種口號式的愛國愛民意識誰都熟悉，不過那是
> 浮光掠影罷了，未必真正觸及心靈層面；鐘栢的話直入心坎，第一
> 次喚醒了他身為臺灣人的意識。
> 而，少年的困窮，在日本內地所受的種種，終戰後的經驗——到此，
> 突然間被「喚醒」，人間的種種意義猶如眾泉的匯流，自然而然「連
> 結」起來了。〔註119〕

那是他即將從新店暗坑的軍人監獄被送往「政治犯的天堂」——火燒島的前夕，「林志天」的自由意識與被束縛的外在，成了巨大的對比，「這個政權能囚禁我於鐵牢囚房，可是我身心是如此貼近我臺灣的大地……」〔註120〕作者這樣的安排自然有其道理，人的意志與精神的形上層面，具有不受外在牽絆而無限上綱，所以被殖民的臺灣人，要脫出被殖民的狀態，必須從自我內心出發，對於臺灣這一塊土地的認同。作者賦予「林志天」這個角色的使命，就是以一個臺灣人存在為思考的自覺，在處於一個「被殖民」的狀態之下，從自我內心的覺悟，才能是最強大的力量，這樣的一個醒覺的過程就是一個自我的「去殖民」過程，即使有著被束縛的軀體但卻擁有自由的精神意識。

另外一個重要的角色「葉貞子」——臺大醫學院五年級學生。這是一個以李喬在當時「大湖國校」就讀時親眼所見事件的主角為書寫的藍本，是當

---

〔註118〕許素蘭：《給大地寫家書——李喬》，（臺北市：典藏藝術家庭，2008年12月），頁150。

〔註119〕李喬：《埋冤‧一九四七‧埋冤》（下），（基隆：臺灣海洋出版社，1995年10月），頁487。

〔註120〕李喬：《埋冤‧一九四七‧埋冤》（下），（基隆：臺灣海洋出版社，1995年10月），頁406。

時大湖鄉唯一念臺大醫學院的女生，在二二八事件發生後，被中國兵凌虐致而精神異常，最後輟學返鄉，當時這位年輕女子的神情樣貌，在李喬腦海中留下深刻的印象。在《埋冤》一書中的「葉貞子」形象鋪陳，二二八事件發生時前後的表現是完全不同的，在她的內心中產生了五個階段的轉折：1、對於國民政府的積極行動反抗；2、被國民兵強暴後的轉向意識反抗；3、生下「惡魔之子」──「蒲實」後，親情與國族意識的相互抗衡；4、以外在改變試圖擺脫「臺灣查某」形象；5、透過「蒲實」走向一條救贖之路。

　　二二八事件時，對於當時這樣一個對臺灣施行暴行的政府，她是積極參與反抗行動的，他參加了反對國民政府「學生聯隊」組織，是一個全部由學生組成的組織，滿腔熱血的學生組織，策劃許多積極反對國民政府的活動，是當時相當活躍的學生組織之一，這些青春的學生剛開始以滿腔熱血的積極，意圖在於希望自己被聽見被看見，可以引起更多的共鳴，但在一連串國民政府的武力血腥手段鎮壓之後，「葉貞子」被迫長大，那是一種親身經歷人生離死別之後，在心境上的轉變：

> 伊從未想過自己會突然面臨這麼多死亡，而且是慘死。伊自己沒死，伊心底一直如此提示自己；可是伊明確地、清清楚楚地覺察到，「自己」的某一部分，或者自己每一部分的一些成分，已然隨著那些認識的、不認識的人──臺灣人的死一起「死」了。
>
> 是的，那是一種死亡；「自己」死亡一部分，一些成分之後，在那空下來的位子上，迅速地、悠悠忽忽地又孳生了一些什麼。伊不能確認孳生了什麼，不過伊肯定自己的身心某處孳生了原所沒有的什麼。
>
> 「變了。」心底，響起這樣一個聲音。
>
> 是的，一切將有重大變化。伊知道，包括自己在內，一切都在劇變中。
>
> 明日，會是晴天，還是陰霾的日子呢？
>
> 三月五日，一大早就風雨交加。
>
> 「學生聯隊」七人死亡，十幾個人失蹤。聯隊部裏瀰漫著悲傷與憤怒，尤其行動總指揮郭瑞清的死，揉碎了每個學生稚嫩純潔的心。
>
> 〔註121〕

〔註121〕李喬：《埋冤‧一九四七‧埋冤》（下），（基隆：臺灣海洋出版社，1995 年 10

以一個「受害者」的直接表述，是對於殖民者最有力的控訴，仍然可以看到作者「努力」重返歷史現場的強大企圖心，那是一種無法面對，但卻必須面對的無奈，當時的臺灣人與甫遷來臺的國民政府就是這樣的關係，當一個領導勢力強行進入一塊土地時，他有問過這一塊土地人民意願嗎？如果沒有，是不是就代表著對原本生活在這一塊土地上的人民的「殖民」呢？何況是以粗暴強迫人民聽從自己的手段，作者以「二二八事件」為表述題材之一，其答案不言自明。

但是，李喬與其他以二二八事件為書寫題材的作家不同，透過「葉貞子」在心理層面上的轉變書寫，顯然作者更在意的是──臺灣人如何從這個歷史冤屈中脫出，勇敢面對它，並且放下它。從自我的意識中，徹底的走出「被殖民」的陰霾，在「葉貞子」身上，作者讓我們看到這樣的可能，在中山堂的屠殺中，當她被強暴後又被從三樓拋落時，她僥倖的「夾在匯引簷水的圓形導管與牆壁之間」，而「緩緩往下滑動」，奇蹟似的活了過來。〔註 122〕對於她的存活，是上天要她活下來當歷史的見證，她醒過來之後才知道自己被關在牢裡，一直到了二個月之後，她的母親與弟弟才將她從臺中的監獄領回，她是中山堂大屠殺中唯一活存的大學生，然而在黝黑的牢房裏醒來之後，伊一直拒絕想起在中山堂的場景：

> 伊知道自己經歷了非常非常不可想象的事況，非常非常憤恨悲哀的遭遇，可是伊無法確切揪住那事況遭遇。伊的所學專長讓伊理解，即是自己的清醒意識在排斥、壓抑那事況遭遇再明晰地浮上意識層來──清楚記起來。然而這一層的理解，更讓伊陷入更深的悲哀與懼怖之中……〔註 123〕

伊的意識與意志交戰，清醒時她總是不自覺的想到那天的情景，但自己又以強大的意志力去控制讓自己不要去記起，「每一件事都記得起來，可是『抽離』不出來，無法恢復可以認知的形貌」〔註 124〕，記憶就全部像「漿糊狀」的保

月），頁 125～126。

〔註 122〕李喬：《埋冤・一九四七・埋冤》（下），（基隆：臺灣海洋出版社，1995 年 10 月），頁 256。

〔註 123〕李喬：《埋冤・一九四七・埋冤》（下），（基隆：臺灣海洋出版社，1995 年 10 月），頁 82。

〔註 124〕李喬：《埋冤・一九四七・埋冤》（下），（基隆：臺灣海洋出版社，1995 年 10 月），頁 82。

存著，是失去空間也失去時間的存在腦中，所以在母親與弟弟將她帶回家時，他們面對的是一個「半昏迷狀態的女兒」，但是她強力拒絕看醫生，這是葉貞子面對自己在「殖民者」面前挫敗時的反應，她極力的抗拒，不想接受事實，與「林志天」不同的是，她的軀體獲得自由，但精神卻永遠被禁錮了，她做了許多努力仍無法將自己從「被殖民」的靈魂中釋放，所以他從外在改變自己：首先從自己的名字開始，把「葉貞子」改成「葉貞華」，並且開始「非常努力修正自己不十分正確標準的國語」，開始在日常生活使用的語言裏加上「兒」字，她開始穿旗袍，讓大家感覺「葉貞子，喔，不，是葉貞華整個人都變了，全變了」，「伊要告別貞子，臺灣查某、客家女子而成為一位外省人、大陸女子，堂堂的中國女老師…」〔註125〕，這是「葉貞子」為了自我救贖，為了洗去自己的挫敗記憶而作的改變，是向「殖民者」靠攏的改變，當自己無法在「反向」中生存，那麼就轉身走近它、面對它吧！然而葉貞子仍然無法因為外在的改變，就把自己從被殖民的角色中釋放出來：「伊無任何力量去作有形的反擊，於是伊以一夕之間改變自己」〔註126〕，以外表來掩飾內心終究是短暫的，在內心深層的「東西」仍會因為外在的某些事物而觸動，那深埋在記憶深處的怨恨總是不經意的出現，「在這古老日式寓所裏，自己這個被摧殘蹂躪的軀體，被多重扭曲的心靈──是多麼地苦澀、尷尬不協調啊！」〔註127〕顯然外表的改變止乎外在現實層面的「成功」救贖，內心的精神層面仍無法逃脫從被殖民的意識。

　　而作者在上冊的自序裡所言寫作此書「最深的心願」：「把這些冤枉、心裏的陰影，就埋葬在一九四七，重新出發，找到臺灣人的前途。」〔註128〕這樣的心願，顯然「葉貞子」無法幫他完成，「痛苦的根源，也是救贖的來源；葉貞子的救贖，來自『因怨恨而生』的兒子──葉蒲實」〔註129〕：

〔註125〕李喬：《埋冤・一九四七・埋冤》（下），（基隆：臺灣海洋出版社，1995 年 10月），頁 375～378。

〔註126〕李喬：《埋冤・一九四七・埋冤》（下），（基隆：臺灣海洋出版社，1995 年 10月），頁 430。

〔註127〕李喬：《埋冤・一九四七・埋冤》（下），（基隆：臺灣海洋出版社，1995 年 10月），頁 444。

〔註128〕李喬：《埋冤・一九四七・埋冤》（上）自序之（一），（基隆：臺灣海洋出版社，1995 年 10 月），頁 17。

〔註129〕許素蘭：《給大地寫家書──李喬》，（臺北市：典藏藝術家庭，2008 年 12 月），頁 151。

伊不理會家人的反對，以「父不詳」方式報了戶口。孩子當然跟母姓；名字也是伊自己取的，叫做「蒲實」。湖海之曲灣入陸之地稱為「蒲」。……更重要的是「蒲實」的日語發音是「烏拉密」；「烏拉密」就是怨，就是恨。這是伊心底的秘密聲響；伊不打算讓誰知道，客家發音近於「樸實」，不會有人作太多聯想才對。〔註130〕

「蒲實」從小就承受著被叫「阿山子」、「雜種」的原罪。但是他沒有因此被打倒，他反而認清自己的定位「我不認為那個『惡魔』和我有麼關係；我是世上另一個新的、獨立的生命──媽您說：對不對？」〔註131〕他以切斷「怨恨血脈」「父不詳」的姿態，開展自己全新的人生，然「蒲實」不祇是將自己從原罪中出脫，他還要將生下她的「母親」心中的怨恨洗清，「我不認為我有什麼罪，有什麼羞恥；媽也是一樣。可是，媽以為自己羞恥，有什麼罪，那，當兒子的我也有罪、羞恥的啦！」，「要取笑、要鄙視，那要向傷害我們的惡魔才對；不是我們！」〔註132〕十五歲的蒲實以一個「勇者」的姿態，徹底打破母親葉貞子在心中築起的那座怨恨的高牆，唯有真實面對心中的怨恨，才有走出來的可能，蒲實將帶領母親從逃脫苦難的人生。

　　「蒲實」這個虛構的人物，正是作者心中「理想的臺灣人典型」，背負歷史原罪的他，勇敢堅強，面對外來的各種歧視的眼光，辱罵的言語，他都能夠不逃避的反擊，他認真面對自己，在學業上努力，也讓自己的個性正直，最後以優異的成績考取第一志願建國中學，讓母親多年來心中的委屈得到安慰，讓母親認清楚「唯一重要的，是我們自己」，不要再繼續活在「被害者」的陰影之下，「蒲實」是「葉貞子」獲得救贖的力量，「蒲實」這個虛構的人物，是作者「有心」的設計而來：

《埋冤》一書塑造「蒲實」這個人物，是全書精華。「蒲實」，臺灣女人被阿山兵強暴生下來的孽種；恨的產物，卻是臺灣女人之子。日本語，蒲實音是「怨恨」。可是母子連心啊！

臺灣人不是有許多「雜種」嗎？臺灣人不是一直「與恨共生」嗎？

〔註130〕李喬：《埋冤‧一九四七‧埋冤》（下），（基隆：臺灣海洋出版社，1995年10月），頁173。

〔註131〕李喬：《埋冤‧一九四七‧埋冤》（下），（基隆：臺灣海洋出版社，1995年10月），頁637。

〔註132〕李喬：《埋冤‧一九四七‧埋冤》（下），（基隆：臺灣海洋出版社，1995年10月），頁637。

臺灣人，臺灣的雜種，何去何從？

我以蒲實的成長、行動提出答案。實際上，蒲實正是李喬的「發言人」。

臺灣何以追求自我解放（自中國束縛下）？如何行動？蒲實做出示範。不幸身世，冤屈壓迫，是可以改變的。蒲實身世如此，仍然可以走出自己的前程，臺灣人不能嗎？〔註133〕

作者透過「林志天」、「葉貞子」、「葉蒲實」以虛實交錯的情節，展開對於《埋冤》一書所寄予的思考與用心在於「臺灣人在歷史巨創之後，如何變形，如何自我治療，進而指出何去何從」〔註134〕，正如作者自己所言：「假如歷史性的反省，不能有助提升人性、化解宿怨、掃除陰暗、重建新意識，那麼仍有損文學工作者的職責」。〔註135〕

### （四）《咒之環》與李喬的歷史文化觀

在最後一部歷史長篇《咒之環》之前，於二〇〇八年爲應行政院客委會要求，李喬寫了以一八九五那年發生的抗日事件爲劇情的電影劇本──《情歸大地》，總共是八萬字。後來拍成客語電影，將名稱改爲《一八九五》，劇本全部以客語寫作，但爲了電影的上映與考量一般大眾的流通，再翻譯成華語《情歸大地》是作者心中的臺灣人，甚至「全人類理想的生存型態」的呈現，劇本以一八九五年（乙未年）日軍領臺時的抗日英雄「吳湯興」、「姜紹祖」、「徐驤」三人爲主要書寫人物，對於這些抗日英雄的事蹟，或早已有所定論，但重要的仍在於李喬的解讀與詮釋。此劇本延續作者以「愛」出發，對於臺灣這一塊土地的關懷之情，「世上，最珍貴個唔係個人生命；係一個『愛』字。愛正（才）能化敵爲友；愛正能使世界一片祥和」〔註136〕，這點亦表現在「吳湯興」等三人與原住民義軍結盟的書寫中，三人與原住民起義在於保護臺灣的土地，免去外來異族的侵占，《情歸大地》將時間定於一八九五年，

〔註133〕李喬：《我的心靈簡史──文化臺獨筆記》（臺北縣：望春風文化，2010年12月），頁65。
〔註134〕李喬：《我的心靈簡史──文化臺獨筆記》（臺北縣：望春風文化，2010年12月），頁65。
〔註135〕李喬：《埋冤‧一九四七‧埋冤》（上）自序之（一），（基隆：臺灣海洋出版社，1995年10月），頁17。
〔註136〕李喬：《埋冤‧一九四七‧埋冤》（下），（基隆：臺灣海洋出版社，1995年10月），頁348。

是執政者轉變過程的時間點（由滿清政府轉向日本政府），將處於這樣一個歷史背景下的「吳湯興」等人的行爲作出發點思考，「一八九五」年的抗日，是「臺灣人民」爲了臺灣這一塊土地所作的反抗意識的萌發，是一個臺灣人自我意識醒覺的一個重要的時間點，是臺灣人民對於即將「被殖民」的反抗。當時是一個「共同」抵禦外族的社會意識，只要是居住在臺灣這一塊土地的人，大家的認同齊一，就是反抗異族，這是作者「小說寫作，由文學主題而群體歷史的凝聚、理解」〔註137〕的過程，以劇本的方式呈現。

　　李喬從《結義西來庵》之後，在歷史書寫中逐漸確定了自己在寫作抽象意念上的道路，是走上透過對於歷史事件的敘述再記憶，重新建構臺灣的歷史，意在對於文化的主體性的思考，從《結義西來庵》、《寒夜三部曲》、《埋冤‧一九四七‧埋冤》之後，作者自言，其實他抽象思考性的東西在《埋冤》一書中，算是有一個完整的思考過程：

> 人總是在經驗中建立自己，也修改自己，也就是在歷史事況裏接受教訓，從教訓中萌生智慧；當然人就在歷史經驗中塑造成沾有歷史光影聲色的「型」來。這些「歷史經驗」，包括天災、地變、人禍、特殊的政治事故經驗（例如二二八慘案）、重大的經濟變化經驗等（例如三七五減租）。〔註138〕

《結義西來庵》可以說是李喬對於歷史題材的首次深入接觸，其「背後龐大的歷史資料檔案，小說家所能有的歷史釋放空間受到小說篇幅的局限，可以說，難有發揮」；而《寒夜三部曲》「可以說是小說家的尋覓和追索，是小說家的歷史尋根」；〔註139〕對於人應該有自覺的在歷史的教訓中，不斷檢討自己，形塑自己。之所以會有《咒之環》一書的寫作，就是作者仍認爲許多臺灣人沒有認清歷史所帶來的眞正教訓，這其中牽涉到的是，臺灣特殊的殖民經驗，因爲關於歷史的解釋權一向在於「執政者」，當掌權者有心蒙騙自己的過錯時，他會在以歷史爲「手段」，讓後來者無法知道眞相，如此在意識層面

---

〔註137〕李喬：《我的心靈簡史——文化臺獨筆記》（臺北縣：望春風文化，2010 年 12 月），頁 70。

〔註138〕李喬：〈臺灣人的新造型〉，《臺灣文化造型》（臺北市：前衛出版社，1992 年 12 月），頁 261。

〔註139〕彭瑞金：〈生命的救贖，還是歷史的釋放？——《埋冤‧一九四七‧埋冤》的再探索〉《李喬的文學與文化論述：第五屆臺灣文化國際學術研討會論文集（上）》，（臺北市：師大臺文所，2007 年 12 月），頁 548。

上自然與一些「受害者」產生歧異，這也是臺灣人爲什麼始終被困在歷史的迷霧中無法脫出的原因：

> 臺灣在戰後日本退卻之際未能獨立，隨即陷入特殊後殖民情境中。有趣情況是昔日仇讎，而今卻爲爭取殖民權益與滿足文化與民族雙重野望而內外合作，臺灣逐陷奇異的命運泥淖。從深層看是中國人心理問題、文化問題，而臺灣人則是存亡絕續關鍵。〔註140〕

他從臺灣發生的許多歷史事件中，發現了一種「惡的循環」，何以稱爲「惡的循環」是因臺灣人就像是一個被「詛咒」的民族，古今的人不斷的遭遇類似的命運，這與作者所說「歷史塑造個人的人格」之說相合，「個人人格乃社會文化形塑出來的！而社會文化主要的是來自歷史文化，以及經時空變遷後的產物」〔註141〕，作者透過《咒之環》一書，目的之一在於提醒臺灣人不要再陷於有心人所構築的歷史文化當中而渾然不覺，例如在二二八事件之後，對於臺灣人在性格層面上的影響——「遠離政治、不問公共事務、懦弱、不信任、目光平視或不看、自感卑微、認命……等等」。〔註142〕

　　李喬不斷的「重返」臺灣各個時期的「歷史現場」，爲的是幫自己製造「在場證明」，企圖釐清許多對於臺灣過去歷史的誤讀，因爲，向來臺灣的歷史解釋權都不在臺灣人自己手裏，這也是作者經過幾部歷史小說書寫之後的心得。正如「評論家佛洛斯特‧湯普森說，「我們大家都在我們衡量和理解世界的系統中遭到誘捕：事實上，除了我們的衡量系統之外，根本沒有什麼『現實』」〔註143〕。而對於歷史素材寫作的深入思考之後的歸結，在《小說入門》一書中的「『歷史素材小說』的寫作」一文中所提，正好與《咒之環》一書的書寫主軸相互印證：

> 從「現在」追蹤「過去」：寫在書本的歷史是直線的；過去、未來呈直線進行。然而，如果從人間的種種事件，事實後面的「眞實」去思考，當會發現：人類活動是呈「迴旋的方式」進行的。例如：愚

---

〔註140〕李喬：〈臺灣的「特殊後殖民性」〉《李喬文學文化短論集》（苗栗市：苗栗縣政府國際文化觀光局，1997年10月），頁355。

〔註141〕李喬：〈絕對不要相信「他們」——臺灣的「二二八圖像」〉，《臺灣文化造型》（臺北市：前衛出版社，1992年12月），頁101。

〔註142〕李喬：〈絕對不要相信「他們」——臺灣的「二二八圖像」〉，《臺灣文化造型》（臺北市：前衛出版社，1992年12月），頁102。

〔註143〕《自由時報》副刊，2010年8月30日。

　　昧的行徑，悲劇的演出，錯誤的一再重複等等。然則，歷史固可為
　　現在之鑑；由「現在」也未嘗不能窺見歷史的魅影。因此，只要我
　　們是①人生觀、生命、歷史觀很成熟的人②能懂得觀察、思考、歸
　　納、演繹，那麼，我們便能破解時間遞嬗的虛飾，掌握那歷史變易
　　中之不變物事義理了。〔註144〕

以上對於歷史的書寫思考可為《咒之環》命名做一註解。在對於歷史素材有
了明確的處理方式之後，可以看到作者悠遊在古今歷史當中，這是李喬的寫
作風格：

　　個人實際的遭遇是：那些小說「引出」的情境、人物、事件；尤其
　　完整明確，百分之百實質感的時空內的全部都非「小說人我」虛構
　　的——小說是虛構的，我自負十分能夠知解並掌握虛構的真髓，但
　　是以虛構浮雕出來的，竟然是真實，而且還是歷史的事實呈現在那
　　裡。〔註145〕

李喬在《咒之環》一書的〈序篇〉中提到在寫作過程，自己親身經驗「虛構」
與「真實」的巧合。一是寫作《寒夜》時，一場苗栗大湖鄉的「馬拉邦山之
役」中，多年對峙的原住民與隘勇，要協力同心對抗入侵的外敵的描寫，對
於這一段的鋪陳，作者自言他很「心虛」，因為他對這一段歷史不是非常熟悉，
也沒有做過什麼田野調查，在文中將此戰首領命名為「柯山塘」。後來聽到知
道「馬拉邦」事蹟的耆老親口說到：「當年開拓『上馬拉邦』的是外地人，號
稱『十八羅漢』的傢伙。領頭姓柯。日本攻臺，黃頭兵攻上馬拉邦，柯家長
子就戰死在武榮國小校那一代。那個漢名叫什麼ㄊㄤ ˇ的…」〔註146〕。而且
這不是李喬唯一的相關經驗，在寫作《孤燈》其中一個場景的名字「宿霧」，
也發生後來歷史上的正確名稱與當時在小說中所定的名稱相同。

　　作者的這些經驗，似乎也印證他所說的「創作有機論」，「當一個作者資
料掌握得非常充實」時，故事情節就會「自然」有所發展，這些虛／實的陳
述，作者不停的「重返」歷史現場，與文本中的人物合而為一，而這樣的一
種「後設」性的寫作過程，在某些部分確實增加了文本寫作的說服力：

　　我明確地，實實在在的，具體可觸到——那個「我」，看著這個我寫

---

〔註144〕李喬《小說入門》，（臺北市：大安出版社，1996年），頁194。
〔註145〕李喬：《咒之環》（臺北縣：INK印刻文學，2010年7月），頁11。
〔註146〕李喬：《咒之環》（臺北縣：INK印刻文學，2010年7月），頁16～17。

作，一起寫作，合而爲一在寫作；甚至這個我在旁邊看那個「我」
埋頭苦寫，進入恍惚狀態，也進入另一時空，參加歷史事件，而我
確切觸及、感受那個時空的風雨，陽光軟泥硬石。喔，不，那個「我」
不是讓我意識到與我同在，而是這個我，那個我其實是以「一個我」
穿梭於各個時空中……〔註 147〕

在這自認生平中倒數第二本小說裡，作者的書寫手法與思想，回歸到面對作
品時最根本的「誠」心，就像佛教的「直觀」，是一種與作品之間的心意相通，
而成一種與作品「合而爲一」的狀態，這是李喬從小到大，人生經驗累積而
成，是將一生所學內化的現象，或許他曾自嘲這樣的自己似乎有些像「李半
仙」〔註 148〕，但確實都是寫作過程眞實的體驗，是不能忽略的。

「在寫《結義西來庵》以後，我嚐到了田野調查的味道，變得有些歷史
癖。後來即使寫虛構小說，也希望在事先多做些考證工作。」〔註 149〕而對歷
史題材有些上癮的作者，明言《咒之環》是歷史系列的最後一部，是銜接《埋
冤》的。而在《咒之環》的書寫當中，清楚可見作者對臺灣未來的道路有了
明確的想法，「作者自許爲：臨老之年，熔文學文化於一爐、反省臺灣人精神
史之作。『不幸』的是，這是一部『荒涼精神史』！」〔註 150〕全文以臺灣更早
的歷史事件爲書寫背景，共分上下兩篇：

> 上篇記述一八二○年埔里郭百潭屠殺事件、一七二九年大甲「割地
> 換水」恨事，一八六○年西螺三姓大械鬥。下篇一，寫「紅衫軍之
> 亂」、「性徵崇拜」的政治妖孽。下篇二，描述主角之一，以近似自
> 殺方式抗議現實；主角之二，林海山「很絕望」，返鄉種野菜。全書
> 結束，讀者會發現：「自耕農林海山之墓」木碑飄浮虛空中……〔註 151〕

《咒之環》表現了臺灣歷史的悲劇性。書中分爲上下兩篇，在〈上篇〉中，
李喬藉由許多的歷史事件來闡述臺灣歷史的悲劇性，〈下篇〉主要書寫「紅衫

---

〔註 147〕李喬：《咒之環》（臺北縣：INK 印刻文學，2010 年 7 月），頁 11。

〔註 148〕此語是筆者在 2011 年 7 月 3 日與作者討論《咒之環》一書中所提的「寫作觀
點」時，李喬老師講了許多他生命中的神秘經驗時所提。

〔註 149〕李喬：〈個人反抗與歷史記憶〉，《李喬短篇小說全集》別冊（苗栗：苗栗縣立
文化基金會，中華民國 89 年 1 月），頁 72。

〔註 150〕李喬：《我的心靈簡史——文化臺獨筆記》（臺北縣：望春風文化，2010 年 12
月），頁 70。

〔註 151〕李喬：《我的心靈簡史——文化臺獨筆記》（臺北縣：望春風文化，2010 年 12
月），頁 71。

軍」事件，表現臺灣歷史文化存在著荒謬性，深沉的凸顯臺灣無法脫離被「詛咒」的悲情當中，也正是臺灣必得在這樣不斷輪迴當中的「咒之環」中，無法脫出：

> 他想闡述關於台灣人從現實苦難中解脫的故事。用功地翻查，從清代多場族群鬥爭等背景史料、事件空間以及當時社會特點，對小說家來說，責任是選取人物，安排情節，寫到一半，這些東西都奔騰起來，兀自建構起種種指涉的潛在可能，迴旋在詞語當中，還兼有現實主義的發展。做為故事之父，李喬擋不住，也無法抵禦。寫來悽慘，歎說，真不是原始的起心動念，卻活生生讓故事主角林海山，以複雜血緣的台灣人身分，以人性軌跡出場，帶出複雜的族群挫傷，自動來記錄，來陳說。〔註152〕

發生於嘉慶十九年（西元一八一四年）的「郭拜壇事件」。是當時的「墾戶集團」郭拜壇，以不擇手段占領埔里地區原住民的土地，也就是史書中記載的「郭百年事件」。一八一四年水沙連隘丁之首黃林旺與彰化縣民郭百年、陳大用等人，假借已經去世「生番」頭目的名義，向臺灣府申請墾照，謊稱番社的人因為糧食不足，所以將祖先留在水里、埔里兩社土地的踏界，佃耕給漢人。其中由陳大用出首承墾，代納番餉，再發給生番食用。一八一五年知府批准，命令彰化知縣發給墾照。郭百年等人於是招募壯丁與農人入山，侵墾生番土地數百甲，引起生番非常不滿，後來臺灣府得知此事後，將這些開墾番地的壯丁與農夫趕走，把土地還給生番，再處罰郭百年等人，並從此禁止漢人進入水沙連等生番的地盤。

「大甲割地換水事件」的背景是雍正九年（一七三一年），被稱為「大甲西社抗清事件」，這是臺灣史上規模最大的原住民抗清事件。一七三一年，淡水海防同知張弘章為了興建衙門，徵派番社男子上山採取木料，因為勞役過度嚴苛，引起番人的不滿。一九三二年，「大甲西社」（今臺中縣大甲鎮）聯合附近的「吞霄社」（今苗栗縣通霄鎮）、苑裡社等，總共一千多人，一起襲擊淡水海防同知衙門，殺死兵丁、焚衙署，張弘章因此逃到彰化縣城。事件發生之後，清軍主要以武力鎮壓，但是二個月之後，開始對番社招撫，每位投降者發給布、鹽、米等，因此各社相繼歸順，其中只有大甲社抗爭了四個月，最後才歸順清廷。事隔一個月之後，負責徵討大甲西社亂事的福建分巡

---

〔註152〕《自由時報》副刊，2010 年 8 月 30 日。

臺灣道的表親，爲求立功，竟擅自壓扣「大肚社」（今臺中市大肚區）五個前來幫助官府運送糧食的「良番」（已歸順的原住民），謊報這五人是大甲西社的「作亂生番」。引事再度引起已經歸順的社民不滿，再度召集其他番社，對清廷展開反擊，清廷採「以番制番」的策略加以平定，是清朝最大的原住民抗清事件。

以上的「郭百年事件」與「大甲割地換水事件」皆是漢人與原住民之間的衝突。而發生衝突的原因除了人性的貪婪之外，更重要的是一種不對等的關係，這樣的不對等關係源於「階級」的不同，因爲有階級高低的產生，在意識當中就有權力大的掌控權力弱的，在此兩個事件當中，顯然原住民是其中的弱勢，弱勢者如何走出權力中心的掌控，唯一的方法就是「反抗」，如同臺灣如何擺脫權力掌有者控制，如何逃離「被殖民」的命運，反抗是唯一的路。在這兩個事件，我們看到被壓迫者急起的反抗爲他們保有了基本的生存權，正如《藍彩霞的春天》一書中的妓女／被殖民者——「藍彩霞」，以強烈的反抗來脫離殖民者／嫖客。

十七世紀初的「大甲割地換水事件」與十八世紀初的「郭拜壇屠社事件」，是兩次大規模的殺戮，也是平埔族人兩次的流離失所，這不是歷史上的特例或非凡之舉，回首臺灣這一塊大血跡斑斑，這樣的歷史不時接踵不已，從歷史中苦心尋找題材的作家，對於這樣的歷史思考帶給他的是一種深沉的無奈感：

> 異族之間，同族之間，一樣沾滿血腥糾纏。無一人無一族倖免於殺戮的罪孽，而江河之水歷史之流煙滅了一切。
>
> 所有島嶼的人，參與了不同時段的悲劇，劇終，彼此慢慢繁衍，眾多之後又凝聚比較相同的剿殺比較不同的；沒有一個族群免於這種罪孽；甚至同族之內也難倖免。……
>
> 過去，累積太多怨恨悲苦殘忍，時間本身不一定能消解什麼；除非能返身自省。未來，還是會製造更多殘忍悲慘與怨恨，除非膨脹的族群能向大地低頭，向弱勢者伸出雙手，不再欺凌。不然，永遠都罪孽之環，不斷重複……〔註153〕

作者在不斷的「重返」臺灣的「歷史現場」之後，發現臺灣人從古「自我殖民」的特性，唯有從歷史中檢討自身，才有「去殖民」的可能。作者不時在寫作歷史現場之後，加入自己對於歷史的看法與註解，在極度悲觀的剝開歷

---

〔註153〕李喬：《咒之環》（臺北縣：INK 印刻文學，2010 年 7 月），頁 67。

史悲情內裡的同時，作者發現在臺灣的歷史中早已有「自我殖民」的歷史存在，一代一代的更替，沒有重返歷史去檢討，「我們的歷史太多不堪，也不忍回首的沉澱物，然而不回首面對，歷史是會糾纏不放的」〔註154〕。

另外，「西螺廖李鍾三姓械鬥事件」，是臺灣規模很大的一次械鬥，而發生的原因竟然只是因為誤殺對方的一匹白馬。一八七五年金雲林縣西螺鎮一帶有廖、李、鍾三大姓。李姓、鍾姓為甥舅之親，分布於新店一帶，其商業交易區稱為「頂店」，另外廖姓居七崁，其商業交易區稱「下店」。雙方因為迎神賽會觀念不同，漸漸形成「頂店」與「下店」兩股相對的勢力。一八七五年住在茄苳仔的大姓李龍溪，養有一隻心愛的白馬，某日其子縱白馬踩踏盜食西螺大姓廖雀輝的稻田，白馬被當時在場的廖雀輝之子所傷，李龍溪因此到廖雀輝家中理論，雙方爭執互不相讓，因此擴大成集體械鬥。先是李龍溪因為白馬被廖雀輝之子所傷，所以設計殺害廖雀輝之子，官方也未有明確的處理，廖雀輝因此也殺害李龍溪之子復仇。此次械鬥共經二年四個月，雙方大小械鬥不下數十次，最後是官方介入，將帶頭者正法，鍾、李二姓搬離頂新店地區，地方史又稱此事件為「白馬事件」。〔註155〕

李喬透過臺灣歷史事件，其真正要表達的正是——臺灣的歷史悲劇性格為何？為何臺灣人是被詛咒的族類？〈上篇〉中，以埔里「郭拜壇事件」、大甲「割地換水事件」、西螺「廖李鍾三姓械鬥事件」為例，闡述臺灣人內在矛盾與困境。

而下篇書寫二○○六年的「紅衫軍事件」，李喬深刻的體認歷史的重複，這是一齣深沉的臺灣歷史悲劇，因為他認為臺灣人一直將自己陷在歷史的罪孽深淵中，古今對比，赫然發現臺灣的歷史竟然如此相似，過去曾經上演的歷史悲劇，包含著相似的各種因素，在當下的事件中，重複上演；不論是戴居焉、吳清湖或是都蘭山系，甚至是 D 黨內部，都在不停的自我殺伐。

在〈耶穌的眼淚〉（一九九九）一文中，以羅馬和迦太基的歷史隱射臺灣的歷史與政治的情狀，李喬已經表達他的中心思想：「迦太基人，難道是被詛咒的族類嗎？」〔註156〕《咒之環》可以說是李喬在經歷人生中的許多之後參

〔註154〕李喬：《咒之環》（臺北縣：INK 印刻文學，2010 年 7 月），頁 91。
〔註155〕以上「郭百年事件」、「大甲割地換水事件」與「西螺廖李鍾三姓械鬥事件」三個歷史事件資料參考網址：http://zh.wikipedia.org、文建會臺灣大百科全書：http://taiwanpedia.culture.tw，上網時間：2011 年 7 月 5 日。
〔註156〕李喬：〈耶穌的眼淚〉，收入《李喬短篇小說全集》第十卷（苗栗：苗栗縣立

悟結果的表現，他曾在一段關於《寒夜》的專訪中，透過說明《荒村》後記中的一段文字，來加以闡說自己對於歷史與政治的一些個人看法：「文協和農組起先反抗殖民者，又變成左右兩派，到後來一定左派吞掉右派，左派中溫和的和激烈的對立，溫和的又被激烈的吃掉，最後兩者通通被統治者吃掉，一直是這樣。這到底是宿命，還是族性使然，為何要分左右？大家一起團結，敵人就不會那麼快把你吃掉，這個問題放到今天還是一樣。我客氣地說看不出來，其實我早就已經看出當時的結局，現在仍然是這樣不斷重複，在廿一年前，我早就透視這段歷史了。」〔註157〕這樣的歷史與政治的參透，可以說《咒之環》正是此番參透結果的展現，如環狀永遠沒有停止的一天，不管是多久之前，或是多久之後，歷史與政治的命題一直會是如此。

李喬的歷史之眼，或許已經預見臺灣繼續沉淪的可能，而他只能像個孤獨的先知，無能為力的知道接受詛咒的降臨，李永熾在序言中提到，李喬在寫給他的心中說到：「這本書原設想是，臺灣人如何從詛咒中脫出。結果，似乎脫不出；我不能說謊。」〔註158〕李喬亦曾在《咒之環》之後的《我的心靈簡史》〔註159〕自序中提到，在寫完《咒之環》之後，心中有無限的惆悵，這份惆悵之情就是原於作者發現臺灣人最終仍是無法從歷史的詛咒之環中脫出。

不論是書中主角林海山，或是現實世界的作者李喬，都不是救世主。救贖的契機，脫出詛咒的可能，在於臺灣人的自我覺醒：

「你」：不肯把生命的根安住在生活的臺灣，與在地所有存在——包括生命界與河川木石——和諧相處，你要受詛咒。

「你」：把當地的幸福托寄給敵意十分的異邦，人民受難，生界塗炭。你必從這土地受詛咒。

——歷史上，各族臺灣人，尤其漢裔福客二族，做了許多不該做的，而「不該做的」，許多仍然是「現在進行式」，而且許多是傳統的、古老臺灣人不會做的。在臺灣進行的罪孽還持續累積！這是要被詛

---

文化基金會，中華民國89年1月），頁273。

〔註157〕盧翁美珍：《李喬《寒夜三部曲》人物研究》，國立彰化師範大學國文學系碩論，2004年，頁275。

〔註158〕李喬：《咒之環》（臺北縣：INK印刻文學，2010年7月），頁8。

〔註159〕李喬：《我的心靈簡史——文化臺獨筆記》（臺北縣：望春風文化，2010年12月），頁17。

咒的。

「臺灣人能不能從罪孽中——也就是災難中脫出？」〔註160〕

臺灣人該如何作才可以脫出「咒之環」，其實李喬已經的答案已經昭然若揭，在看似悲情的結局中，其實在李喬最深層的內心當中，仍然對臺灣存有一絲樂觀的希望曙光。

「咒之環」所示，並非絕望，而是警惕。天下無白吃的午餐；台灣人追求自己的自由，輕鬆地舉手或投票，不需流汗流血？不可能的。

「咒詛的魔環」在台灣人手上，脖子上，如何解脫；台灣人大家，效法「藍彩霞」是一條路，而且是重要一途。讀者朋友，不宜也不要怪罪作者。〔註161〕

「初心本質，《咒之環》是寫歷史，現在正在進行的歷史」。且佈滿反思之聲。臺灣，在不斷被殖民的歲月中，是自古的埋冤之地，臺灣人在意識當中，從未真正擁有屬於自己的國家，在因被殖民的歷史中，已有不認識自己是誰？不是誰？的意識混淆感，更是對同是生活在臺灣這一塊土地的人缺乏生命共同體之感。在「去殖民」的過程中，對於往日血肉模糊的傷痕，要有「抵抗遺忘意志」（anti-will-to-forget）的積極信念，就像水在遇到窟窿，要將窟窿填滿之後，才能夠繼續往前流，喚起歷史的記憶，記取歷史的教訓，臺灣才可以向前邁進。

---

〔註160〕李喬：《咒之環》（臺北縣：INK 印刻文學，2010 年 7 月），頁 324。
〔註161〕李喬：《我的心靈簡史——文化臺獨筆記》（臺北縣：望春風文化，2010 年 12 月），頁 71。